सत्य दर्शन

वेदों का महत्त्व

राम सुदर्शन मिश्रा

स्व. राकेश कुमार मिश्रा

एवं

स्व. दुर्गा तिवारी

की याद में समर्पित।

क्रम-सूची

लेखक

राम सुदर्शन मिश्रा

लेखक की कलम से

"आज हम लोग स्वतंत्र हो गए हैं। पर आज भी भारतीयों को संगठित करने के लिए एक देवता या भगवान की आवश्यकता है। यदि हममें धार्मिक एकता नहीं होगी तो मनुष्य-मनुष्य के बीच नफरत की भावना बढ़ती ही रहेगी। पूरे विश्व मे धार्मिक एकता लाने में हमारे वैदिक भगवान को ही मानना सबसे अच्छा उपाय है।"

प्रस्तावना

विभिन्न पुराण एवं रामायण की कहानियो को पढ़ने के बाद यह पता नहीं चला की किस पुराण या रामायण की कथा सत्य है, एक ही पाठ के विषय में विभिन्न पुराणों में एवं रामायण में भिन्न प्रकार की कथाएँ लिखी गयी हैं। वेदों को पढ़ने के बाद ब्रह्मा, विष्णु और शिव किसे कहा गया है इस बात की जानकारी मिली, इसी जानकारी को इस पुस्तक के माध्यम से मैं पाठकों के समक्ष प्रस्तुत कर रहा हूँ।

भूमिका

हमारा धर्म वैदिक धर्म है। वेद ही समस्त धर्मों का मूल है। वेदों का ज्ञान नित्य है और उसे ईश्वरीय प्रेरणा से ऋषि मुनियों ने प्रकट किया है। वेदों के नियम स्वाभाविक और प्राकृतिक हैं। वैदिक धर्म किसी देश-विशेष या धर्म-विशेष के नहीं हैं, यह सम्पूर्ण विश्व के लिए है वैदिक ईश्वर पूरे विश्व के ईश्वर स्वरूप हैं। वेदों के सभी मन्त्रों में प्रायः अग्नि, इंद्र, सूर्य, वायु, वरूण, आकाश पृथ्वी आदि देवताओं की स्तुति की गई है। संसार के अन्य सभी धर्म एक विशेष सम्प्रदाय या समुदाय के हितों के लिए बनाए गए हैं। इसलिए मनुष्य मात्र के लिए एक समान उपयोगी नहीं हो सकते हैं, पर वेदों में कहीं एक विशेष-धर्म या संप्रदाय को दृष्टिगत रख कर उपदेश नहीं दिया गया है। इसमें प्राकृतिक शक्तियों को ईश्वर के रूप में देखा गया है और प्राकृतिक शक्तियों की ही उपासना की गई है। जैसे पृथ्वी की उपासना। पूरे विश्व के जीव जन्तु पेड़-पौधे एक ही पृथ्वी पर हैं। सभी महाद्वीप महासागर एक ही पृथ्वी पर स्थित हैं। संपूर्ण मानव जाति एक ही पृथ्वी पर निवास करते हैं। इसीलिए कहा गया है ''वसुधैव कुटुम्बकम्'' अर्थात पृथ्वी ही परिवार है। हमारे वैदिक धर्म के अनुसार सम्पूर्ण पृथ्वी के निवासी एक परिवार के समान हैं। ऐसे उदार और विश्व हित की भावना से निहित वेदों का प्रसार समुचित रूप से नहीं हो पाया यह बड़े खेद की बात है।

वेदों के ह्रास का मुख्य कारण वेदों का कर्म काण्ड है। वैदिक ईश्वर को प्रसन्न करने के लिए यज्ञों के प्रचलन को बढ़ावा देना है। यज्ञों में बलि प्रथा प्रारंभ हो गया । इसी का विरोध जैनधर्म, बौद्धधर्म और वामपंथी दलों ने किया। बौद्धधर्म के नियम सरल थे इसलिए लोग बौद्ध धर्म में प्रवेश करने लगे। जैन धर्म को भी लोगों ने अपनाना प्रारंभ कर दिया। हर्यंक वंश के शासकों से लेकर मौर्य वंश के शासन काल के शासकों ने भी बौद्धधर्म को अपना लिया। सम्राट अशोक ने तो बौद्धधर्म को राजधर्म घोषित कर दिया था। इस प्रकार वैदिक धर्म का लोप हो गया। वेदों के ह्रास होने के बाद पुनः वैदिक धर्म की स्थापना के लिए अवतारवाद का विकास हुआ। अवतारवाद में यह बतलाया गया कि जब अधर्म बढ़ जाता है, तब धर्म की स्थापना के लिए, दुष्टों को नष्ट करने के लिए तथा सज्जनों की रक्षा करने लिए वैदिक ईश्वर ही मनुष्य रूप में अवतार लेते हैं और धर्म की स्थापना करते हैं। लोगों का ध्यान वेदों से हटकर अवतारवाद की कथाओं की ओर झुक गया और वेदों के विषय में जानकारी लोगों में नहीं के समान हो गया। आज हमारे देश के लोगों को ही यह नहीं मालूम है कि वेदों में क्या लिखा है, वेद क्या हैं?

वेदों का प्रसार-प्रचार भी भारतीयों के द्वारा नहीं किया गया जिसके कारण वेद का प्रसार उतना नहीं हो पाया जितना कि अन्य धर्मों के धर्म ग्रंथों का हुआ।

आज पर्यावरण प्रदूषण से पूरा विश्व परेशान है। इस प्रदूषण को कम करने के लिए पेरिस में जलवायु समझौता हुआ था। जब कि भारत में प्राकृतिक शक्तियों को ही ईश्वर रूप में मानकर प्राकृतिक (प्रकृति या पर्यावरण) शोषण को अपराध माना जाता रहा है। इस

पुस्तक में पुराणों, रामायण महाभारत आदि के कहानियों को बतलाते हुए यह सिद्ध किया गया है कि वेद ही यथार्थ और सत्य है। वेदों में ईश्वर से यही प्रार्थना की गई है "असतो मा सद्गमय" अर्थात मुझे असत्य से सत्य की ओर ले चलो। "तमसो मा ज्योतिर्गमय" अर्थात मुझे अंधकार से प्रकाश की ओर ले चलो। "मृत्युर्मा अमृतं गमय" मुझे मृत्यु से अमरता की ओर ले चलो।

इस पुस्तक को चार भागों में बाँटा गया है। प्रथम भाग में पुराणों से संबंधित चर्चा हैं। द्वितीय भाग में वाल्मीकीय रामायण, तृतीय भाग में महाभारत तथा चतुर्थ भाग में उपनिषद गीता एवं वेद संबंधित विषयों का वर्णन किया गया है।

मैं स्व. श्री जयपाल सिंह नेताम, अन्नपूर्णा कालोनी, गणेश नगर, बिलासपुर तथा सेवा निवृत्त शिक्षक श्री रघुवीर प्रसाद ध्रुवंश ग्राम कोरमी, बिलासपुर का शुक्र गुजार हूँ। इन्हीं लोगों के प्रयास से मुझे विभिन्न पुराण की पुस्तकें महाभारत की पुस्तक वाल्मीकीय रामायण की पुस्तक, उपनिषद, गीता, एवं वेद की पुस्तकें प्राप्त हुई और इस पुस्तक को लिखने में मदद मिली।

लेखक

विषयसूची

1

प्रथम भाग (पुराण-खण्ड)

इस भाग में विभिन्न पुराणों में वर्णित कुछ मुख्य कहानियों का उल्लेख किया गया है। एक ही पात्र के विषय में अलग-अलग पुराणों में अलग-अलग कहानी लिखी है। इससे यह विश्वास नहीं होता है कि कौन सी कहानी सत्य है।

1. राजा परीक्षित की कहानी।

गीता प्रेस गोरखपुर से प्रकाशित श्री मद्भागवत् पुराण प्रथम स्कंध अध्याय 18 में लिखा है कि एक बार राजा परीक्षित जंगल में शिकार खेलते-खेलते समीक मुनि के आश्रम में पहुँचे और ऋषि से पीने के लिए पानी माँगा। ऋषि ध्यान मग्न थे इसलिए कोई जवाब नहीं दिये। राजा परीक्षित क्रोधित होकर, एक मरे हुए साँप को, ऋषि के गले में डाल कर चले गए। जब कुछ देर बाद मुनि का पुत्र शृंगी आया तो अपने पिता के गले में मरे हुए साँप को देखा और क्रोधित हो शाप दे दिया कि जिसने मेरे पिता के गले में मरा हुआ साँप डाला है, आज के सातवें दिन उसे तक्षक नाग डसेगा और उसकी मृत्यु हो जाएगी। जब राजा परीक्षित को पता चला कि शाप के कारण तक्षक नाग के काटने से उसकी मृत्यु हो जाएगी, तब उन्होंने भागवत पुराण की कथा सातदिन तक सुनी और ईश्वरीय ध्यान करके समय बिताया। सातवें दिन तक्षक स्वयं एक मंत्र सिद्ध कश्यप ब्राह्मण का वेष धारण करके यज्ञ मण्डप में आया और राजा के पास बैठ कर सर्प बनकर राजा को काट लिया। उसके डसने से राजा की मृत्यु हुई।

इसी कहानी को गीता प्रेस गोरखपुर से प्रकाशित, संक्षिप्त देवी भागवत के दूसरे स्कंध के पृष्ठ 100 में लिखा है कि ऋषि के पुत्र गविजात ने, राजा परीक्षित को सातवें दिन तक्षक के काटने से मृत्यु होने का शाप दिया था। तब राजा ने राज्य का भार उत्तम सेवकों को सौंप दिया और मंत्रियों सहित बहुत शीघ्र एक सात मंजिल के इमारत की व्यवस्था कर, सातवें मंजिल के एक कमरे में रहने लगा। रक्षा करने लिए मणि और मंत्र जानने वाले प्रसिद्ध पुरुषों की नियुक्ति हो गई। साथ ही राजा परीक्षित सुरक्षित रहने के लिए अपने आसपास मंत्र सिद्ध ब्राह्मणों को भी रखने लगे। फाटक पर मंत्री के कुमार को बैठा दिया गया, वहाँ बहुत से हाथी खड़े कर दिए गए। ऐसा कड़ा प्रबंध था कि उस अत्यंत सुरक्षित भवन में कीड़ा-मकोड़ा भी

नहीं जा सकता था। राजा खाने पीने का कार्य ऊपर रहकर ही, संपन्न किया करते थे। तक्षक ने अपने पास के बहुत से नागों को तपस्वी के रूप में राजा के पास भेजा और स्वयं एक छोटा सा कीड़ा बनकर फल में घुस गया। तपस्वियों ने राजा को फल भेंट किया। जब राजा फल को खाने के लिए काटा तब तक्षक फल से निकल कर, राजा को डस लिया, जिससे राजा की मृत्यु हो गई।

इसी कहानी को गीताप्रेस गोरखपुर से प्रकाशित, संक्षिप्त स्कंध पुराण वैष्णव खण्ड पृष्ठ 284 में लिखा है कि राजा परीक्षित को जब पता चला कि समीक ऋषि के पुत्र शृंगी के शाप से, आज से सातवें दिन तक्षक नाग के काटने से, उनकी मृत्यु हो जाएगी। तब राजा ने गंगा के बीच धार में एक ही खंभे पर एक बहुत ऊँचा और विस्तृत मण्डप बनवाया तथा भगवान, विष्णु के प्रति भक्ति भाव बढ़ाते हुए अनेक देवर्षि, ब्रह्मर्षि तथा राजर्षियों के साथ वे उस ऊँचे मण्डप में रहने लगे। तक्षक ने सब सर्पों को बुलाकर, मुनियों के वेष में राजा के पास जाकर, फल भेंट करने को कहा। जब ऋषि मुनि फल देने लगे तब तक्षक भी बेर के फल में कृमि के रूप में राजा को डसने के लिए बैठ गया। राजा के पास जब फल पहुँचा। तक्षक फल से निकलकर, राजा को काट लिया तथा राजा की मृत्यु हो गई।

उपरोक्त तीन पुराणों की कहानियों से यह पता नहीं चलता कि कौन सी कहानी सत्य है, ऋषि शृंगी ने शाप दी या गविजात ने शाप दी। राजा परीक्षित इतिहास प्रसिद्ध राजा थे, तो उनके मृत्यु के संबंध में एक ही बात सत्य हो सकती है। तीन बातें सत्य नहीं हो सकती हैं, फिर तक्षक नाग इच्छा धारी है और अन्य साँप भी इच्छा धारी साँप हैं और आपस में बात करते हैं, तथा मुनियों का वेष धारण करते हैं, यह कहानी भी असत्य प्रतीत होती है।

2. श्री कृष्ण के पिता वसुदेव की पत्नियों की संख्या।

गीता प्रेस गोरखपुर से प्रकाशित, भागवत पुराण के दसम स्कंध अध्याय 84 के श्लोक संख्या 47 में लिखा है कि वसुदेव की अठारह पत्नियाँ थीं, पर नाम नहीं दिया गया है।

गीताप्रेस गोरखपुर से प्रकाशित, संक्षिप्त हरिवंश पुराण "हरिवंश पर्व अध्याय 35" में लिखा है कि रोहिणी, इंदिरा, बैशाखी, भद्रा तथा सुनाम्नी ये पौरववंशीय थीं तथा सहदेवा, शांति देवा, श्रीदेवा, देवरक्षिता, वृकदेवी, उपदेवी, और देवकी ये देवल की पुत्रियाँ तथा सुतनु और बड़वा उनकी परिचर्या करने वाली स्त्रियाँ वसुदेव की पत्नियाँ थीं। इस प्रकार वासुदेव की 14 पत्नियाँ थीं। इसी पुराण के 37 वें अध्याय में सहदेवा, शांतिदेवा, श्रीदेवा, देवरक्षिता, वृकदेवी, उपदेवी और देवकी को देवक की पुत्री बतलाया गया है। पता नहीं चलता क्या सत्य है ?

गीताप्रेस गोरखपुर से प्रकाशित, मत्स्य पुराण अध्याय 46 में लिखा है कि वसुदेव की 24 पत्नियाँ थीं पर नाम केवल दस पत्नियों का है, जो निम्न है- रोहिणी, पौरवी, देवकी, ताम्रा, देवरक्षिता, उपदेवी, वृकदेवी, श्रद्धादेवी, सुतनु और रक्षराजी।

लक्ष्मी प्रकाशन धिया मण्डी मथुरा से प्रकाशित संक्षिप्त महाभारत के मौसल पर्व में अर्जुन का द्वारिका गमन, शीर्षक के अंतर्गत बतलाया गया है कि वसुदेव के मृत्यु के बाद

उनकी चारों पत्नियाँ देवकी, भद्रा, रोहिणी और मदिरा चिता पर बैठकर सती हो गईं।

उपरोक्त चार पुराणों के वर्णन से यह पता नहीं चलता कि कौन सा कथन सत्य है। श्रीकृष्ण भारत वासियों के आराध्य हैं जो मनुष्य रूप में अवतरित हुए। ऐसे प्रसिद्ध व्यक्ति के पिता की पत्नियों की संख्या के संबंध मेंअलग-अलग पुराणों में अलग-अलग उल्लेख क्यों है? फिर पत्नियों के नामों में भी समानता नहीं है। सत्य क्या है ? पता नहीं चलता।

3. मनु-शतरूपा के पुत्र-पुत्रियों की संख्या।

गीता प्रेस गोरखपुर से प्रकाशित, भागवत पुराण के चतुर्थ स्कंध प्रथम अध्याय में बतलाया गया है कि मनु-शतरूपा के दो पुत्र प्रियव्रत और उत्तानपाद थे तथा प्रसूति, आकृति और देवहूती नाम की तीन कन्याएँ थीं।

दुर्गा पुस्तक भण्डार (प्रा.) लि. द्वारा बम्बई से प्रकाशित, विष्णु पुराण (संक्षिप्त) में लिखा है- मनु-शतरूपा के दो पुत्र प्रियव्रत और उत्तानपाद और दो कन्याऐं प्रसूति और आकृति हुईं।

गीता प्रेस गोरखपुर से प्रकाशित, संक्षिप्त ब्रह्मपुराण प्रथम अध्याय सृष्टि के अंतर्गत बतलाया गया है कि मनु-शतरूपा के वीर, प्रियव्रत और उत्तानपाद नाम के तीन पुत्र हुए।

संक्षिप्त अग्नि पुराण गीताप्रेस गोरखपुर से प्रकाशित अध्याय 18 में बतलाया गया है कि मनु-शतरूपा के दो पुत्र प्रियव्रत और उत्तानपाद तथा एक कन्या देवहूति हुई।

गीताप्रेस गोरखपुर से प्रकाशित, संक्षिप्त हरिवंश पुराण हरिवंश पर्व के दूसरे अध्याय में लिखा है कि मनु-शतरूपा ने वीर नामक पुत्र को जन्म दिया। वीर ने काम्या के गर्भ से प्रियव्रत और उत्तानपाद को जन्म दिया।

गीताप्रेस गोरखपुर से प्रकाशित, मत्स्य पुराण अध्याय 3 में बतलाया गया है कि ब्रह्मा ने शतरूपा से विवाह कर मनु को पैदा किया तथा अध्याय 4 में बतलाया गया है कि मनु ने अनन्ती नामक पत्नि से प्रियव्रत और उत्तानपाद नामक दो पुत्रों को जन्म दिया।

उपरोक्त छः पुराणों में मनु-शतरूपा के पुत्र-पुत्रियों के संबंध में अलग-अलग वर्णन है। इससे यह पता नहीं चलता कि किस पुराण की कथा सत्य है ?

4. दण्डकारण्य की उत्पत्ति।

गीताप्रेस गोरखपुर से प्रकाशित, कूर्म पुराण अध्याय 66 में बतलाया गया है कि इक्ष्वाकु नन्दन दण्ड, शुक्राचार्य की पुत्री अरजा से बलात्कार किया। जिसके फल स्वरूप शुक्राचार्य ने उसे सात दिनों के भीतर ही, उपल वृष्टि के होने के कारण राज्य, भृत्य और वाहनों सहित नष्ट हो जाने का शाप दे दिया। राजा दण्ड जहाँ पर राष्ट्र, सेना, भृत्य और वाहनों सहित नष्ट हुआ था वही क्षेत्र दण्डकारण्य बना। उस स्थान को देवता लोग छोड़कर चले गए और राक्षसों का निवास होने लगा।

गीताप्रेस गोरखपुर से प्रकाशित, संक्षिप्त हरिवंश पुराण के हरिवंशपर्व अध्याय 10 में लिखा है कि सुद्युम्न के तीन पुत्र हुए। उत्कल, गय और विनतास्व। उत्कल के घृष्टक, अम्बरीष और दण्ड नामक तीन पुत्र हुए। दण्ड ने दण्डकारण्य बसाया। दण्ड महात्मा था।

दण्डकारण्य तपस्वियों के लिए उत्तम आश्रम है। उसमें प्रवेश करते ही मनुष्य अपने पापों से मुक्त हो जाता है।

उपरोक्त दो पुराणों में दो प्रकार की दण्डकारण्य की उत्पत्ति का वर्णन दिया गया है। दोनों कथनों में कौन से पुराण की कथा सत्य है? पता नहीं चलता है।

5. गौतम ऋषि की पत्नी अहल्या की उत्पत्ति एवं शाप ।

लक्ष्मी प्रकाशन धिया मण्डी मथुरा से प्रकाशित, संक्षिप्त महाभारत में शांति पर्व पृष्ठ 484 में लिखा है कि इन्द्र के साथ व्यभिचार करने के कारण, गौतम ने अपनी पत्नी अहल्या को बध्य समझकर, अपने पुत्र चिरकारी को उसे वध करने का आदेश देकर, वन की ओर चले गये। चिरकारी किसी भी काम को करने से पहले, अच्छी तरह बहुत समय सोच विचार किया करता था। वह अपने माता तथा पिता दोनों के महत्व पर विचार करता हुआ, सोचता रहा। वन में जाने के बाद गौतम को बड़ा पश्चाताप हुआ। वे सोचने लगे, अहल्या ने जान बूझकर दुष्कर्म नहीं किया है। पापी इन्द्र ने कपट पूर्वक उसका सतीत्व नष्ट किया है। मैं अहल्या के वध की आज्ञा देकर गलत काम किया हूँ। ऐसा विचार कर तुरंत लौट आए और अहल्या को जीवित देख कर बड़े प्रसन्न हुए।

गीताप्रेस गोरखपुर से प्रकाशित, ब्रह्मपुराण संक्षिप्त में अहल्या संगम तीर्थ के वर्णन के अंतर्गत बतलाया गया है कि अहल्या को ब्रह्मा ने उत्पन्न करके, गौतम ऋषि को पालन-पोषण करने को कहा। जब वह जवान हुई तो लाने को कहा। जवान होने पर अहल्या को ब्रह्मा ने गौतम ऋषि को पत्नि के रूप में दे दिया। तब इन्द्र एक दिन गौतम ऋषि का वेष बनाकर आश्रम आया और अहल्या के साथ रमण करने लगा। अहल्या ने भी पति समझकर कोई विरोध नहीं किया। इसी समय महर्षि गौतम शिष्यों के साथ आ गए और इंद्र को देखकर सहस्त्र योनि वाला होने का शाप दे दिया तथा अहल्या को नदी होने का शाप दे दिया। अहल्या ने कहा- इन्द्र आपका वेष धारण कर के आया था। इसलिए मैं उसे पहिचान नहीं सकी। मुझे क्षमा करें। तब गौतम ने कहा- नदी होने पर जब तुम गोदावरी में मिलोगी, तब तुम्हारा शाप खत्म हो जायेगा, और तुम शाप मुक्त हो जाओगी। इंद्र ने भी बड़ी प्रार्थना की तब इंद्र को सहस्त्र नेत्रवाला होने का शाप दिया। गौतमी गंगा से मिलने के बाद अहल्या पुनः अपने स्वरूप को पा गई।

गीताप्रेस गोरखपुर से प्रकाशित वाल्मीकीय रामायण, बालकाण्ड सर्ग 48 में लिखा है कि मिथिलापुरी के एक उपवन में एक आश्रम था, जो गौतम ऋषि का है। एक दिन इंद्र गौतम मुनि का वेष बनाकर, गौतम मुनि की अनुपस्थिति में आश्रम में अहल्या के पास आकर कहा। मैं इंद्र हूँ। तुम्हारे साथ रमण करना चाहता हूँ। महर्षि गौतम का वेष बनाए हुए इंद्र को जानकर भी अहल्या ने अहो! मुझे इंद्र चाहते हैं, इस प्रकार विचार कर इंद्र के प्रस्ताव को स्वीकार कर लिया। रति के बाद उसने देवराज इंद्र से कहा- मैं तुम्हारे समागम से बहुत खुश हूँ, और कृतार्थ हो गई। जब इंद्र बाहर निकला उसी समय गौतम ऋषि आ गए और इंद्र को अण्डकोष रहित होने का शाप दिया तथा अहल्या को शाप दिया कि तू भी यहाँ हवा पीकर,

कई हजार वर्षों तक उपवास करके कष्ट उठाती हुई, राख में सभी प्राणियों से अदृश्य रहकर, इस आश्रम में निवास करेगी। जब राम इस उपवन में आएँगे, तब तू उनका आतिथ्य सत्कार पूरा करके, पवित्र होकर, पूर्व शरीर को धारण करेगी और मेरे पास आएगी। ऐसा कहकर गौतम ऋषि हिमालय में चले गए।

इसी रामायण के उत्तर काण्ड सर्ग 30 में बतलाया गया है। अहिल्या को उत्पन्न करके ब्रह्मा ने उसे गौतम ऋषि को सौंप दिया था। बहुत वर्षों के बाद उसे गौतम ने ब्रह्मा को लौटा दिया। महामुनि के धैर्य (इंद्रिय-संयम) को देख कर ब्रह्मा ने उन्हें पत्नी रूप में दे दिया। तब इंद्र ने क्रोध में आकर मुनि के आश्रम में जाकर, महर्षि का स्वरूप धारणकर, काम पीड़ित होकर, अहल्या से बलात्कार किया। उस समय महर्षि गौतम ने, इन्द्र को देख लिया और क्रोध में आकर इंद्र को शाप दिया-हे वासव! शुक्र ! तुमने निर्भय होकर मेरी पत्नी के साथ बलात्कार किया है। इसलिए तुम युद्ध में जाकर शत्रु के हाथ में पड़ जाओगे। इसी शाप के कारण इंद्र मेघनाद से हारा और उसका बंदी बना था जिसे ब्रह्मा ने छुड़ाया था। गौतम ने अहल्या को शाप देकर कहा- दुष्ट! तू मेरे आश्रम के पास ही अदृश्य होकर रह और अपने रूप सौन्दर्य से भ्रष्ट हो जा। तेरे रूप-सौन्दर्य वाली अनेकों स्त्रियाँ उत्पन्न हो जाएगी।अहल्या के प्रार्थना करने पर गौतम ने कहा- जब तुम राम का दर्शन करोगी तब शाप से मुक्त हो जाओगी।

दोनों कथा बाल्मीकि जी ने लिखी है। दोनों कथाओं में कौन सी कथा सत्य है? पता नहीं चलता है। महाभारत एवं ब्रह्मपुराण की कथा इन दोनों कथाओं से भिन्न है।

वामन पुराण में गौतम को दक्ष का दामाद बतलाया है, और अहल्या को दक्ष की कन्या बतलाया है।

तुलसीदास कृत रामचरित मानस में बतलाया गया है कि गौतम ने अहल्या को पत्थर होने का शाप दिया था। राम के पैर के छूने पर, मुक्ति होने की बात कही गई है।

गीताप्रेस गोरखपुर से प्रकाशित, संक्षिप्त हरिवंश पुराण अध्याय 32 में लिखा हैं कि अहल्या वध्यश्व की पुत्री थी, जिसका विवाह गौतम ऋषि के साथ हुआ था। शतानंद उसका पुत्र था।

विष्णु पुराण में अहल्या को बृहदश्व की पुत्री बतलाया है।

ब्रह्म पुराण में अहल्या को ब्रह्मा की पुत्री कहा गया है। पता नहीं कौन सी बात सत्य है? उपरोक्त विभिन्न पुराणों में अहल्या के शाप के संबंध में, अलग-अलग कहानी बतलाई गई है। पता नहीं चलता कि सत्य क्या है? अहल्या के पिता का नाम भी अलग-अलग पुराणों में अलग-अलग बतलाया गया है।

6. हिमालय के पुत्र-पुत्रियों के संबंध में वर्णन।

गीताप्रेस गोरखपुर से प्रकाशित, संक्षिप्त शिव पुराण रूद्र संहिता पृष्ट 231 में लिखा है कि हिमालय के सौ पुत्रों में मैनाक बड़ा था, जो समुद्र से मित्रता किए रहता था। मैना हिमालय की पत्नी है। उसके गर्भ से एक कन्या उमा उत्पन्न हुई।

गीता प्रेस गोरखपुर से प्रकाशित, वामन पुराण अध्याय 51 में बतलाया गया है- हिमालय की पत्नी मैना के गर्भ से तीन कन्या और एक पुत्र हुआ। पुत्र का नाम सुनाभ और पुत्रियों का नाम रागिनी, कुटिला तथा काली था। पहली पुत्री रागिनी, जो लाल रंग की थी, दूसरी कन्या का नाम कुटिला, जो सुन्दर शरीर वाली थी, और तीसरी कन्या का नाम काली था। यही उमा कहलाई।

गीताप्रेस गोरखपुर से प्रकाशित, संक्षिप्त हरिवंश पुराण अध्याय 18 हरिवंश पर्व में लिखा है कि हिमालय की पत्नी मैना के गर्भ से, मैनाक नामक पुत्र हुआ और मैनाक का पुत्र क्रौंच हुआ, तथा एक पर्णा, अपर्णा, और एक पाटला नाम की, हिमालय की तीन कन्याऐं हुईं। अपर्णा ही उमा कहलाई।

उपरोक्त तीन पुराणों की कहानियों में यह पता नहीं चलता कि कौन सी बात सत्य है?

7. गणेश जी के उत्पत्ति का वर्णन।

गीताप्रेस गोरखपुर से प्रकाशित, संक्षिप्त शिव पुराण पृष्ट 335 रूद्र संहिता में लिखा है कि पार्वती जी ने अपने शरीर के मैल से गणेश जी को उत्पन्न कर, द्वारपाल बनाकर दरवाजे में नियुक्त किया और किसी भी को अंदर आने से रोकने को कहा। इसी बीच शंकर जी आए और अंदर प्रवेश करने लगे। तब गणेश जी ने उनको अन्दर जाने से रोका, जिससे शिवजी और गणेश जी के बीच युद्ध हुआ। शिवजी ने गणेश के शिर को काटकर, गणेश जी को मार डाला। बाद में पार्वती जी के कहने पर, हाथी का शिर लगाकर, शिवजी ने गणेश जी को जीवित कर दिया।

गीताप्रेस गोरखपुर से प्रकाशित, पद्मपुराण (संक्षिप्त) पृष्ट 146 में लिखा है कि गिरिजा ने सुगंधित तेल और चूर्ण से अपने शरीर में उबटन लगवाया। उससे जो मैल निकला, उससे उन्होंने एक पुरुष की आकृति बनाई, जिसका मुँह हाथी के समान था। फिर खेल-खेल में शिवा ने उसे गंगा में डाल दिया। गंगा जल में पड़ते ही, वह पुरुष बढ़कर विशालकाय हो गया। पार्वती ने उसे पुत्र कहकर पुकारा। देवताओं ने गांगेय कहकर पुकारा। इस प्रकार गजानन देवों में पूजित हुए।

गीताप्रेस गोरखपुर से प्रकाशित, वामन पुराण अध्याय 54 में लिखा है कि पार्वती जी स्नान करते समय, उबटन के मैल से गजानन जी को बनाया। नहाकर चली गई। कुछ देर बाद शिव जी वहाँ आए और उसी आसन पर बैठकर स्नान किया। उसी आसन के नीचे वह मैल से बना पुरुष पड़ा था। उमा के श्वेत एंव जल से तथा भस्म से युक्त शंकर के श्वेद के, मिश्रण होने से वह पुरुष उत्तम शूण्ड से फुत्कार उठा। उसे अपना पुत्र जानकर भुवनेश्वर प्रसन्न हो गए और पार्वती जी को ले जाकर दे दिया। यह बिना नायक के पैदा हुआ। इसलिए विनायक नाम से प्रसिद्ध हुआ।

उपरोक्त तीन पुराणों में, गणेश जी की उत्पत्ति की कथा, अलग-अलग बतलाई गई है। स्पष्ट नहीं होता है कि किस पुराण की कथा सही है, और कौन गलत है ?

8. शिवजी की पत्नी सती का देह त्याग।

गीता प्रेस गोरखपुर से प्रकाशित, शिव पुराण (संक्षिप्त) रूद्र संहिता द्वितीय खंड (सती खण्ड) में बतलाया गया है कि सती के पिता राजा दक्ष ने एक यज्ञ का आयोजन किया था, पर शिवजी को निमंत्रण नहीं दिया था। फिर भी सती शिव जी से आज्ञा लेकर यज्ञ में शामिल होने पिता के घर आई। यज्ञ में शिव जी का भाग नही देख कर तथा पिता के द्वारा शिव की निन्दा सुनकर सती ने क्रोधाग्नि से, अपने शरीर को भस्म कर दिया।

गीता प्रेस गोरखपुर से प्रकाशित, वामन पुराण अध्याय 4 में लिखा है कि गौतम ऋषि की पुत्री जया ने सती को बतलाया कि पिता गौतम और माँ अहल्या दोनों मातामह राजा दक्ष के यज्ञ में गए हैं। क्या आप भी जाओगी ? इस बात को जानकर कि पिता ने उन्हें निमंत्रण नहीं दिया है, क्रोध और दुःख से सती ने प्राण त्याग दिए। उनके मरने के बाद जया रोने लगी। रोना सुनकर शंकर बाहर निकले और रोने का कारण पूछा। तब जया ने सब हाल बतलाया और कहा मौसी ने आंतरिक दुःख से प्राण त्याग दी है।

गीता प्रेस गोरखपुर से प्रकाशित, कूर्म पुराण अध्याय 13 पृष्ट 85 में बतलाया गया है कि शंकर के द्वारा यथोचित सत्कार न पाने के कारण, राजा दक्ष के मन में शंकर के प्रति दूषित भावना उत्पन्न हो गयी थी। इसलिए घर में आई हुई सती के सामने ही, उनकी बुराई करते हुए क्रुद्ध होकर भर्त्सना की, और बोले- तुम्हारे पिनाक धारी पति से मेरे अन्य जमाता बहुत अच्छे हैं। तुम भी अच्छी नहीं हो। इसलिए मेरे घर से चली जाओ। इस कठोर वाणी को सुनकर उन्होंने अपने पिता की निन्दा की, और स्वयं ही योगाग्नि से अपने शरीर को भस्म कर डाला। सती के मरने पर शिव जी ने राजा दक्ष को शाप दिया कि तुम इस शरीर को छोड़कर, पृथ्वी पर क्षत्रियकुल में उत्पन्न होओगे, और पाप वश अकार्य में तुम्हारी प्रवृति रहेगी।

गीता प्रेस गोरखपुर से प्रकाशित, भागवत पुराण चतुर्थ स्कंध के चौथे अध्याय में बतलाया गया है कि दक्ष यज्ञ में शिव का भाग न देखकर तथा माँ-बहिनों के रूक्ष व्यवहार को देखकर, सती ने योगाग्नि से शरीर का त्याग कर दिया। तब शिव जी ने वीर भद्र को भेजकर यज्ञ विध्वंस कराया। वीर भद्र ने दक्ष के शिर को काटकर, अग्नि में हवन कर दिया। बाद में शिव जी ने दक्ष के शिर की जगह, बकरे का शिर लगाकर जीवित किया।

अलग-अलग पुराणों की अलग-अलग कहानियों से यह पता नहीं चलता है कि कौन से पुराण की कहानी सत्य है ? शिव भारतीयों के आराध्य भगवान हैं। उनके विषय में और उनकी पत्नी के देह त्याग के संबंध में एक ही कहानी होनी चाहिए थी।

9. हनुमान की उत्पत्ति की कथा।

गीता प्रेस गोरखपुर से प्रकाशित, वाल्मीकीय रामायण किष्किंधा काण्ड के 66 वें सर्ग में लिखा है, कि पूंजिकस्थला नाम की अप्सरा, एक समय शाप वश, कपि योनि में उत्पन्न हुई। वह वानरराज कुंजर की पुत्री अंजना, केशरी वानर राज की पत्नी थी। एक दिन रूप यौवन से संपन्न मानवी स्त्री का रूप धारण कर, पर्वत के शिखर पर खड़ी थी। उसी समय वायुदेव ने उसके वस्त्र का हरण कर लिया। उसकी शारीरिक सुन्दरता को देख काम मोहित होकर,

उस अनिन्द्य सुन्दरी को अपनी दोनों भुजाओं में भरकर, अव्यक्त रूप से आलिंगन करके समागम किया। इससे हनुमान की उत्पत्ति हुई।

गीता प्रेस गोरखपुर से प्रकाशित, शिव पुराण (संक्षिप्त) के रूद्र संहिता पृष्ठ 444 में हनुमान वानर की उत्पत्ति का वर्णन है। एक समय की बात है जब शंभु को, विष्णु के मोहनी रूप का दर्शन प्राप्त हुआ। तब वे काम देव के बाणों से आहत हुए की तरह, क्षुब्ध हो उठे। उस समय राम कार्य की सिद्धि के लिए, अपना वीर्य पात किया। तब सप्तऋषियों ने उस वीर्य को पत्र-पटुक में स्थापित कर लिया। तत्पश्चात् शंभु के इस वीर्य को गौतम कन्या अंजनी के कर्ण के रास्ते, गर्भ में स्थापित कर दिया। समय आने पर उस गर्भ से ''शंभु'' महान बली, पराक्रम संपन्न वानर शरीर धारण कर, हनुमान के रूप में प्रगट हुए।

गीता प्रेस गोरखपुर से प्रकाशित, भागवत पुराण अष्टम स्कंध 72 वें अध्याय में लिखा है कि जब शंकर भगवान ने सुना कि श्री हरि विष्णु ने मोहनी रूप धारण किए थे। तब पार्वती के साथ बैकुण्ठ में जाकर विष्णु से, मोहनी रूप दिखाने का अनुरोध किया। तब विष्णु वहाँ से अंतर्ध्यान हो गए तथा उस उपवन में एक लड़की दिखाई दी। जो उछल-उछल कर गेंद से खेल रहीं थी। उसके रूप को देखकर शिव जी उसके पीछे जाने लगे। उन्हें पार्वती जी का भी ध्यान नहीं रहा। मोहिनी रूप विष्णु आगे-आगे भाग रहे थे तथा शिव जी उसके पीछे-पीछे दौड़ रहे थे। एकाएक कामवश होने कारण उनका वीर्य गिर गया और जहाँ-जहाँ उनका वीर्य गिरा, वहाँ-वहाँ सोने-चाँदी की खानें बन गई। यह कथा शिव पुराण की कथा से बिल्कुल भिन्न है। दोनों में सत्य क्या है?

गीता प्रेस गोरखपुर से प्रकाशित,ब्रहम पुराण पैशाच तीर्थ माहात्म्य पृष्ठ 156 में लिखा है कि गोदावरी के दक्षिण तट पर पैशाच तीर्थ है। वहाँ एक सुन्दरी अप्सरा शाप भ्रष्ट होकर थी। वह बहुत सुन्दर थी, पर मुँह बँदरिया का था। ब्रहम गिर के पार्श्व भाग में, अंजन नामक पर्वत के पास की कथा है। वहाँ उस सुन्दरी का नाम अंजना था। वह केशरी नाम के एक श्रेष्ठ वानर की पत्नी थी। केशरी की एक और पत्नी थी, जिसका नाम अद्रिका था। वह भी शाप भ्रष्ट अप्सरा थी। उसका मुँह बिल्ली के समान था। एक समय जब केशरी घर पर नहीं थे, तब महर्षि अगस्त्य आए। अंजना और अद्रिका ने उनका यथोचित पूजन किया। इससे प्रसन्न होकर उन्होंने उन दोनों से वरदान माँगने को कहा। उन्होंने वरदान में ऐसे पुत्र की माँग की जो सबसे बलवान, श्रेष्ठ और सब लोगों का उपकार करने वाला हो। कुछ काल के पश्चात अंजना को वायु के अंश से हनुमान और अद्रिका के गर्भ से निऋति के अंश से पिशाचों का राजा अद्रि उत्पन्न हुए।

गीता प्रेस गोरखपुर से प्रकाशित, स्कंध पुराण पृष्ठ 319 आकाश गंगा तीर्थ के अंतर्गत बतलाया गया है कि अंजना ने पुत्र प्राप्ति के लिए, वायु देवता की प्रसन्नता के लिए, व्रत करते हुए तपस्या की। जिससे वायुदेव ने प्रसन्न होकर कहा- सुमुखि! मैं ही तुम्हारा पुत्र होऊँगा और तुम्हारे नाम को विख्यात करूँगा।

उपरोक्त विभिन्न पुराणों में हनुमान की उत्पत्ति के विषय मेंअलग-अलग कहानियाँ बतलाई गई हैं। अंजना को बाल्मीकि जी ने कुंजर की पुत्री कहा है जबकि शिव पुराण में अंजनि को गौतम पुत्री कहा गया है। क्या सत्य है? पता नहीं चलता।

10. भगवान नरसिंह की उत्पत्ति की कथा।

गीता प्रेस गोरखपुर से प्रकाशित, वामन पुराण अध्याय 36 में लिखा है कि भगवान विष्णु नरसिंह का रूप धारण कर, हिरण्यकशयप का वध करके, पशु योनि में स्थित सिंहों से प्रेम करने लगे। तब महादेव ने शरभ का (सिंह से भी बलवान पशु) रूप धारण कर युद्ध किया। दोनों देवता युद्ध करते-करते एक सरोवर में गिर गए। वहाँ पीपल के वृक्ष के नीचे देवर्षि नारद, ध्यान लगाए बैठे थे। उन्होंने इन दोनों को देखा। (फिर तो) विष्णु, चतुर्भुज रूप में और शिव, लिंग-रूप में (परिवर्तित) हो गए।

गीता प्रेस गोरखपुर से प्रकाशित, भागवत पुराण सप्तम स्कंध अध्याय 2 से अध्याय 8 तक में लिखा है- हिरण्याक्ष के मृत्यु के बाद, हिरण्यकशयप ने तपस्या करके, वरदान प्राप्त किया कि ब्रह्मा के बनाए हुए किसी भी प्राणी (मनुष्य या पशु-पक्षी, या प्राणी या अप्राणी, देवता या दैत्य या नागादि) से मृत्यु न हो। भीतर-बाहर, दिन में, रात्रि में, ब्रह्मा के बनाए हुए प्राणियों के अतिरिक्त और किसी भी जीव से, अस्त्र से, शस्त्र से पृथ्वी-आकाश में कहीं भी मृत्यु को प्राप्त न हो। वरदान पाकर हिरण्यकशयप, अपने आप को विष्णु से बड़ा मानकर, विष्णु का का भजन-पूजन बंद कराकर, अपना भजन-पूजन कराना प्रारंभ करा दिया। प्रजावासी उसकी आज्ञानुसार चलने लगे। पर उसी का पुत्र प्रहलाद उसकी आज्ञा को न मानकर, विष्णु का भजन करने लगा। इससे क्रोधित होकर हिरण्यकशयप ने, उसे मारने के लिए पत्थर से बाँधकर समुद्र में फिकवाया, हाथी के पैरों तले कुचलवाने का प्रयास किया। अग्नि से जलाने का भी प्रयास किया। तब भी प्रहलाद नहीं मरा। एक दिन हिरण्यकशयप एक खंभे को दिखाकर प्रहलाद से कहा- बोल! तेरा भगवान इस खंभे पर तुझे दिखता है। प्रहलाद ने कहा - हाँ! उसकी बात सुनकर दैत्य सिंहासन से कूद कर, जोरों से उस खंभे को एक घूसा मारा। उसी समय खंभे से बड़ा शब्द हुआ और उसी खंभे से भगवान नरसिंह प्रकट हुए तथा हिरण्यकशयप को पकड़कर दरवाजे के नीचे सूर्यास्त के समय जाँघ में रख कर खेल-खेल में अपने नाखूनों से फाड़ डाला। हिरण्यकष्यप के मरने के बाद, सभी देवताओं ने प्रार्थना की, पर नरसिंह भगवान शांत नहीं हुए। लक्ष्मीजी आईं पर भयवश किनारे न जा सकीं। तब ब्रह्मा ने प्रहलाद से कहा- अब तुम जाकर भगवान को शांत करो। प्रहलाद ने ब्रह्मा की बात मानकर भगवान नरसिंह की प्रार्थना की। तब नरसिंह भगवान प्रहलाद को उठाकर उसके शिर पर वरदहस्त रख दिया और वर माँगने को कहा। प्रहलाद ने कहा- मेरे मन में कभी कामना का बीज अँकुरित न हो और मेरे पिताजी भी शुद्ध हो जाएँ। भगवान नरसिंह प्रहलाद को वरदान देकर चले गए।

गीता प्रेस गोरखपुर से प्रकाशित, स्कंध पुराण (संक्षिप्त) वैष्णव बदरिका आश्रम माहात्म्य, पृष्ठ 390 में लिखा हैं- भगवान नरसिंह अपने नखों के अग्र भाग से, लीला पूर्वक

हिरण्य कश्यप का वध करके, प्रलय काल की अग्नि के समान उद्दीप्त होने लगे। देवताओं ने विष्णु का स्तवन किया, तब नरसिंह भगवान बोले- तुम लोग ! मुझसे कोई वर माँगो। ब्रह्मा ने कहा- आप ! अपने उग्र रूप को समेट लो क्योंकि यह समस्त देह धारियों को भयभीत करने वाला है। फिर दिव्य रूप धारणकर भगवान नरसिंह ने कहा- देवताओं ! आप लोग कोई वर माँग लो। देवताओं ने कहा- आप! हमें प्रसन्न मन से चतुर्भुज रूप में ही दर्शन दिया करें। भगवान नरसिंह उन्हें दिव्य दृष्टि से देखकर, विशाला पुरी (बद्रिकाश्रम) चले गए।

इसी पुराण के आवन्त्य खण्ड, अवन्ती क्षेत्र माहात्म्य, नरसिंह तीर्थ महिमा में लिखा है कि हिरण्यकश्यप तपस्या करके वरदान माँगा कि मैं न दिन में मरूँ, न रात में मरूँ, न आकाश में मरूँ, न पृथ्वी में मरूँ, न अंतरिक्ष में मरूँ, न सूखे में मरूँ, न शीतल में मरूँ, न अस्त्र, से न शस्त्र से मरूँ, न मनुष्य से मरूँ, न पक्षियों से मरूँ। जो केवल एक थप्पड़ में मंत्री, सेना और वाहनों सहित मुझे मार डालने की क्षमता रखे, वही मेरी मृत्यु का कारण बने। वरदान पाकर हिरण्यकश्यप संपूर्ण पृथ्वी पर अपना राज्य स्थापित कर लिया था। उसके दुष्ट दैत्यों की सेना से सारी पृथ्वी छा गई थी। पृथ्वी एवं देवता ब्रह्मा से उस दैत्य के संहार करने के विषय में कहा। तब ब्रह्मा ने उन्हें नरसिंह तीर्थ में जाने को कहा और भगवान नरसिंह की अराधना करने को कहा। देवताओं ने नरसिंह तीर्थ में जाकर नरसिंह की अराधना की। उनकी आराधना से प्रसन्न होकर भगवान, नरसिंह का रूप धारण करके, हिरण्यकश्यप के सभा मण्डप में प्रकट होकर एक तमाचे से हिरण्यकश्यप का काम तमाम कर दिया।

यहाँ भगवान नरसिंह के प्रकट होने के पूर्व में ही नरसिंह तीर्थ होने का वर्णन है। उत्पन्न होने के पूर्व ही तीर्थ बन जाये, क्या यह संभव है?

गीता प्रेस गोरखपुर से प्रकाशित, संक्षिप्त पद्म पुराण नरसिंह अवतार और प्रहलाद की कथा में लिखा है कि हिरण्यकश्यप ने शिव की तपस्या की थी और वरदान प्राप्त किया था। भागवत पुराण में लिखा है कि उसने ब्रह्मा की तपस्या करके वरदान प्राप्त किया। दोनों में सत्य क्या है ?

गीता प्रेस गोरखपुर से प्रकाशित, शिव पुराण (संक्षिप्त) रूद्र संहिता पंचम् (युद्ध खण्ड) हिरण्यकश्यप द्वारा तपस्या और वरदान पाकर अत्याचार, नरसिंह द्वारा उसका बध और प्रहलाद को राज्य प्राप्ति प्रसंग में लिखा है कि हिरण्यकश्यप, ब्रह्मा की तपस्या की और वरदान माँगा। मैं न भूतल में मरूँ, न स्वर्ग में मरूँ, न दिन में मरूँ, न रात में मरूँ, न ऊपर मरूँ, न नीचे मरूँ कहीं भी शस्त्र, पास, वज्र, शुष्क, वृक्ष, पर्वत, जल, अग्नि के रूप में, शत्रु के प्रहार से, देवता, दैत्य, मुनि, सिद्ध, गंधर्व, किं बहुना आपके हाथों रचे गए जीवों से, मुझे कभी भी मृत्यु का भय न हो। ब्रह्मा जी से इस प्रकार वर प्राप्त करके वह उन्मत होकर त्रिलोकी को नष्ट करने का विचार कर लिया। देवताओं को जीत लिया। देवताओं ने विष्णु के पास जाकर मदद करने को कहा- तब विष्णु ने एक ऐसा रूप धारण किया जिसका आधा भाग सिंह का और आधा भाग मनुष्य का था। इसी रूप में उन्होंने सूर्य के डूबने के समय

असुर की नगरी में प्रवेश किया। नरसिंह को देखकर सभी दैत्य, उन पर टूट पड़े। उन्होंने सभी दैत्यों को मार गिराया। प्रहलाद ने नरसिंह को देखकर हिरण्यकश्यप ने कहा- पिताजी! मुझे लगता लगता है भगवान अनन्त-नरसिंह रूप धारण कर पधारे हैं। अतः आप युद्ध से हटकर इनकी शरण में जाइए। तब हिरण्यकश्यप ने प्रहलाद से कहा- बेटा! क्या तू भयभीत हो गया है? डरो मत ऐसा कहकर दैत्यों को हमला करके नरसिंह को पकड़ने को कहा- पर सभी दैत्यों को नरसिंह भगवान ने मार डाला। अंत में नरसिंह ने हिरण्यकश्यप को पकड़कर, जाननुओं पर लिटाकर, अपने नखों से छाती चीर डाला। तब प्रहलाद ने उनकी स्तुति की। भगवान उसे राज्य में अभिसिक्त कर अंतर्ध्यान हो गए।

गीता प्रेस गोरखपुर से प्रकाशित, कूर्म पुराण पृष्ट 96, पन्द्रहवें अध्याय में लिखा है कि हिरण्यकश्यप को मारने के लिए विष्णु भगवान पहले एक पुरूष को उत्पन्न किया। सुमेरू पर्वत के समान शरीर वाले घोर रूप वाले भयानक और हाथ में शंख, चक्र, गदा, और पद्म धारण करने वाले उस पुरूष से विष्णु ने कहा - दैत्य राज! हिरण्यकश्यप को मार कर आओ। तब वह पुरूष हिरण्यकश्यप के पुत्रों से युद्ध किया और चारों भाइयों को पैर पकड़कर फेंक दिया। तब हिरण्यकश्यप ने उस पुरूष के छाती पर पैर से प्रहार किया। वह पुरूष अदृश्य होकर विष्णु के पास आ गया और सब हाल बतलाया। तब विष्णु ने नरसिंह रूप धारण कर हिरण्यकश्यप को मारा, प्रहलाद को भी हराया। तब वासुदेव समझकर प्रहलाद शस्त्रों को त्याग कर प्रार्थना करने लगा। भगवान नरसिंह उसकी प्रार्थना से प्रसन्न हो गए और प्रहलाद को राज्य का उत्तराधिकारी बनाकर चले गए।

उपरोक्त कहानियों में एक रूपता की कमी है। यदि यह सत्य घटना है तो अलग-अलग पुराणों में अलग-अलग कहानी क्यों हैं? सत्य कथा तो एक ही होती है, फिर उपरोक्त कथनों में सत्य क्या है?

11. वाल्मीकि जी के जन्म के संबंध की कथा।

गीता प्रेस गोरखपुर से प्रकाशित, स्कंध पुराण (संक्षिप्त) वैष्णव खण्ड, वैशाख माहात्म्य, शंख व्याध सँवाद शीर्षक के अंतर्गत बतलाया गया है कि वाल्मीकि पूर्व जन्म का व्याध था, पर शंख मुनि के सानिध्य से उसकी बुद्धि पवित्र हो गई। उसने भगवान राम का भजन करते हुए जीवन बिताया। मरने के बाद वह वल्मीकि का पुत्र वाल्मीकि हुआ। पढ़-लिखकर मेधावी हुआ तथा रामायण की रचना किया।

इसी स्कंध पुराण के आवन्त्य खण्ड अवन्ती क्षेत्र माहात्म्य वाल्मीकि की तपस्या और वाल्मीकेश्वर की महिमा शीर्षक के अंतर्गत, बतलाया गया है कि प्राचीन काल में सुमति नामक एक भृगुवंशी ब्राह्मण के घर में अग्नि शर्मा नामक पुत्र हुआ। वह पिता के बार-बार कहने पर भी वेदाभ्यास में मन नहीं लगाता था। एक बार अकाल पड़ने पर, बहुत से लोगों के साथ, सुमति भी दक्षिण दिशा में अपने पुत्र और पत्नि के साथ, विदिशा में जाकर निवास करने लगे। वहाँ उनका पुत्र अग्नि शर्मा लुटेरों की संगत में पड़कर, लूट मार करना शुरू कर दिया। एक बार वहाँ से सप्तर्षि गुजरे। तब अग्नि शर्मा ने उनसे सभी समान देने को कहा-

तब अत्रिमुनि ने कहा- हमें पीड़ा देने का विचार तुम्हारे मन क्यों आया? अग्नि शर्मा ने कहा- मैं अपने परिवार का भरण-पोषण करने के लिए, यह करता हूँ। तब अत्रि ने कहा- तुम जो काम करते हो, वह पाप का काम है। इसका फल तुम्हें भोगना पड़ेगा। अग्नि शर्मा ने कहा- मेरी कमाई खाने वाले मेरे परिवार के लोग भी भोगेंगे। अत्रि ने कहा- नहीं! इस पाप के फल को तुम्हें ही भोगना पड़ेगा। अग्नि शर्मा अपने माता-पिता से घर जाकर पूछा- तब माता-पिता ने कहा कि जो कुछ तुम करते हो, उस पाप कर्म का फल, केवल तुम्हें ही भोगना पड़ेगा। हम लोग नहीं भोगेंगे। अग्नि शर्मा पुन महर्षियों के पास आकर, अपने पाप का प्रायश्चित करने का उपाय पूछा। ऋषियों ने कहा- यहीं इस वृक्ष के नीचे बैठकर, मन लगाकर, ध्यान योग में महामंत्र "राम" नाम का जप करो। इससे तुम्हें परम सिद्धि प्राप्त होगी। ऐसा कहकर ऋषि वहाँ से चले गए। अग्नि शर्मा भी वहीं बैठकर ध्यान योग में संलग्न रहा। तेरह वर्षों के बाद जब महर्षि फिर इसी मार्ग से लौटे तो उन्हें वल्मीकि के टीले के अंदर से उच्चरित होने वाली राम-नाम की ध्वनि सुनाई पड़ी। इससे उन्हें बड़ा विस्मय हुआ। उन्होंने काठ की कीलों से बाँबी को खोदकर अग्नि शर्मा को देखा और उसे उठाया। उठकर उसने ऋषियों को प्रणाम किया। ऋषियों ने उसका नाम वाल्मीकि रखा और चले गऐ। अग्नि शर्मा कुश स्थली में आकर महादेव जी की आराधना की और कवितशक्ति पाकर रामायण की रचना की।

गीता प्रेस गोरखपुर से प्रकाशित, संक्षिप्त भविष्य पुराण, प्रति सर्ग पर्व चतुर्थ खण्ड, पृष्ठ 343 में बतलाया गया है कि मृगव्याध, नामक एक अधम ब्राह्मण था। वह मार्ग में धनुष बाण धारण कर विप्रों की हिंसा किया करता था। वह महामूर्ख। ब्राह्मणों को मारकर उनके यज्ञोपवितों को ग्रहण कर उत्साह पूर्वक शोर मचाता था। ब्राह्मण का विनाश देख ब्रह्मा ने सप्तर्षियों को मृगव्याध को समझाने को भेजा। सप्तर्षि जब आए तो उनको देखकर मृगव्याध ने भयंकर वचन कहा- आज मैं तुम लोगों को मारूँगा। मरीचि आदि ऋषि ने हँसकर कहा- तुम! हम लोगों को क्यों मारोगे? कुल के लिए मारोगे या अपने लिए शीघ्र बताओ। मृगव्याध ने कहा- मैं अपने कुल के लिए और अपने कल्याण के लिए मारूँगा। यह सुनकर ऋषियों ने कहा- अपने घर में शीघ्र पूछकर आओ। विप्र-हत्या से लगने वाले पापों को कौन भोगेगा। यह सुनकर मृगव्याध अपने घर जाकर, अपने घर वालों से पूछा- आज तक जो मैंने पाप अर्जित किया है, उसे तुम लोग भी ग्रहण करो, जैसे धन को ग्रहण किया है। तब कुटुम्बियों ने कहा- हम तुम्हारे पाप को ग्रहण नहीं करेंगे, क्योंकि यह सूर्य और पृथ्वी साक्षी हैं कि हमने कोई पाप नहीं किया है। यह सुनकर मृगव्याध मुनियों के पास आ, हाथ जोड़कर कहा- महात्माओं! जिस प्रकार मेरे पाप का क्षय हो, आप लोग वैसा उपाय बतलावें। तब मुनियों ने राम-नाम जपने का सलाह देकर चले गए। वह मूर्ख व्याध मरा-मरा का हजार वर्ष तक निरंतर जप किया। उसके जप से अरण्य, कमल से व्याप्त हो गया। अनन्तर सप्तर्षि उस वल्मीक से बने मृगव्याध के पास आए और उसकी मिट्टी हटाकर, उसको शुद्ध विप्र के रूप में देखकर, आश्चर्य चकित होकर, कहने लगे। वल्मीक से निकलने के कारण तुम्हारा नाम वाल्मीकि होगा। त्रिकालज्ञ महामती हे विप्र! तुम इसी नाम से प्रसिद्ध होओगे। यह

कहकर सप्तर्षि चले गए। वाल्मीकि ने रामायण की रचना की। अनन्तर वे वहीं शिव होकर निवास करने लगे।

उपरोक्त पुराणों में अलग-अलग कहानी लिखी है। वाल्मीकि के जन्म का निश्चित काल भी नहीं बतलाया गया है। इससे पता नहीं चलता कि सत्य क्या है ? भविष्य पुराण में हजार वर्ष तक मृगव्याध ने तपस्या की लिखा है। केवल कपोल-कल्पित है क्योंकि मनुष्य की आयु 100 वर्ष की होती है। हजार वर्ष की नहीं। सब प्रकार की बात करने वाला व्यक्ति राम न कह सके यह भी असंभव सा लगता है। पता नहीं चलता, कि सत्य क्या है ?

12. मार्कण्डेय मुनि की अमरत्व प्राप्त करने की कथा।

गीता प्रेस गोरखपुर से प्रकाशित, संक्षिप्त स्कंध पुराण, नागर खण्ड, पूर्वार्द्ध में, मार्कण्डेय मुनि की अमरत्व प्राप्ति की कथा है। इसमें बतलाया गया है कि मृकण्ड नामक द्विज चमत्कार पुर में रहते थे। उनका एक पुत्र हुआ। जिसका नाम मार्कण्ड रखा। जब बालक 5 वर्ष का हुआ तब एक सामुद्रिक शास्त्र के ज्ञाता ने बतलाया कि इस बालक की उम्र केवल छः माह बची है। तब मृकण्ड ने उस बालक का यज्ञोपवीत - संस्कार कर कहा- बेटा! तुम जिस किसी भी ब्राह्मण को देखना उसे अवश्य विनय पूर्वक प्रणाम करना। इस प्रकार जब बालक के छः महीने पूरे होने में तीन दिन बाकी था, तब सप्तर्षियों का आगमन हुआ। मार्कण्ड ने सप्तर्षियों को बड़े आदर से प्रमाण किया। सभी को बारी-बारी से प्रणाम किया। सबने पृथक-पृथक दीर्घायु होने का आशीर्वाद दिया। तदन्तर वशिष्ठ ने उस बालक को देखकर कहा- इस बालक को हम लोगों ने दीर्घायु होने का आशीर्वाद दिया है, परन्तु यह तो आज से तीसरे दिन प्राण त्याग देगा। तब हमारे दीर्घायु होने का आशीर्वाद झूठा हो जाएगा। उन लोगों ने उस बालक को लेकर ब्रह्मा जी के पास गए और ब्रह्मा जी को प्रणाम किया। वह बालक भी ब्रह्माजी को प्रणाम किया। ब्रह्माजी ने भी उसे दीर्घायु होने का आशीर्वाद दे दिया। तब सप्तर्षियों ने ब्रह्मा को बतलाया कि चमत्कारपुर में इस बालक की आयु मात्र तीन दिन ही शेष है। इसके प्रणाम करने से हमने इसे दीर्घायु होने का आशीर्वाद दे दिया है और आप ने भी इसे दीर्घायु होने का आशीर्वाद दे दिया है। इसलिए हमारी और आपकी वाणी की सत्यता को बनाए रखने के लिए उपाय करें। तब ब्रह्मा ने कहा- यह बालक मेरे प्रसाद से वेद-विद्या में प्रवीण तथा जरा-मृत्यु से रहित होगा। इसमें संदेह नहीं। इस प्रकार मार्कण्ड अमर हो गए।

गीता प्रेस गोरखपुर से प्रकाशित, नरसिंह पुराण 7वें अध्याय में लिखा है कि भृगु की पत्नी ख्याति से मृकण्डु नाम का पुत्र हुआ। मृकण्डु की पत्नी सुमित्रा से मार्कण्डेय का जन्म हुआ। उनके जन्म लेते ही किसी भविष्य वक्ता ने कहा था कि बारहवाँ वर्ष पूर्ण होते ही यह बच्चा मर जाएगा। मार्कण्डेय जब बड़े हुए तब पिता ने उपनयन संस्कार कर दिया। एक बार माँ ने मार्कण्डेय को ज्योतिषी की बात बतलाई। तब मार्कण्डेय ने कहा- मैं तपस्या करके मृत्यु को दूर हटा दूँगा। ऐसा कहकर मार्कण्डेय भृगु द्वारा बतलाए "ओ3म् नमो भगवते वासुदेवाय" इस मंत्र का जपकर तपस्या करने लगे। बारह वर्ष बीतने के बाद यमदूत जब आए तब विष्णु के दूतों ने उन्हें मार भगाया। मार्कण्डेय ने मृत्युदेव स्त्रोत का पाठ भी किया

और अमरत्व प्राप्त किया।

गीता प्रेस गोरखपुर से प्रकाशित, संक्षिप्त पद्म पुराण पृष्ठ 913 में बतलाया है कि मार्कण्डेय की आयु मात्र 16 वर्ष की थी। मार्कण्डेय ने अपने ही नाम की शिव मूर्ति बनाकर दक्षिण समुद्र तट पर पूजा भक्ति करने लगे। मृत्युंजय मंत्र के पाठ से शिव ने उन्हें अमर बना दिया।

हरिवंश पुराण हरिवंश पर्व में बताया गया है कि मार्कण्डेय घोरशिरा के पुत्र थे। मार्कण्डेय भगवान के उदर में ही जवान हुए, और बूढ़े हुए भगवान के तेज से उन्हें अमरत्व प्राप्त हुआ।

उपरोक्त चार पुराणों में पहले में ब्रह्मा ने मार्कण्डेय को आशीर्वाद देकर अमर किया लिखा है। दूसरे में "ओ3म् नमो भगवते वासुदेवाय" मंत्र और मृत्युंजय मंत्र के जपने से अमर हुए बतलाया गया है और तीसरे पुराण में मृत्युंजय मंत्र के जपने से शिव ने अमर किया लिखा है। तीनों में से कौन सी कथा सत्य है ? पता नहीं चलता। पहले पुराण में पाँच वर्ष की आयु, दूसरे पुराण में 12 वर्ष की आयु और तीसरे पुराण में 16 वर्ष की आयु लिखा हुआ है। तीनों में क्या सत्य क्या है? मार्कण्डेय किसका पुत्र था? यह भी पता नहीं चलता।

13. वामन अवतार की कथा।

गीता प्रेस गोरखपुर से प्रकाशित, संक्षिप्त अग्नि पुराण के, चौथे अध्याय में लिखा है- जब राजा बलि समस्त देवताओं को पराजित कर स्वर्ग से निकाल दिया तो वे श्री हरि की शरण में गए। देवताओं की प्रार्थना सुन श्री हरि अदिति के गर्भ से, वामन रूप में अवतीर्ण होकर, दैत्य राज बलि के गंगा द्वार के यज्ञ में पहुँचकर, यजमान की स्तुति गान करने लगे। वामन की स्तुति गान सुनकर, बलि ने उनसे वर माँगने को कहा। वामन ने कहा- मुझे अपने गुरू के लिए तीन पग भूमि की आवश्यकता है। बलि ने संकल्प कर तीन पग भूमि दिया। भगवान वामन ''विराट'' रूप धारणकर मृत्युलोक भूलोक एवं स्वर्ग लोक को अपने तीन पगों से नाप लिया और बलि को सुतल लोक भेज दिया। त्रिलोकी का राज्य इन्द्र को दे दिया।

गीता प्रेस गोरखपुर से प्रकाशित, संक्षिप्त पद्म पुराण भगवान वामन का वाष्कली दैत्य से त्रिलोकी के राज्य का अपहरण नामक शीर्षक के अंतर्गत लिखा है कि भगवान् वामन ने वाष्कली दैत्य जो त्रिलोकी का सम्राट बना। तब उसके यहाँ जाकर तीन पग भूमि की माँग की। तब वाष्कली ने हाथ में जल लेकर तीन पग भूमि देने का संकल्प किया। भगवान वामन ने विराट रूप धारण कर तीनों लोकों को तीन पैरों से नापकर वाष्कली को पाताल भेज दिया।

उपरोक्त दो कथाओं में कौन सी कथा सत्य है ? इसका पता नहीं चलता है। पहली कथा में बलि को सुतल लोक भेजने की बात लिखी है और दूसरी कथा में वाष्कली को पाताल लोक भेजने की बात लिखी है।

14. कृष्ण की पत्नियों की संख्या ।

गीता प्रेस गोरखपुर से प्रकाशित, मत्स्य पुराण 47 वें अध्याय में लिखा है- श्री कृष्ण की रूक्मणी, सत्यभामा, लक्ष्मणा, सत्या, सुभामा, शैब्या, मित्रविन्दा, देवी, कालिंदी, जाम्बवती, सुशीला, कौशिल्या तथा विजया आदि सोलह हजार देवियाँ श्री कृष्ण की पत्नियाँ

थीं।

श्री दुर्गा पुस्तक भण्डार (प्रा.) लिमिटेड द्वारा बम्बई से प्रकाशित, संक्षिप्त विष्णु पुराण पंचम अंश अध्याय 31 में लिखा है- श्री कृष्ण ने सोलह हजार एक सौ एक कन्याओं से, सोलह हजार एक सौ एक रूप धारण कर विवाह किया। इसके अतिरिक्त रूक्मणि, जाम्बवती, सत्यभामा आदि अन्य पत्नियाँ भी थीं।

गीता प्रेस गोरखपुर से प्रकाशित, संक्षिप्त हरिवंश पुराण 103 अध्याय में बतलाया है कि कृष्ण की रूक्मणि, सत्यभामा, सत्या, सुदत्ता, लक्ष्मणा, मित्रविन्दा, जाम्बवती, पौरवी, सुभीमा ये मुख्य रानियों सहित 16008 रानियाँ थीं।

गीता प्रेस गोरखपुर से प्रकाशित, भागवत पुराण दशम् संकध में लिखा है- श्री कृष्ण की कालिन्दी, नग्रजीती, रूक्मणि, सत्या, भद्रा, लक्ष्मणा, जाम्बवती, मित्रविन्दा पत्नियों के अतिरिक्त! सोलह हजार एक सौ एक और पत्नियाँ थीं।

उपरोक्त विभिन्न पुराणों में श्री कृष्ण कि पत्नियों की संख्या अलग-अलग दी गई हैं। पता नहीं चलता कि सत्य क्या है ? जाम्बवती ऋक्षराज जाम्बवंत की पुत्री है, इसलिए जाम्बवती भी ऋक्ष (भालू) ही होगी, फिर उसका विवाह श्रीकृष्ण (मनुष्य) से कैसे हो सकता है?

15. राजा सगर की कथा।

गीता प्रेस गोरखपुर से प्रकाशित, वाल्मीकिय रामायण सर्ग 38 बालकाण्ड के अनुसार पूर्वकाल में अयोध्या में सगर नाम के राजा थे। उनकी बड़ी रानी का नाम केशनी था तथा दूसरी रानी अरिष्ठनेमि की पुत्री सुमति थी। जो गरूड़ की बहिन थी। राजा की तपस्या से प्रसन्न होकर भृगु ने राजा से कहा- तुम्हारी एक रानी से एक ही पुत्र होगा और दूसरी के साथ हजार पुत्र होंगे। केशनी ने एक पुत्र माँगा और सुमति ने साठ हजार पुत्रों की माँग की। कुछ काल बीतने पर बड़ी रानी के असमंजस नामक एक पुत्र हुआ, और दूसरी रानी के गर्भ से, तुम्बी के आकार का एक गर्भपिण्ड उत्पन्न हुआ। उसको फोड़ने पर, साठ हजार बच्चे निकले। उन्हें अलग-अलग साठ हजार घी से भरे घड़े में रखकर, धाइयाँ उनका पालन-पोषण करने लगीं। धीरे-धीरे सभी बालक बड़े हुए और युवावस्था को प्राप्त हुए। असमंजस दुराचारी था। इसलिए राजा उसको देश से निकाल दिया। उसका पुत्र अंशुमान था। एक बार राजा सगर ने अश्वमेध यज्ञ किया। तब यज्ञ के घोड़े को किसी ने अपहरण कर लिया और कपिल आश्रम के पास छोड़ दिया। सगर के सभी पुत्रों ने घोड़े को तलाश किया, पर कहीं नहीं मिला। सगर के पुत्रों ने जमीन खोदना शुरू किया। खोदते समय उन लोगों ने देखा- पूर्व दिशा में गजराज विरूपाक्ष पृथ्वी को उठाकर रखा है। दक्षिण दिशा में गजराज महापद्म पृथ्वी को उठाकर रखा है। पश्चिम दिशा में गजराज सौमनस तथा उत्तर दिशा में गजराज श्वेतमद पृथ्वी को सिर पर उठाकर रखा है। पूर्वोत्तर दिशा में कपिल के आश्रम के पास घोड़ा चर रहा है। भगवान कपिल को यज्ञ में विघ्न डालने वाला जानकर, वे क्रोधित होकर चिल्लाने लगे। खड़ा रह! खड़ा रह! अब हम लोग आ गए। तूने ही! हमारे यज्ञ के घोड़े को चुराया है। उनकी बात सुनकर

कपिल मुनि को रोष हुआ और मुँह से हुँकार निकला। उस हुँकार के साथ ही इन अनंत प्रभाव शाली महात्मा ने, सगर पुत्रों को जला डाला। सगर के कहने पर, अंशुमान ने पता लगाकर, यज्ञ के अश्व को लाया और यज्ञ संपन्न हुआ।

गीता प्रेस गोरखपुर से प्रकाशित, संक्षिप्त हरिवंश पुराण में, "हरिवंश" पर्व, अध्याय 14 में लिखा है कि राजा सगर का पिता बाहु बड़ा दुर्व्यसनी था। इसलिए उसके राज्य को हैहय, तालजंघ तथा शकों ने जीत लिया। बाहु अपनी पत्नियों के साथ जंगल चला गया और वहाँ उसकी मृत्यु हो गई। उसकी पत्नी गर्भवती थी। उसके सौत ने उसे विष(गर) पिला दिया था। क्योंकि वह पति के मृत्यु के बाद पति के साथ सती हो रही थी, और्व ऋषि ने दया करके उसे रोका। उसके आश्रम में ही सगर का जन्म हुआ। बड़े होकर सगर ने अपना राज्य पुनः जीत लिया। अश्व मेघ यज्ञ करते समय, यज्ञ के घोड़े को किसी ने चुराकर, भूमि में छिपा दिया। सगर ने अपने पुत्रों से जमीन को खुदवाया। उनके पुत्रों ने कपिल को सोते देखा। उनके योगनिद्रा त्यागने पर नेत्र में से निकलते हुए तेज से सब राजकुमार भस्म हो गए। केवल वर्हकेतु, सुकेतु, राजाधर्मरथ और वंश का चलाने वाला शूर पंचजन ये चार राजकुमार ही बचे। उन्हें कपिल मुनि ने यह वरदान दिया था, राजा इक्ष्वाकु का वंश अक्षय रहेगा। समुद्र-सगर का पुत्र कहलाएगा। कपिल जी ने भस्म हुए राजकुमारों को भी, अक्षय लोक की प्राप्ति का वरदान दिया था। राजा सगर ने अश्व को पाकर यज्ञ पूर्ण किया।

गीता प्रेस गोरखपुर से प्रकाशित मत्स्य पुराण, पृष्ठ 40 में लिखा है कि राजा सगर की प्रभा और भानुमती नाम की दो रानियाँ थीं। प्रभा के साठ हजार तथा भानुमति के एक पुत्र असमंजस हुआ। राजा सगर के अश्व मेध यज्ञ के घोड़े को इंद्र ने चुराया। उस घोड़े को खोजते समय प्रभा के साठ हजार पुत्रों को विष्णु अवतार कपिल मुनि ने जलाकर भस्म कर दिया।

गीता प्रेस गोरखपुर से प्रकाशित, नारद पुराण, पूर्व भाग में लिखा है कि राजा सगर के साठ हजार बच्चे दुराचारी थे। वे धार्मिक कार्य में बाधा डालते थे। सदा मदपान करते थे। उन्होंने साधु पुरूषों की जीविका छीन ली थी। इसी बीच राजा सगर ने अश्वमेध यज्ञ किया। तब इंद्र ने घोड़े को चुरा लिया और कपिल मुनि के आश्रम के पास छोड़ दिया ताकि सगर के अत्याचारी पुत्र कपिल के क्रोधाग्नि से जलकर भस्म हो जाएँ।

उपरोक्त पुराणों में हरिवंश पुराण में चार बच्चे बचे लिखा है। दूसरे में सभी भस्म हो गए लिखा है। सगर की पत्नी का नाम केशनी और सुमति था या प्रभा और भानुमति था। यह भी पता नहीं चलता। वाल्मीकि ने बतलाया है कि पृथ्वी को चार हाथी चार दिशाओं में शिर पर धारण किए हुए हैं। पर सुना जाता है कि पृथ्वी को शेष नाग सिर पर धारण किए हुए हैं। दोनों बातों में क्या सत्य है ? पता नहीं चलता।

वर्तमान समय में पृथ्वी के चारों ओर घूमकर देखा जा चुका है कि पृथ्वी हवा में अधर लटकी हुई है और सूर्य की परिक्रमा करते हुए घूम रही है। किसी शेषनाग या हाथियों के सिर पर पृथ्वी नहीं टिकी है।

16. शुनः शेप आख्यान।

शुनःशेप ऋग्वेद के प्रथम मण्डल के सूक्त 24, 25, 26, 27, 28, 29 और 30 सूक्त के ऋषि हैं। उनके विषय में अलग-अलग पुराणों में अलग अलग आख्यान हैंजो निम्न लिखित है-

गीता प्रेस गोरखपुर से प्रकाशित, ब्रह्म पुराण, (संक्षिप्त), पृष्ठ 22 में लिखा है कि गाधि की एक कन्या थी। जिसका नाम सत्यवती था। उसका विवाह ऋचिक ऋषि के साथ हुआ था। सत्यवती के तीन पुत्र हुए। प्रथम पुत्र जमदग्नि, दूसरा पुत्र शुनः शेप और तीसरा पुत्र शुनः पुच्छ था।

गाधिने विश्वामित्र को पुत्र रूप से प्राप्त किया था। विश्वामित्र का दूसरा नाम प्रियव्रत था। विश्वामित्र के देवरात आदि कई पुत्र थे। कात्यायन, कवि, हिरण्याक्ष, रेणुका, रेणु, सांकृत, गालव, मुद्गल, मधुछन्द, जय, देवता, कच्छप, अष्टक और हारीत। विश्वामित्र के पुत्रों में शुनः शेप सबसे बड़ा लड़का माना जाता है। यद्यपि वह भृगुकुल में पैदा हुआ था, पर कौशिक गोत्रवाला हो गया था। हरिदश्व के यज्ञ में वह पशु बनाकर लाया गया था, किन्तु देवताओं ने उसे विश्वामित्र को सौंप दिया था। देवताओं द्वारा प्रदत्त होने के कारण वह देवरात नाम से से प्रसिद्ध हुआ। हरिवंश पुराण मे हरिदश्व को ही हरिश्चन्द्र कहा गया है।

गीता प्रेस गोरखपुर से प्रकाशित, भागवत पुराण नवम स्कंध के, सातवें अध्याय में लिखा है- सत्यव्रत (त्रिशंकु) का पुत्र हरिश्चन्द्र था। उनके कोई संतान नहीं थी। इसलिए उदास रहा करते थे। तब नारद के कहने पर वरुण देवता के शरण में गए। उनसे प्रार्थना की कि मेरे कोई वीर पुत्र होगा तो उसी से मैं आपका यजन करूँगा। वरुण ने उसकी बात मान ली। वरुण की कृपा से हरिश्चन्द्र के रोहित नाम पुत्र की प्राप्ति हुई। पुत्र होते ही वरुण ने आकर कहा- तुम्हें पुत्र प्राप्त हो गया। अब उसके द्वारा मेरा यजन करो। हरिश्चन्द्र ने कहा- जब आपका यह यज्ञ पशु, दस दिन से अधिक का हो जाएगा, तब यह यज्ञ पशु के योग्य हो जाएगा। दस दिन बाद वरुण ने फिर आकर कहा- मेरा यज्ञ करो। हरिश्चन्द्र ने कहा- जब रोहित के दाँत निकल आएगा, तब वह यज्ञ योग्य होगा। दाँत उग आने पर वरुण ने कहा- अब इसके दाँत निकल आए हैं। मेरा यज्ञ करो। हरिश्चन्द्र ने कहा- जब दुबारा इसके दाँत आएँगे, तब यह यज्ञ योग्य होगा। दाँतों के दुबारा उग आने पर वरुण ने कहा- अब मेरा यज्ञ करो। हरिश्चन्द्र ने कहा- वरुण जी, क्षत्रिय पशु तब यज्ञ के योग्य होता है, जब वह कवच धारण करने लगे। इस प्रकार पुत्र के प्रेम में हीला हवाला करके, हरिश्चन्द्र समय टालते रहे। जब रोहित को पता लगा कि पिताजी मेरा बलि देंगे। वह अपने प्राणों की रक्षा करने के लिए, हाथ में धनुष लेकर वन में चला गया। कुछ दिनों के बाद पता चला, वरुण देवता रुष्ट होकर पिताजी पर आक्रमण किया है। इसलिए पिता को महोदर रोग हो गया है। रोहित नगर की ओर चला किन्तु इन्द्र ने आकर रोक दिया। इंद्र की बात मानकर एक वर्ष तक वन में और रहा। जब-जब वह घर आने को करता इंद्र उसे आकर रोक देते थे। सातवें वर्ष उसने आजीगर्त से उनके मंझले लड़के शुनः शेप को मोल लिया। यज्ञ पशु बनाने हेतु पिता को सौंप दिया तथा उनके चरणों में गिर पड़ा। तब परम यशस्वी श्रेष्ठ चरित्रवाले राजा हरिश्चन्द्र ने, महोदर रोग से छुटकारा पाकर, पुरुष

मेधयज्ञ द्वारा वरूण का यज्ञ किया। तब इन्द्र ने सोने का रथ प्रसन्न होकर हरिश्चन्द्र को दिया।

गीता प्रेस गोरखपुर से प्रकाशित, वाल्मीकीय रामायण में बालकाण्ड के, 61 सर्ग में लिखा है- अयोध्या के राजा अम्बरीष, एक यज्ञ की तैयारी कर रहे थे। उसी समय उनके यज्ञ के पशु को इंद्र ने चुरा लिया। पशु के खो जाने के बाद पुरोहित ने राजा से कहा- राजन ! जो पशु यहाँ लाया गया था, वह आपकी दुर्गति के कारण खो गया है। यज्ञ पशु को खोजकर लाइए या उसके बदले किसी अन्य पुरूष को खरीदकर लाओ। राजा अम्बरीष ने ऋचिक मुनि से एक पुत्र देने को कहा- ऋषि ने कहा- ज्येष्ठ पुत्र को मैं नहीं बेचूँगा। माँ ने कहा- मैं अपने छोटे बेटे को नहीं बेचूँगी। तब मँझला लड़का शुन् शेप ने स्वयं कहा- मुझे ही ले चलो। एक लाख गौ देकर राजा अम्बरीष शुनःशेप को खरीदकर लाया। शुनःशेप अपने मामा विश्वामित्र से रक्षा करने को कहा। विश्वामित्र ने अपने लड़कों से कहा- तुम लोगो में से कोई एक इसकी जगह ले लो। पर किसी ने विश्वामित्र की बात नहीं मानी। विश्वामित्र क्रोधित होकर अपने पुत्रों को कुत्ते का मांस खाने वाले मुष्ठिक जाति में जन्म लेने का शाप दे दिया। फिर शुनःशेप से बोले- जब यज्ञ में तुम्हें कुशादि पवित्र पाँसों से बाँधकर लाल फूलों की माला और लाल चंदन धारण करा दिया जाय। तब तुम अग्नि, इन्द्र और विष्णु की स्तुति करना। इन दो दिव्य गाथाओं का गान करना। शुनःशेप ने एकाग्र होकर उन दोनों गाथाओं को ग्रहण कर यज्ञ में उनका गान किया। इस रहस्य-भूत स्तुति से संतुष्ट होकर इन्द्र बड़े प्रसन्न हुए। उन्होंने शुनःशेप को दीर्घायु प्रदान की।

इस कथा में इन्द्र को पहले चोर कहा गया है, फिर वरदान देने वाला भी कहा है। क्या सत्य है?

उपरोक्त शुनःशेप आख्यानों से पता चलता है कि यज्ञ में मनुष्यों की बलि दी जाती थी। बलि के लिए मनुष्यों की खरीद बिक्री होती थी। राजा हरिश्चन्द्र जैसे राजा भी देवताओं को धोका देते थे। शुनःशेप आजीगर्त का पुत्र था या विश्वामित्र का या ऋचिक का यह स्पष्ट नहीं हुआ। किसके यज्ञ में पशु बना यह भी स्पष्ट नहीं होता है। भविष्य पुराण के अनुसार, अयोध्या में हरिश्चन्द्र के बाद रोहित, हारीत, चंचु विजय, सूक, सगर, असमंजस, अंशुमान दिलीप, भगीरथ, श्रुतसेन और नाभाग राजाओं के बाद अम्बरीष राजा हुआ था। शुनःशेप किस राजा के काल में था हरिश्चन्द्र या अम्बरीष, दोनों राजाओं के शासन काल में लगभग हजार वर्षों का अंतर है। क्योंकि मनुष्य की परम आयु सौ वर्ष होती है अतः शुनःशेप आख्यान सत्य है या कपोल-कल्पित है ? पता नहीं चलता।

17. वाराह अवतार का वर्णन।

गीता प्रेस गोरखपुर से प्रकाशित, भागवत पुराण के तृतीय स्कंध, अध्याय 13 में लिखा है कि पृथ्वी प्रलय काल में रसातल में डूबी थी। उस को निकालने के लिए भगवान ने वाराह रूप धारण किया था और हिरण्याक्ष ने जब बाधा पहुँचाई, तब उसका वध करके पृथ्वी को बाहर लाकर जल पर स्थिर किया।

गीता प्रेस गोरखपुर से प्रकाशित, संक्षिप्त, ब्रह्म पुराण, पृष्ठ 150 में लिखा है कि सिंधु सेन नामक राक्षस यज्ञ को चुराकर, रसातल में लेकर चला गया था। भगवान विष्णु ने वाराह रूप धारण कर, सिंधु सेन को मार कर यज्ञ को पृथ्वी के ऊपर लाए। इस प्रकार मुख से यज्ञ का प्रादुर्भाव हुआ। जहाँ पर वाराह भगवान शरीर धोए, वाराह तीर्थ (कुण्ड) बन गया।

उपरोक्त दोनों कथाओं में कौनसी कथा सत्य है ? पता नही चलता। वर्तमान समय में पृथ्वी जल पर स्थिर नहीं है, अधर में है। भागवत पुराण की कथा को कैसे सत्य मानें?

18. कच्छप अवतार की कथा।

गीता प्रेस गोरखपुर से प्रकाशित, भागवत पुराण, अष्टम स्कंध, 7 वें अध्याय में लिखा है कि समुद्र मंथन के समय, जब मँदराचल पर्वत समुद्र में डूबने लगा तब भगवान विष्णु अत्यंत विशाल एवं विचित्र कच्छप का अवतार लेकर समुद्र के जल में प्रवेश कर, मँदराचल को ऊपर उठाया।

दुर्गा पुस्तक भंडार (प्रा.) लिमिटेड बम्बई द्वारा प्रकाशित, संक्षिप्त मार्कण्डेय पुराण, भारत वर्ष में कूर्म की स्थिति, शीर्षक के अंतर्गत पृष्ठ 239 में लिखा है कि भारत वर्ष में कूर्म-रूप धारी भगवान, नौ भेदों से युक्त, इस भारत वर्ष को आक्रांत करके स्थित हैं। उनका मुख पूर्व दिशा की ओर है। उनके चारों ओर नौ भागों में विभक्तकर, संपूर्ण नक्षत्र और देश स्थित हैं। अर्थात भारत वर्ष का नक्शा कछुए की आकृति के अनुसार था। उसी को कच्छपावतार कहा गया है। भारत वर्ष में भगवान श्री हरि-कूर्म-रूप में निवास करते हैं

उपरोक्त दोनों कथनों में क्या सत्य है? पता नहीं चलता है।

19. बारह महीनों में सूर्य की स्थिति।

गीता प्रेस गोरखपुर से प्रकाशित, संक्षिप्त, ब्रह्म पुराण, में सूर्य की महिमा एवं अदिति के गर्भ से उनके अवतार के वर्णन के अंतर्गत लिखा है कि चैत्रमास के सूर्य को विष्णु, वैशाख के सूर्य को अर्यमा, ज्येष्ठ के सूर्य विवस्वान, आषाढ़ के सूर्य को अंशुमान, श्रावण के सूर्य को पर्जन्य, भादों के सूर्य को वरुण, अश्विन के सूर्य को इन्द्र, कार्तिक के सूर्य को धाता, अगहन के सूर्य को मित्र, पौष के सूर्य को पूषा, माघ के सूर्य को भग और फाल्गुन के सूर्य को त्वष्ठा कहते है।

दुर्गा पुस्तक भण्डार (प्रा.)लिमिटेड द्वारा बम्बई से प्रकाशित, संक्षिप्त, विष्णु पुराण, द्वितीय अंश, द्वादश सूर्य के नाम एवं अधिकारियों का वर्णन शीर्षक के अंतर्गत लिखा है कि चैत्रमास के सूर्य को धाता कहते हैं। वैशाख में अर्यमा, ज्येष्ठ में मित्र, आषाढ़ में वरुण, श्रावण में इंद्र, भादों में विवस्वान, क्वाँर में पूषा, कार्तिक में पर्जन्य, अगहन में अंश, पूष में भग, माघ में त्वष्ठा, तथा फाल्गुन में विष्णु नामक सूर्य तपते हैं।

गीता प्रेस गोरखपुर से प्रकाशित, कूर्म पुराण 41 वें अध्याय में लिखा है- चैत्र मास में अंश, वैशाख में धाता, ज्येष्ठ में इंद्र, आषाढ़ में सविता, सावन में विवस्वान, भाद्र पद में भग, आश्विन में पर्जन्य, कार्तिक में त्वष्ठा, मार्गशीर्ष में मित्र, पौष में विष्णु, माघ में वरूण, फाल्गुन में पूषा, नामक सूर्य तपते है।

गीता प्रेस गोरखपुर से प्रकाशित, मत्स्य पुराण 126 वें अध्याय में बतलाया है कि चैत्रमास में धाता, वैशाख में अर्यमा, ज्येष्ठ में मित्र, आषाढ़ में वरुण, श्रावण में इंद्र, भाद्रपद में विवस्वान, आश्विन में पर्जन्य, कार्तिक में पूषा, मार्गशीर्ष में अंश, पौष में भग, माघ में त्वष्ठा, फाल्गुन में विष्णु नामक सूर्य रहते हैं।

उपरोक्त चारों पुराणों में प्रत्येक माह के सूर्य का नाम अलग-अलग है। पता नहीं चलता कि सत्य क्या है? इन्ही बारह महीनों के बारह सूर्यो को अदिति पुत्र कहा गया है जिन्हें देवता कहते हैं।

दिव धातु से देवता शब्द की उत्पति हुई है। दिव धातु का अर्थ (दिन) द्योतनार्थक प्रकाश रूप है।

20. पृथ्वी के सात द्वीप और सात सागर के नाम।

पुराणों के अनुसार पृथ्वी को सात द्वीप और सात सागर में बाँटा गया है, और बतलाया गया है कि सुमेरू पर्वत के चारों ओर वलयाकार रूप में द्वीप की स्थिति है। प्रत्येक द्वीपों को एक-एक सागर घेरकर स्थित है।

गीता प्रेस गोरखपुर से प्रकाशित, संक्षिप्त, ब्रह्म पुराण, में लिखा है कि सुमेरू पर्वत के चारों ओर जम्बू द्वीप है। जम्बू द्वीप के चारों ओर खारे पानी का सागर है। खारे पानी के समुद्र के चारों ओर प्लक्षद्वीप है। प्लक्षद्वीप को घेरकर चारों ओर इक्षुरस का समुद्र है। इक्षुरस के समुद्र के चारों ओर शाल्मल द्वीप है। शाल्मल द्वीप के चारों ओर सुरा समुद्र है। सुरा समुद्र के चारों ओर कुशद्वीप है। कुश द्वीप के चारों ओर घृत का समुद्र है। घृत समुद्र के चारों ओर क्रौंच द्वीप है। क्रौंच द्वीप के चारों ओर दधि सागर है। दधि सागर के चारों ओर शाकद्वीप है। शाकद्वीप के चारों ओर दूध का समुद्र है। दूध के समुद्र के चारों ओर पुष्कर द्वीप है। पुष्कर द्वीप के चारों ओर मीठे पानी का सागर है। मीठे पानी के समुद्र के चारों ओर सुवर्ण भूमि है। सुवर्ण मयी भूमि को घेरकर लोकालोक पर्वत है।

गीता प्रेस गोरखपुर से प्रकाशित, मत्स्य पुराण, अध्याय 121-122 में लिखा है कि सुमेरू पर्वत के चारों ओर जम्बू द्वीप है। जम्बू द्वीप के चारों ओर लवण-समुद्र है। लवण-समुद्र के चारों ओर शाक द्वीप है। शाक द्वीप के चारों ओर इक्षु रस का समुद्र है। इक्षुरस के समुद्र के चारों ओर कुशद्वीप है। कुशद्वीप के चारों ओर क्षीर सागर है। क्षीर सागर के चारों ओर क्रौंच द्वीप है और उसके चारों ओर घृत सागर है। घृतसागर के चारों ओर शाल्मल द्वीप है और शाल्मल द्वीप के चारों ओर घृत मण्डोद सागर है। घृत मण्डोद सागर के चारों ओर गोमेदकद्वीप है। गोमेदक के चारों ओर सुरोदक सागर है। सुरोदक सागर के चारों ओर पुष्कर द्वीप है। पुष्कर द्वीप के चारों ओर जल सागर है। जल सागर के चारों ओर लोकालोक पर्वत है।

गीता प्रेस गोरखपुर से प्रकाशित, देवी भागवत, (संक्षिप्त) के आठवें स्कंध, पृष्ठ 598 में, लिखा है कि सुमेरू पर्वत के चारों ओर जम्बू द्वीप है। उसके चारों ओर लवण समुद्र है। उसके चारों ओर प्लक्षद्वीप है। प्लक्षद्वीप के चारों ओर इक्षुरस का सागर है। उसके चारों

ओर शाल्मल द्वीप है। शाल्मल द्वीप के चारों ओर मदिरा का समुद्र है। मदिरा समुद्र के चारों ओर कुशद्वीप है। कुशद्वीप के चारों ओर घृत का सागर है। घृत के सागर के चारों ओर क्रौंच द्वीप है। क्रौंच द्वीप के चारों ओर क्षीर सागर है। क्षीर सागर के चारों ओर शाक द्वीप है। उसके चारों ओर मठे का समुद्र है। मठे के समुद्र के चारों ओर पुष्कर द्वीप है। पुष्कर द्वीप के चारों ओर मीठे पानी का सागर है। पुष्कर द्वीप में मानसोतर पर्वत है। उसके चारों ओर मीठे पानी का सागर है । मीठे पानी के सागर के चारों ओर लोकालोक पर्वत है।

उपरोक्त पुराणों में वर्णित द्वीपों और सागरों के क्रम में, नाम में और स्थिति में भिन्नता है। पृथ्वी की आकार, स्थिति आदि एक समान होते हैं, कहानियों के समान नहीं बदलते। फिर अलग-अलग पुराणों में, द्वीपों और सागरों की स्थिति और नाम को अलग-अलग क्यों बतलाया गया है ? वर्तमान में दूध का सागर, गन्ने के रस का सागर, सुरा समुद्र, धृतसागर, दधि सागर, मठा सागर आदि कहाँ है? क्या वे भी अदृश्य हो गए जैसे देवता अदृश्य हो जाते हैं? ये समुद्र और द्वीप किस काल में थे? क्या यह सत्य है?

21. विष्णु के द्वारपाल जय-विजय को शाप और राक्षस योनि में जाने की कथा।

गीता प्रेस गोरखपुर से प्रकाशित, संक्षिप्त स्कंध पुराण आवन्त्य खंड अवन्ती क्षेत्र माहात्म्य, पृष्ट 946 में, लिखा है कि एक बार सनकादि ऋषि बैकुण्ठ गए। वहाँ द्वार पर द्वारपाल जय-विजय ने उन्हें अन्दर जाने से रोका और धक्का दिया। तब सनकादि ऋषियों ने उन्हें असुर योनि में उत्पन्न होने का शाप दिया। इतना कहते ही जय- विजय दोनों आसुरी योनि में चले गए। पहले जन्म में हिरणाक्ष्य और हिरण्यकश्यप, दूसरे जन्म में रावण और कुम्भ करण तथा तीसरे जन्म में दंतवक्र और शिशुपाल हुए।

विनायक पुस्तकालय पुरानी मंडी अजमेर, (राजस्थान से प्रकाशित) भृगु संहिता (फलित प्रकाश) के पूर्वारम्भ में लिखा है कि एक बार भृगु ऋषि, बैकुण्ठधाम में विष्णु से मिलने गए। वहाँ द्वार पाल जय-विजय ने बताया कि विष्णु अभी शयन कर रहे हैं। इसलिए आप अन्दर नहीं जा सकते। इस बात को सुनकर मृगु मुनि ने जय-विजय को तीन जन्मों तक असुर होने का शाप दिया और भीतर जाकर विष्णु को सोया हुआ देखकर उनकी छाती में लात मारी। जय और विजय ही पहले जन्म में हिरणाक्ष्य और हिरण्यकश्यप, दूसरे जन्म में रावण और कुंभ करण तथा तीसरे जन्म में दंतवक्र और शिशुपाल हुए।

दोनों में कौन सी कथा सत्य है ? पता नहीं चलता।

तुलसीदास ने राम चरित्र मानस में प्रताप भानु और अरिमर्गन दो भाई को दूसरे जन्म में रावण-कुंभकरण हुए बतलाया है।

शिव पुराण में शिव दूतों को रावण-कुंभकरण का अवतार लेना बतलाया गया है।

पता नहीं चलता सत्य क्या है?

22. रावण, कुम्भकरण और विभीषण की जन्म की कथा।

गीता प्रेस गोरखपुर से प्रकाशित, वाल्मीकीय रामायण उत्तरकाण्ड, नवमसर्ग में लिखा है कि ऋषि विश्रवा की पत्नी केकसी ने रावण, कुम्भकरण, विभीषण नामक तीन पुत्र और

सूर्पनखा नाम की पुत्री को जन्म दिया।

गीता प्रेस गोरखपुर प्रकाशित, भविष्य पुराण (संक्षिप्त) के पृष्ठ 350 में लिखा है कि वैवस्वत मन्वन्तर के बारहवें सत्य युग में ब्रह्मा जी के पुत्र पुलस्त्य हुए, जिनसे विश्रवा नामक पुत्र हुआ। सौ वर्ष तक विश्रवा ने तपस्या कर, सुमाली दैत्य की पुत्री केकसी से विवाह किया और उससे रावण और कुम्भ करण दो राक्षस पुत्र उत्पन्न हुए। रावण मातृ भक्त था और कुम्भ करण पितृ भक्त था। हजार वर्षों तक तपस्या करके इन दोनों ने ब्रह्मा से देव और दानव से अजेय होने का वर प्राप्त किया।

विश्रवा की इल्वला नामक पत्नी से कुबेर का जन्म हुआ और ब्रह्मा ने लंका पुरी का निर्माण कराकर उसे लंका पुरी का राजा बना दिया।

गीता प्रेस गोरखपुर से प्रकाशित, कूर्म पुराण में पृष्ठ 120 में लिखा है कि (तृणबिन्दु की पुत्री इलविला) पुलस्त्य की पत्नी के गर्भ से विश्रवा ऋषि उत्पन्न हुए। उनकी पुष्पोत्कटा, राका, कैकसी तथा देव वर्णिनी नाम की चार पत्नियाँ थी। देव रूपिनी-देव वर्णिनी से कुबेर का जन्म हुआ। कैकसी ने रावण, कुम्भकर्ण, सूर्पनखा और विभीषण को जन्म दिया। पुष्पोत्कटा ने महोदर, प्रहस्त, महः, पार्श्व और खर नामक पुत्रों को जन्म दिया और कुंभीनसी नामक कन्या को भी जन्म दिया। राका के गर्भ से त्रिशिरा, दूषण तथा महाबली विद्युजिह्वा ने जन्म लिया।

तुलसीदास ने राम चरित्र मानस ने लिखा है कि-

सचिव जो रहा धरम रूचि जासू। भयउ निमात्र बंधुलघु तासु।

नाम विभीषण जेहिजग जाना। विष्णु भगत विज्ञान निभाना।।

अर्थात् राजा प्रताप भानु का मंत्री धर्म रूचि ही दूसरे जन्म में रावण का सौतेला भाई विभीषण हुआ। यहाँ विभीषण के माँ का नाम नहीं दिया गया है।

संछिप्त पद्मपुराण पृष्ठ 421 में कुबेर की माता का नाम मन्दाकिनी बतलाया है।

भविष्य पुराण में इल्वला को कुबेर की माता बतलाया गया है। दोनों कथन में सत्य क्या है?

भविष्य पुराण में इल्विला को विश्रवा की पत्नी बतलाया है। कूर्मपुराण में इल्वला को पुलस्य की पत्नी बतलाया है।

उपरोक्त कथाओं में क्या सत्य है? पता नहीं चलता।

23. मधु-कैटभ दैत्यों की मृत्यु।

गीता प्रेस गोरखपुर से प्रकाशित, कूर्म पुराण पृष्ठ 49 में लिखा है कि भगवान नारायण ने मधु-कैटभ दैत्यों को मारने के लिए जिष्णु तथा विष्णु दो पुरूषों को आज्ञा दी। उनकी आज्ञा से विष्णु ने कैटभ को मारा और जिष्णु ने मधु को मारा।

दुर्गा पुस्तक भण्डार (प्रा.) लिमि. द्वारा मुबंई से प्रकाशित, मार्कण्डेय पुराण (संक्षिप्त) पृष्ठ 306 में बतलाया गया है कि भगवान श्री हरि को ब्रह्मा की प्रार्थना से योग निद्रा ने जगाया। भगवान विष्णु श्री हरि ने उठकर, पाँच हजार वर्षों के युद्ध के पश्चात्, दोनों दैत्य

मधु और कैटभ के मस्तक को, अपनी जाँघ पर रखकर, चक्र से काट डाला।

महाभारत में लिखा है मधु- कैटभ दैत्यों ने ब्रह्मा के हाथों से वेदों को छीनकर रसातल में ले गये थे। उनको मारने के लिए भगवान विष्णु ने हयग्रीव रूप धारण किया था। और मधु-कैटभ दैत्यों को मारकर वेदों को लाकर ब्रह्मा को दिया।

उपरोक्त तीनों कथाओं में कौन सी कथा सत्य है? पता नहीं चलता।

24. दक्ष-यज्ञ में शिव को निमंत्रण न मिलना।

वामन पुराण अध्याय 2-3 में बतलाया गया है कि भगवान विष्णु हजारों वर्षों की निन्द्रा से जब जागृत हुए तभी रूद्र और ब्रह्मा उत्पन्न हुए। भगवान ने अंहकार की सृष्टी की जिससे शिव और ब्रह्मा दोनों में अहंकार वश दुर्विवाद हुआ और शंकर जी ने क्रोधवश ब्रह्मा के पांचवे सिर को नखों से काट दिया। तब वह सिर शंकर के बाएँ हाथ में चिपक गया था। तभी से शंकर जी कपाली कहलाने लगे। भगवान विष्णु ने उन्हें वारणा और असि नदी के बीच बनारस में, असि नदी में स्नान करके, कपाल-मोचन कुण्ड में स्नान करने को कहा। ऐसा करने पर वे ब्रह्महत्या और कपाल से मुक्ति पा गए। राजा दक्ष ने शिव को कपाली जानकर यज्ञ में निमंत्रण नहीं दिया था।

संक्षिप्त शिव पुराण पृष्ठ 183 में बतलाया गया है कि प्रयाग में एक बार बड़ा यज्ञ हुआ था। जिसमें ब्रह्मा, विष्णु और शिवजी थे। उस यज्ञ में सनकादि, सिद्धगण, देवर्षि, प्रजापति देवता तथा ब्रह्म का साक्षात्कार करने वाले ज्ञानी भी थे। इसी बीच वहाँ प्रजापति दक्ष पधारे। वे ब्रह्मा को प्रणाम करके बैठ गये। वहाँ उपस्थित सभी देवर्षियों ने उठकर दक्ष को प्रणाम किया पर शिवजी ने उन्हें प्रणाम नहीं किया, और अपने आसन पर ही बैठे रह गये। प्रजापित दक्ष इससे नाराज होकर शिवजी को यज्ञ से बहिष्कृत कर दिया। इसी क्रोध के कारण जब राजा दक्ष ने स्वयं यज्ञ किया, तब शंकर जी को निमंत्रण नहीं दिया था।

उपरोक्त दोनों कथाओं में सत्य का पता नहीं चलता है कि सत्य क्या है ?

इसी प्रकार किसी भी पात्र विशेष को लेकर एक पुराण एक प्रकार की कहानी बतलाता है। दूसरा पुराण उसी पात्र के संबंध में दूसरी प्रकार की कहानी बतलाता है। इससे पता नहीं चलता कि सत्य कथा क्या है? अधिकतर कहानियाँ पूर्व जन्म से सम्बंधित हैं। कुछ कहानियाँ शाप के कारण बनाई गई हैं। कुछ कहानियाँ बिल्कुल मन गढ़न्त जैसे लगती हैं। उदाहरण स्वरूप-वेन के शरीर को मथने से राजा पृथु का जन्म लेना, राजा निमी के मृत शरीर को मथने से राजा जनक की उत्पति होना, तथा याज्ञवल्क्य के द्वारा पढ़ी हुई विद्या को वमन करके निकाल देना, शिष्य के द्वारा तितुर बनकर चुग लेना, तथा तैतीरीय उपनिषद का बनना आदि कोरी काल्पनिक कहानियाँ है, जिसको आज के युग की पुराणों में लिखी जाती है। पढ़े हुए ज्ञान को यदि वमन करके निकाला जा सकता तो विद्यार्थियों को पढ़ाया क्यों जाता? शिक्षक अपने ज्ञान को वमन करके शिष्यों को पिला देता और शिष्य ज्ञानी बन जाते। ऐसी ही कथाओं के कारण हमारे धर्म का ह्रास हुआ है। वैदिक देवी-देवताओं की पुराण कारों ने निन्दा करके और भी गलत काम किया है। जैसे चन्द्र वंशी राजाओं की उत्पति के

संबंध में लिखा है कि चन्द्रमा गुरू बृहस्पति की पत्नी को भगाकर लाया और उससे मैथुन क्रिया करके बुध को पैदा किया। इंद्र ने अहल्या के साथ बलात्कार किया। ऐसा लिखकर तो वैदिक देवताओं को एक दम नीच प्रवृति का बना दिया। हमारा धर्म वेदों से निकला है और हम ही अपने वैदिक देवताओं की इस प्रकार निंदा करके कहानियाँ लिखें तो क्या हमारे धर्म की उन्नति होगी? दूसरे धर्म के लोग ऐसा नहीं करते, पर पुराण लिखने वालों को कौन रोके। सूर्य से दोस्ती की बात, सूर्य का घोड़ा बनकर उपदेश देना, काल्पनिक कथाएँ हैं। वेदों में बंदरों को वायुपुत्र इसलिए कहा गया है कि वे वायु की गति से छलाँग लगा लेते हैं, उछलते कूदते हैं, एक डाल से दूसरे डाल में बड़ी फुर्ती से कूद जाते हैं, पर यह नहीं लिखा है कि वायु के बलात्कार से उत्पन्न हुए हैं। जैसे-हनुमान मुख्य रूप से बंदर है, उसकी उत्पत्ति की कहानी।

वायु ही वेद का और जीव-जन्तुओं के लिए प्रत्यक्ष देवता है जो अदृश्य रहकर दृश्य जीव जन्तुओं और पेड़ पौधों को जीवन देता है। अगर वह अदृश्य होकर बलात्कार करें, तो किसे दिखाई देगा ?

इसी प्रकार रूद्र (शिव) की उपासना वेदों में की गई है। शिव कल्याणकारी होता है। शिव का अर्थ ही कल्याण है। ऐसे शिव के विषय में भी मोहनी रूप को देखकर उसके पीछे कामासक्त होकर भागने वाला बतलाया गया है। पुराणों में ही लिखा है कि शिव और विष्णु बड़ी तपस्या के बाद प्रकट होते हैं और भक्तों को वरदान देते हैं। ऐसे विष्णु स्वयं सूर्य के रूप हैं। वह मोहनी रूप में प्रकट हों और शिव पंचतत्वों के अभिमानी देवता हैं वे उनके पीछे कामाशक्त होकर दौड़ें, इसको कौन देख सकता है। ये सब कहानियाँ सत्य प्रतीत नहीं होती है। इससे तो यह सिद्ध होता है कि हमारे भगवान शिव भी मनुष्यों की तरह कुकर्मी हैं। किसी भी सुन्दर लड़की या स्त्री को देखकर लंपट लोग काम मोहित हो जाते है, और अनैतिक संबंध बनाने का प्रयास करते हैं। इस प्रकार की कहानी को लिखने वाला त्रिकालदर्शी न होकर केवल कपोल-कल्पित कहानी लिखने वाला ही होगा। वास्तव में यह आस्था का विषय है इसलिए इसके विषय में अधिक कुछ नहीं कहा जा सकता है, पर अवतारवाद की कथा वेदों का वास्तव में विरोध है। महर्षि दयानंद सरस्वती ने सत्यार्थ प्रकाश में लिखा है, वैदिक ईश्वर अवतार नहीं लेते।

पृथ्वी, जल, अग्नि, वायु, आकाश ये अवतार नहीं लेते। हाँ इन्हीं पंचतत्वों से मनुष्यों के शरीर का निर्माण होता है और इन्हीं में कुछ लोग निम्न होते हैं कुछ लोग उच्च वर्ग के होते हैं। कोई गरीब, कोई अमीर, कोई मूर्ख, कोई विद्वान, कोई धर्मात्मा और कोई दुष्टात्मा होते हैं। कोई राम और कृष्ण के समान होते हैं, और कोई रावण और कंश के समान होते हैं।

2

द्वितीय भाग (वाल्मीकीय रामायण-खण्ड)

इस भाग में गीता प्रेस गोरखपुर से प्रकाशित, वाल्मीकीय रामायण, तुलसी कृतरामचरित मानस एवं पुराणों से संबंधित चर्चाएँ हैं, मुख्य रूप से वाल्मीकीय रामायण से संबंधित ही चर्चा है।

1. सौदास को शाप ।

वाल्मीकीय रामायण माहात्म्य अध्याय प्रथम श्लोक संख्या 41 में लिखा है।

गौतम शापतः प्राप्तः सौदासो राक्षसीं तनुम्।

रामायण प्रभावेण विमुक्तिम् प्राप्तवान पुनः ।।

अर्थात् सौदास, गौतम के शाप से राक्षस का शरीर प्राप्त किया था। वे रामायण के प्रभाव से ही पुनः शाप से छुटकारा पा सके थे।

इसी बात को अध्याय दो, श्लोक संख्या 34-35 में पुनः बतलाया गया है।

यस्त्वर्चितो महादेवः शिवः सर्वजगद् गुरूः ।34।

गुर्ववज्ञा कृतं पापं राक्षसत्वे नियुक्तवान।

उवाच प्रांजलिर्भूत्वा विनयेषु च कोविदः।। [35]

किन्तु सौदास ने जिनकी आराधना की थी, वे संपूर्ण जगत के गुरू महादेव शिव, गुरू की अवहेलना से होने वाले पाप को न सह सके। उन्होंने सौदास को राक्षस योनि में जाने का शाप दे दिया। तब विनय कला कोविद ब्राह्मण ने हाथ जोड़कर गौतम से कहा।

उपरोक्त प्रथम अध्याय में शाप देने वाला गौतम है, कहा है, तथा दूसरे अध्याय में शाप देने वाला शिव है कहा गया है। दोनों कथनों में कौन सा कथन सत्य है ? पता नहीं चलता।

इसी बात को तुलसीदास ने रामचरित मानस में लिखा है, सौदास स्वयं कहता है-

एक बार हर मंदिर, जपत रहेउँ शिव नाम।

गुरू आयउ अभिमान ते, उठि नहिं कीन्ह प्रनाम।। 106 (क) ।।

सो दयाल नहिं कहेउ कछु, उर न रोष लवलेस।

अति अघ गुरू अपमानता, सहि न सके महेस ।।106(ख)।।

मंदिर माँझ, भई नभ बानी। रे हतभाग्य, अग्य अभिमानी।।

जद्यपि तव गुरू के, नहिं क्रोधा। अति कृपाल, चित सम्यक बोधा।।

तद्पि साप सठ, दैहउँ तोही। नीति विरोध, सोहाइ न मोही।।

जौं नहिं दंड करौं, खल तोरा। भ्रष्ट होइ, श्रुतिमारग मोरा।।

जे सठ गुरू सन, इरिषा करहीं। रौरव नरक, कोटि जुग परहीं।।

त्रिजग जोनि पुनि, धरहिं शरीरा। अयुत जन्म भरिं, पावहिं पीरा।।

बैठ रहेसि अजगर, इव पापी। सर्प होहि, खल मल मति व्यापी।।

महा बिटप कोटर, महुँ जाई। रहु अधमाधम, अधगति पाई।।

यहाँ शिव जी ने सर्प बनने का शाप दिया। उपरोक्त दोनों कथनों में सत्य क्या है ? पता नहीं चलता।

2. नारदजी द्वारा वाल्मीकि को राम की कथा सुनाना।

वाल्मीकि रामायण के प्रथम सर्ग बालकाण्ड में लिखा है कि वाल्मीकि जी ने नारद जी से पूछा कि वर्तमान समय में इस संसार में सबसे गुणवान, वीर्यवान, धर्मज्ञ, उपकार मानने वाला, सत्य वक्ता और दृढ़ प्रतिज्ञ कौन है? सदाचरण से युक्त, समस्त प्राणियों का हित चाहने वाला, विद्वान, सामर्थ्यशाली, एक मात्र सुन्दर कौन है? मन पर अधिकार रखने वाला, क्रोध को जीतने वाला, कान्तीमान और किसी की निंदा न करने वाला कौन है? संग्राम में कुपित होने पर किससे देवता डरते हैं? महर्षि! मैं सब सुनना चाहता हूँ। इसके लिए मुझे बड़ी उत्सुकता है।

महर्षि वाल्मीकि के इस वचन को सुनकर तीनों लोकों का ज्ञान रखने, वाले नारद जी ने उन्हें संबोधित कर कहा- अच्छा सुनिए! फिर प्रसन्नता पूर्वक बोले। आपने ने जिन दुर्लभ गुणों का वर्णन किया है, उनसे युक्त पुरूष को विचार कर कहता हूँ, आप सुनें!

इक्ष्वाकु वंश में उत्पन्न हुए एक ऐसे पुरूष हैं, जो लोगों में राम नाम से जाने जाते हैं। वे ही मन को वश में रखने वाले, महा बलवान, कान्तिवान, धैर्यवान और जितेन्द्रिय हैं। वे बुद्धिमान, नीतिज्ञ, वक्ता, शोभायमान तथा शत्रु संहारक हैं। उनके कंधे मोटे, भुजाएँ बड़ी-बड़ी हैं। ग्रीवा शंख के समान और ढोढ़ी माँसल हैं। चौड़ी छाती है तथा धनुष बड़ा है। गले के नीचे की हड्डी माँस से छिपी हुई है। वे शत्रुओं का दमन करने वाले हैं। भुजाएँ घुटने तक लंबी हैं। मस्तक सुन्दर, ललाट भव्य और चाल मनोहर है। वे शोभायमान और शुभ लक्षणों से युक्त हैं।

इस प्रकार राम के विभिन्न गुणों को बतलाकर नारद जी ने अयोध्या काण्ड की कथा से प्रारंभ कर, लंका विजय के बाद राम के राजा बनने तक की कथा बतलाई और कहा-वर्तमान में वे अयोध्या में राज्य कर रहे हैं। उसके बाद भविष्य की बात बतलाते हुए कहते हैं, अब राम के राज्य में लोग प्रसन्न, सुखी, संतुष्ट, पुष्ठ, धार्मिक तथा रोग-व्याधि से मुक्त रहेंगे। उन्हें दुर्भिक्ष का भय नहीं रहेगा। कोई जल में नहीं डूबेंगे। वात और ज्वर का भय थोड़ा भी

नहीं होगा। क्षुधा तथा चोरी का डर भी नहीं रहेगा। सभी नगर और राष्ट्र धन-धान्य से संपन्न होंगे। सत्युग के समान सभी लोग सदा प्रसन्न रहेंगे। महायशस्वी राम बहुत से सुवर्ण की दक्षिणा वाली, सौ अश्व मेघ यज्ञ करेंगे। वे विद्वानों को दस हजार करोड़ गौ और ब्राह्मणों को अपरिमित धन देंगे, तथा सौ गणराज्य वंशों की स्थापना करेंगे। फिर ग्यारह हजार वर्षों तक राज्य करके, श्रीराम चन्द्र जी, अपने परमधाम पधारेंगे। आगे लिखा है कि वेदों के समान पवित्र, पाप नाशक और पुन्यमय इस रामचरित्र को जो पढ़ेगा वह सब पापों से मुक्त हो जाएगा। इस रामायण की कथा को पढ़ने वाला मनुष्य मृत्यु के अनन्तर पुत्र, पौत्र तथा अन्य परिजन वर्ग के साथ ही स्वर्ग लोक में प्रतिष्ठित होगा। उसे ब्राह्मण पढ़े तो विद्वान हो, क्षत्रिय पढ़ता है तो पृथ्वी का राज्य प्राप्त करे, वैश्य को व्यापार में लाभ हो और शूद्र भी प्रतिष्ठा प्राप्त करे।

उपरोक्त प्रथम सर्ग में वाल्मीकि और नारद के बीच केवल बातचीत भर हुई। नारद ने बाल्मीकि को राम चरित्र मौखिक रूप से अयोध्याकाण्ड, अरण्यकाण्ड, किष्किन्धाकाण्ड, सुन्दरकाण्ड और युद्धकाण्ड की कथा संक्षिप्त में सुनाकर, राजा राम के वनवास के बाद, आयोध्या में लौटकर राजा बनने तक की कथा और भविष्य में उनके राज्य का वर्णन किया है, लिखा नहीं है और ना लिखने को कहा है। तब नारद जी ऐसा क्यों कहते हैं कि जो इस राम चरित्र को पढ़ेगा वह पापों से मुक्त हो जाएगा। इसका अर्थ तो यह है कि राम की कथा पहले से किसी पुराण या पुस्तक में लिखी जा चुकी थी, जिसे नारद मुनि ने पढ़ लिया था और वाल्मीकि को बतलाया। उपरोक्त वर्णन से यह भी पता चलता है कि पहले जो कथा लिखी गई थी, उसमें बालकाण्ड और उत्तरकाण्ड की कथा नहीं थी। बाद मे वाल्मीकि ने जोड़ी होगी। राम ग्यारह हजार वर्ष तक राज्य और सौ अश्व मेघ यज्ञ करेंगे कहा है, पर वाल्मीकि रामायण में केवल एक बार ही अश्वमेघ यज्ञ करने का उल्लेख है। क्यों? क्या नारद ने गलत बतलाया है? नारद जी ने कहा है कि राम राज्य में सत्ययुग के समान सभी लोग सदा प्रसन्न रहेंगे।

भविष्य पुराण (संक्षिप्त) में पृष्ठ 350 में लिखा है, रावण और कुम्भकरण का जन्म 12 वें सत्ययुग मे हुआ था। राम 24 वें त्रेता में थे तो 12 वें सत्ययुग से लेकर 24 वें सत्ययुग तक रावण और कुंभकरण खूब अत्याचार करते रहे होंगे तब लोग प्रसन्न कैसे रहे होंगे? 12 वें सत्ययुग के बाद तो हर युग में दोनों के द्वारा अत्याचार होता रहा होगा। सब लोग प्रसन्न कैसे हो सकते हैं?

3. राम के राज्य में पक्षियों की दयनीय स्थिति ।

प्रथम सर्ग में बतलाया गया है कि वर्तमान समय में राम राज्य कर रहे हैं। उनके राज्य में कोई दुःखी नहीं होगा। दूसरे सर्ग में बतलाया गया है कि वाल्मीकि जी ने नारद की पूजा की और उसके पश्चात् नारद जी चले गए। नारद के जाने के बाद बाल्मीकि तमसा नदी में स्नान करने गए। वहाँ के विशालवन की शोभा देखते हुए विचर रहे थे। उनके सामने ही क्रौंच पक्षियों का एक जोड़ा था, जो कभी एक दूसरे से अलग नहीं होता था, विचर रहा था। वे दोनों

पक्षी बड़ी मधुर बोलते थे। वाल्मीकि ने उन पक्षियों के जोड़े को देखा। उसी समय पाप पूर्ण विचार रखने वाला, एक निषाद वहाँ आकर नर पक्षी को अपने बाण से मारा। वह पक्षी खून से लथपथ होकर, पृथ्वी पर गिर पड़ा। पंख फड़फड़ाता हुआ, पृथ्वी पर तड़पने लगा। अपने पति की हत्या हुई देख, उसकी भार्या क्रौंची, करुणा जनक स्वर में चित्कार उठी। निषाद ने जिसे मार गिराया था, उस नरपक्षी की वह दुर्दशा देख, ऋषि को बड़ी दया आई। स्वभावतः करुणा का अनुभव करने वाले ब्रह्मर्षि ने ''यह अधर्म हुआ है'', ऐसा निश्चय करके रोती हुई क्रौंची की ओर देखते हुए निषाद से इस प्रकार कहा-

मा निषाद प्रतिष्ठां त्वमगमः शाश्वतीः समाः।

यत् क्रौंच मिथुनादेकम वधीः काम मोहितम्।।

निषाद! तुझे नित्य-निरन्तर-कभी भी शांति न मिले, क्योंकि तूने इस क्रौंच के जोड़े में से एक की, जो काम मोहित हो रहा था, बिना किसी अपराध के ही हत्या कर दी है।

प्रथम सर्गानुसार राम के राज्य में किसी को दुःखी, नहीं होना था, पर क्रौंची को दुख क्यों हुआ? क्रौंच को मारने का अधर्म क्यों हुआ? क्या नारद की बतलाई बात असत्य है ?

4. वाल्मीकि को ब्रह्मा द्वारा रामायण काव्य लिखने को कहना।

द्वितीय सर्ग में वाल्मीकि के मुँह से क्रौंच पक्षी के दुःख को देखकर, निषाद के लिए कहा गया शब्द श्लोक रूप था। उसे वाल्मीकि ने सोचा जो वाक्य निकला है, वह चार पदों वाला है। प्रत्येक पद में बराबर-बराबर (आठ-आठ) अक्षर हैं तथा इसे वीणा के लय पर गाया जा सकता है। अतः मेरा यह वचन श्लोक रूप है। वाल्मीकि ने अपने शिष्य भारद्वाज को बतलाई। यह बात सुन भारद्वाज भी बड़े प्रसन्न हुए। स्नान आदि से निवृत होकर वे अपने आश्रम में आए और इधर-ऊधर की बातें करने लगे। इतने में ब्रह्माजी, मुनि वाल्मीकि से मिलने आए। वाल्मीकि सहसा उठकर खड़े हो गए और कुछ देर विस्मित होकर रहे। बाद में अर्घ्य, पाद्य, आसन और स्तुति द्वारा ब्रह्मा का पूजन किया और विधिवत प्रणाम करके, कुशल समाचार पूछा। तब ब्रह्मा ने कहा-मुनि श्रेष्ठ! आप भी बैठिए। जब मुनि बैठ गए तब ब्रह्माजी ने कहा- मुनि श्रेष्ठ ! तुम ने नारद जी से जैसा सुना है उसी के अनुसार श्री राम के चरित्र का चित्रण करो। राम का गुप्त या प्रकट चरित्र है, सब अज्ञात होने पर भी तुम्हें ज्ञात हो जाएंगे। इस काव्य में वर्णित तुम्हारी कोई भी बात झूठी नहीं होगी। इसलिए तुम श्रीरामचन्द्र की परम पवित्र एवं मनोरम कथा को श्लोक बद्ध करके लिखो।

यहाँ ब्रह्माजी ने भी कहा कि जैसा नारद ने बतलाया है, वैसा ही तुम रामायण महाकाव्य की रचना करो। राम द्वारा सीता परित्याग की कथा, वाल्मीकि के आश्रम में लव-कुश के जन्म लेने की बात, दोनों में से किसी ने नहीं बतलाई है, इससे पता चलता है कि यह कथा बाद में जोड़ी गई है। पता नहीं चलता कि सत्य क्या है ?

5. नारद द्वारा वनवास की अवधि न बतलाना ।

नारदजी ने प्रथम सर्ग में बतलाया है कि राम बनवास जाएँ और भरत का राज्याभिषेक हो। इस प्रकार का वरदान कैकेयी ने राजा दशरथ से उस समय माँगा! जब राम के राज्य

गद्दी की तैयारी चल रही थी। प्रथम सर्ग के श्लोक नं. 21-22 में लिखा है -

तस्याभिषेक सम्भारान दृष्टवा भार्याथ कैकेयी,

पूर्वदत्तवरा देवी वरमेनमयाचत।

विवासनं च रामस्य भरतस्याभिषेचनम्!

अर्थात् तदन्तर राम के राज्याभिषेक की तैयारी देखकर, रानी कैकेयी ने, जिसे पहले ही वर दिया जा चुका था, राजा से यह वर माँगा कि राम का निर्वासन (वनवास) और भरत का राज्याभिषेक हो। राजा दशरथ ने सत्य वचन के कारण धर्म-बंधन में बँधकर प्यारे पुत्र राम को बनवास दे दिया।

प्रथम सर्ग में नारद ने यह भी कहा कि राम, रावण को मारकर पुनः अयोध्या में आकर राज्य करने लगे, पर कैकेयी ने तो राम का बनवास और भरत का राज्याभिषेक हो, इस प्रकार का वर माँगा था। वनवास के समय का उल्लेख नहीं किया गया है। तब राम कैसे वन से लौट आये?

अयोध्या काण्ड 11 वें सर्ग के श्लोक नं.25 से 27 में कैकेयी ने चौदह वर्षों का बनवास माँगा, लिखा है, यदि भरत को राज्य देना था तो आजीवन वनवास माँगना था जैसा कि नारद ने बतलाया है। चौदह ही वर्षों के लिए भरत को राज्य और राम को बनवास क्यों माँगा ? दोनों कथनों में सत्य क्या है ? पता नहीं चलता।

6. राम के राज्य में युग का वर्णन न होना।

राम का राज्य किस युग में था, नारद और वाल्मीकि किस युग में मिले थे और चर्चा कर रहे थे, इसका उल्लेख प्रथम सर्ग में नहीं किया गया है। पर आधुनिक इतिहास कार बलदेव प्रसाद उपाध्याय, रामशरण शर्मा, त्रिनेत्र पाण्डेय, आदि रामायण की रचना का समय ईसा से 500 वर्ष पूर्व की मानते हैं, तो उस समय राम का राज्य नहीं था, यदि इतिहास कारों की बात सत्य है, तो वाल्मीकि के आश्रम में लव-कुश का जन्म होना संभव नहीं है और नारद का यह कहना कि अभी राम राज्य कर रहे हैं, वह भी गलत है, क्योंकि उस समय राम का राज्य नहीं था, तो सत्य क्या है ?

7. रामायण में कुत्ते, बंदर, गृध्र और रीछ आदि का बात करना।

कुत्ते, बंदर, गृध्र, रीछ आदि वास्तविक जीवन में मनुष्यों की तरह बात करते, हम लोगो ने नहीं सुना है और न बात करते देखा है। हाँ कुछ सीखे हुए प्रशिक्षित बंदरो को मदारी नचाते हैं। मदारी के इशारों पर बंदर नकल कर लेता है, पर बोल नहीं सकता। इसी प्रकार शेर, भालू, हाथी, कुत्ते आदि भी सर्कस में इशारे को समझ कर काम तो करते हैं, पर मनुष्य की तरह बोल नहीं सकते। फिर रामायण में इनको बात करने वाला बतलाया है। यह काल्पनिक लगता है। सत्य क्या है ? पता नहीं चलता।

8. राम के दरबार में कार्यार्थी कुत्ते का आगमन और श्रीराम का कुत्ते के प्रति न्याय।

उत्तर काण्ड प्रक्षिप्त सर्ग 1-2 में एक घटना का उल्लेख है। एक कुत्ता जो अपने आप को अधम योनि का जीव समझता है राम के दरबार में उपस्थित होकर न्याय की माँग किया।

कुत्ते को सर्वार्थसिद्ध नाम का एक ब्राह्मण जो भिक्षु था, बिना किसी अपराध के डंडे से सिर पर मारा था, जिससे कुत्ते का सिर फट गया था।

राम ने सर्वार्थसिद्ध ब्राह्मण भिक्षु को बुला कर पूछा- हे ब्राह्मण! तुमने कुत्ते को क्यों मारा? राम के इस प्रकार पूँछने पर ब्राह्मण ने कहा- प्रभु! मेरा मन क्रोध से भर गया था इसलिए उसे डंडा से मारा। भिक्षा का समय बीत गया था, तथा भूखे रहने के कारण भिक्षा माँगने के लिए द्वार-द्वार घूम रहा था। यह कुत्ता रास्ते में खड़ा था। मैंने बार-बार कहा- तुम रास्ते से हट जाओ-हट जाओ। फिर यह अपनी मौज से चला और सड़क के बीच में बेढंगे खड़ा हो गया। मैं भूखा तो था ही क्रोध चढ़ आया और उस क्रोध से ही प्रेरित होकर मैंने उसके सिर पर डंडा मारा। आप मुझे दंड दीजिए। राम ने सभासदों से पूछा कि इसको कौन सा दंड दिया जाए? उस समय सभा में उपस्थित भृगु, आंगिरस, कुत्स, वसिष्ठ और कश्यप आदि मुनि थे। धर्म शास्त्रों का पाठ करने वाले बड़े-बड़े विद्वान वहाँ थे। मंत्री और महाजन उपस्थित थे। ये सब और बहुत से पंडित वहाँ एकत्र थे। राज-धर्म के ज्ञान में परिनिष्ठित वे सभी विद्वान रामचंद्र से बोले- भगवन ! ब्राह्मण दण्ड द्वारा अवध्य है। इसे शारीरिक दण्ड नहीं मिलना चाहिए। यही समस्त शास्त्रों का मत है।

सबके ऐसा कहने पर कुत्ता बोला- श्रीराम! यदि आप मुझ पर संतुष्ट हैं, तो मेरी बात सुनिए। इस ब्राह्मण को कुलपति (महन्त) बना दीजिए। महाराज! इसे कालन्जर में एक मठ का आधिपत्य (वहाँ की महंती) प्रदान कर दीजिए। यह सुनकर राम ने उसका कुलपति के पद में अभिषेक कर दिया। इस प्रकार पूजित हुआ वह ब्राह्मण हाथी के पीठ पर चढ़कर हर्ष पूर्वक वहाँ से चल दिया।

राम ने कुत्ते से पूछा कि तुमने उसे मठाधीश बनाने को क्यों कहा ? तब कुत्ते ने कहा- रघुनंदन! मैं पहले जन्म में कालन्जर में मठाधीश था। वहाँ मैंने पूरी तरह न्याय पूर्वक कार्य किया। फिर भी कुत्ते की योनि पाया हूँ। फिर ऐसा क्रोधी ब्राह्मण जो अपना धर्म खो चुका है, दूसरे के अहित में लगा हुआ है तथा क्रोध करने वाला क्रूर, मूर्ख और अधर्मी है। वह ब्राह्मण मठाधीश बनकर अपने सात पीढ़ियों को भी नरक में गिराकर रहेगा।

यहाँ इस कथा से यह पता चलता है कि रामराज्य में ब्राह्मण अदण्डनीय होता था, पर वह भी भूखा घूमा करता था। ब्राह्मणों को भीख माँगकर गुजारा करना पड़ता था, और कभी-कभी भूखा भी रहना पड़ता था। कुत्ते जैसे पशुओं पर भी अत्याचार होता था फिर प्रथम सर्ग में कही गई बात सच कहाँ है? राम के राज्य में सभी लोग प्रसन्न रहा करेंगे, कहा गया है, पर यहाँ ब्राह्मण और कुत्ता दोनों दुःखी थे। फिर सत्य क्या है? यहाँ ब्राह्मण को अवध्य बतलाया गया है तब राम ने रावण को क्यों मारा? रावण भी तो ब्राह्मण था।

9. एक ब्राह्मण का अपने मरे हुए बालक को राज द्वार में लाना और राजा को ही दोषी बताकर विलाप करना।

उत्तर कांड 73, 74, 75 एवं 76 वाँ सर्ग में एक ब्राह्मण अपने मरे हुए बालक को राज द्वार पर लेकर आया और राम के सामने ही, राम को दोष देता हुआ कहता है- आप! मृत्यु

के वश में पड़े हुए मेरे बालक को जीवित कर दो, अन्यथा मैं अपनी पत्नी के साथ इस राज द्वार में, अनाथ की तरह प्राण दे दूँगा। ब्राह्मण की बात सुनकर, राम ब्राह्मण के दुःख से संतप्त होकर, मंत्रियों को बुलाया तथा वसिष्ठ, वामदेव एवं महाजनों के सहित अपने भाइयों को बुलवाया। वसिष्ठ के साथ मार्कण्डेय, मौद्गल्य, नामदेव, काश्यप, कात्यायन, जाबालि, गौतम तथा नारद आए। जब सभी लोग दरबार में उपस्थित हो गए, तब राम ने सभी को ब्राह्मण के द्वारा राज द्वार में धरना देने की बात बतलाई। नारद ने तब कहा- जिस कारण से ब्राह्मण बालक की मृत्यु हुई वह बताता हूँ। सुनिए! और उचित कार्यवाही करें। निश्चय ही आपके राज्य में किसी सीमा पर खोटी बुद्धि का आश्रय लेकर कोई शूद्र महान तप कर रहा है। उसी के कारण इस बालक की मृत्यु हुई है। इसे सुनकर श्रीराम ने पुष्पक विमान द्वारा सभी दिशाओं में घूमकर दुष्कर्म का पता लगाया किन्तु सर्वत्र सत कर्म देखकर दक्षिण दिशा में एक शूद्र तपस्वी शम्भूक के पास पहुँचे और श्री राम के द्वारा तपस्या करने वाले शूद्र को, तलवार से काटकर प्राण दण्ड दिया गया। शम्भूक के मरते ही ब्राह्मण बालक जीवित हो गया। शम्भूक शूद्र था। सशरीर स्वर्ग जाने के लिए तपस्या कर रहा था, जिसे राम ने मारा और ब्राह्मण का लड़का शूद्र के मरते ही जी उठा।

स्कंध पुराण में वाल्मीकि को सप्तर्षियों ने बतलाया था कि मनुष्य को अपने कर्मों का फल स्वयं को भोगना पड़ता है। इसी बात को समझकर वाल्मीकि ने राम का नाम जपकर तपस्या की थी और विद्वान हुआ था। फिर शूद्र की तपस्या से ब्राह्मण का लड़का कैसे मर सकता है? सप्तर्षियों की बात क्या झूठी है? यह पता नहीं चलता कि सत्य क्या है? शूद्रों को राम के राज्य में तपस्या भी करने का भी अधिकार नहीं था। उनकी तपस्या करने को अपराध माना जाता था। तब उनके राज्य में सभी कैसे प्रसन्न हो सकते थे?

10. विश्वामित्र की तपस्या और उन्हें ब्राह्मणत्व की प्राप्ति।

वाल्मीकीय रामायण सर्ग 65 बालकाण्ड में यह बतलाया गया है- विश्वामित्र ने क्षत्रिय से ब्राह्मणत्व पाने के लिए तपस्या किए। एक हजार वर्ष तक मौन रहकर तपस्या किए। एक हजार वर्ष बीतने के बाद वे एक हजार वर्षों तक निश्चेष्ठ काष्ट की तरह रहकर तपस्या किए। व्रत पूर्ण होने पर वे अन्न खाना चाहते थे। उसी समय इन्द्र ने ब्राह्मण का वेष बनाकर भोजन माँगा। उन्होंने इस भोजन को उस ब्राह्मण को दे दिया और एक हजार वर्षों तक श्वास रोककर तपस्या की। उनके शिर से धुआँ निकलने लगा। तब ब्रह्मा ने आकर कहा- ब्रह्मर्षि! तुम्हारी तपस्या पूरी हो गई है। हम प्रसन्न हैं। तुम्हें ब्राह्मणत्व की प्राप्ति हो गई।

ऋग्वेद के तृतीय मंडल के सूक्तों का संग्रह विश्वामित्र के सूक्त हैं। तृतीय मण्डल के सूक्त 36 में इंद्र से प्रार्थना करते हुए ऋचा 10 में विश्वामित्र स्वयं इंद्र से सौ वर्ष तक जीने की सामर्थ्य माँग रहे हैं, पर वाल्मीकि जी उन्हें तीन हजार वर्षों तक तपस्या करने वाला बतलाया है। क्या यह सत्य है?

11. विश्वामित्र द्वारा चाण्डाल त्रिशंकु को सशरीर स्वर्ग भेजना।

बालकाण्ड 60 वें सर्ग में वसिष्ठ के पुत्रों द्वारा दिए गए शाप से चाण्डाल बने त्रिशंकु को विश्वामित्र ने सशरीर अपनी तपस्या के बल से स्वर्ग भेज दिया। त्रिशंकु को स्वर्ग में देख, इंद्र ने उसे नीचे मुँह किए हुए पृथ्वी पर गिरा दिया। तब गिरते समय त्रिशंकु ने विश्वामित्र को त्राहि-त्राहि कहकर पुकारा। विश्वामित्र ने कहा- वहीं ठहर जा - वहीं ठहर जा। उसके कहने पर त्रिशंकु बीच में ही लटक गया। विश्वामित्र ने ऋषि मंडली के बीच दूसरे प्रजापति के समान नए सप्तर्षियों की सृष्टि की तथा नवीन नक्षत्र मण्डल का निर्माण किया और सोचने लगे कि मैं दूसरे इंद्र की सृष्टि करूँगा या मेरे द्वारा रचित स्वर्ग लोक बिना इंद्र के रहेगा। ऐसा निष्चय करके नूतन देवताओं की सृष्टि प्रारंभ कर दी तब सभी देवता, असुर, और ऋषि समुदाय आकर विश्वामित्र को समझाया कि त्रिशंकु चाण्डाल है। वह स्वर्ग का अधिकारी नहीं है। फिर भी विश्वामित्र नहीं माने तब देवताओं ने कहा- ठीक है! आपके रचे हुए अनेक नक्षत्र वैश्वानर पथ से बाहर प्रकाशित होंगे और उन्हीं ज्योतिर्मय नक्षत्रों के बीच सिर नीचा किए हुए त्रिशंकु भी प्रकाश वान रहेंगे।

एक कहावत है *गुरू गुड़ रह गया और चेला शक्कर हो गया।*

जिस विश्वामित्र ने ऋग्वेद के तीसरे मंडल के सूक्त 36 ऋचा 10 में सौ वर्ष जीने की सामर्थ्य माँगता है, वहीं दूसरे स्वर्ग और नक्षत्रगण की रचना करने वाला हो जाता है और देवता स्वयं उसके पास आकर ऐसा करने से रोकने लिए कहते हैं। क्या यह सत्य कथा है?

यदि चाण्डाल स्वयं तपस्या करके सशरीर स्वर्ग जाना चाहता तब शायद वह भी शंभूक के समान मार डाला गया होता। पर ब्राह्मण समाज में ब्रह्मा द्वारा मिलाए गए विश्वामित्र के द्वारा चाण्डाल को स्वर्ग भेजा गया तब विश्वामित्र को किसी प्रकार का दण्ड न देकर प्रार्थना की गई। क्या यह सत्य कथा है? या विश्वामित्र के महत्व को बढ़ा-चढ़ा कर बताने की कपोल-कल्पित कथा है।

12. मलद और कारूष जनपद का उल्लेख।

बालकाण्ड सर्ग 24 में लिखा है कि वृत्रासुर का वध करने के बाद, इंद्र मल से लिप्त हो गए। क्षुधा ने भी उन्हें धर दबाया और उनमें ब्रह्म हत्या प्रवृष्ठ हो गई। तब तपोधन ऋषियों ने मलिन इन्द्र को गंगा जल से धोया और नहलाया तथा उनके मल और कारूष को छुड़ा दिया। वही क्षेत्र मलद और कारूष जनपद के नाम से विख्यात हुआ।

उत्तरकाण्ड के सर्ग 84 में बतलाया गया है कि इन्द्र ने तपस्या करते हुए वृत्रासुर का वध कर दिया। जिससे ब्रह्म हत्या लगा। ब्रह्म हत्या से मुक्ति के लिए इन्द्र ने अश्व मेघ यज्ञ किया। तब हत्या का एक भाग नदी में गया। दूसरा भाग पृथ्वी पर गया। तीसरा भाग स्त्रियों के शरीर में (3 दिन रहेगा) और चौथा भाग ब्राह्मणों के वध करने वाले लोगों पर गया।

उपरोक्त दोनों कहानियाँ वाल्मीकि के द्वारा ही लिखी गयी हैं। पर पता नहीं चलता है कि दोनों में से कौन सी कहानी सत्य है?

इतिहास के अनुसार ईरान के आर्यो में पहले मर्दा की सत्ता रही परंतु कुछ समय पश्चात पार्स लोग बहुत शक्तिशाली हो गए थे। 7 वीं शताब्दी ई.पू. पार्स के हर वामनि नामक व्यक्ति

ने एक राज वंश की स्थापना की थी। इस राजवंश में कुरूष (Cyrus) नाम का एक दिग्विजयी सम्राट हुआ जिसने संपूर्ण ऐर्यान पर अपनी सत्ता स्थापित कर ली। कुरूष का शासनकाल (559-529) ई.पू. माना जाता है। मकरान मार्ग से कुरूष ने सिंध पर आक्रमण किया था पर हारकर अपने सात साथियों के साथ बचकर भाग निकला। कुरूष के बाद इस वंश का सबसे अधिक प्रभावशाली सम्राट दारयवहु (Daris) हुआ। इसका शासन काल (521-485) ई.पू. माना जाता है। उसने काम्बोज गांधार के पश्चिमी भाग तथा सिंधु प्रदेश को जीत लिया था।

आगे चलकर उनका सम्राज्य नष्ट हो गया होगा और जंगल बन गए होंगे। उसी को विश्वामित्र ने राम-लक्ष्मण को मलद और कारूष जनपद कहकर बतलाया होगा। मलद और कारूष- मर्द और कुरूष का बिगड़ा हुआ रूप लगता है। यह इतिहास त्रिनेत्र पाण्डेय के प्राचीन भारत के इतिहास से लिया गया है।

ऊपर वर्णित वाल्मीकीय रामायण की कथा काल्पनिक है क्योंकि ऋग्वेद के चतुर्थ मण्डल के सूक्त 18 के 7 वें ऋचा में लिखा है-

किमुष्विदस्मै निविदो भनन्तेन्द्रस्या वद्यं दिदिषन्त आपः।
ममैतान पुत्रो महता बधेन वृत्रं जघन्वाँ असृजद वि सिंधून्।।

इसका अर्थ यह है कि वृत्र के नष्ट करने पर इंद्र को ब्रह्म हत्या का जो पाप लगा, उस संबंध में वेद वाणी क्या कहती है ? इंद्र के उस पाप को जल ने फेन के रूप से धारण किया। इंद्र ने अपने महान बज्र के द्वारा वृत्र को विदीर्ण किया और नदियों को प्रवाहित किया।

वृत्रासुर के द्वारा लगे मल और कारूष को धोने वाली कथा ऋग्वेद के अनुसार बिल्कुल गलत है। तब इतिहास की बात सही हो सकती है। इसका अर्थ है रामायण की रचना दारयबहु के राज्य के समाप्त होने के बहुत बाद में हुई होगी। तब लव-कुश का वाल्मीकि के आश्रम में जन्म लेने की कथा क्या सत्य है?

13. अथर्ववेद का उल्लेख।

बालकाण्ड सर्ग 15 में ऋष्यश्रृंग ने राजा दशरथ से कहा- हे राजन! आपको पुत्र प्राप्ति करने के लिए मैं अथर्ववेद के मंत्रों द्वारा पुत्रेष्ठि नामक यज्ञ को करूँगा। इसका अर्थ यह हुआ कि रामायण की रचना अथर्ववेद की रचना के बाद हुई होगी। अथर्ववेद की रचना का काल इतिहास कारों के अनुसार (1000-600) ई.पू. है अर्थात् इस समय के बाद रामायण की रचना हुई होगी तभी रामायण में अथर्ववेद का उल्लेख है। इस समय राम का राज्य नहीं था। तब लव-कुश के जन्म की कथा क्या सत्य है?

14. रामायण में बुद्ध, बौद्ध धर्म, नास्तिक धर्म और चार्वाक का उल्लेख।

वाल्मीकीय रामायण अयोध्या काण्ड के 109 वें सर्ग श्लोक नं. 34 में लिखा है-

यथा ही चोरः स तथाहिबुद्धस्तथागतं नास्तिक मत्र विदिध।
तस्मादिध यः शक्यतमः प्रजानां सनास्तिकेनाभिमुखो बुधः स्यात्।।

अर्थात जैसे चोर दण्डनीय होता है, उसी प्रकार (वेद विरोधी) बुद्ध (बौद्ध मतावलम्बी) भी दण्डनीय है। तथागत (नास्तिक विशेष) और नास्तिक (चार्वाक) को भी यहाँ इसी कोटि

में समझना चाहिए। इसलिए प्रजा पर अनुग्रह करने के लिए राजा द्वारा जिस नास्तिक को दण्ड दिलाया जा सके उसे तो चोर के समान दण्ड दिलाया ही जाय, परंतु जो वश के बाहर हो उस नास्तिक के प्रति विद्वान ब्राह्मण कभी उन्मुख न हो- उससे वार्तालाप तक न करे।

इस बात को राम ने जाबालि ऋषि को उस समय कहा- जब उन्होंने नास्तिक-मत का आश्रय लेकर श्रीराम को अयोध्या वापस लौटने के लिए समझाया।

राम के राज्य में कार्यार्थी कुत्ते के प्रसंग में उल्लेख किया जा चुका है। ब्राह्मणों को अदण्डनीय बतलाया है और यहाँ भी ब्राह्मणों को ही कहा है कि वे बौद्ध-धर्म और नास्तिक-धर्म के अनुयायियों को यदि राजा से दण्ड न दिला सकें, तो उनकी ओर उन्मुख न हो, उनसे वार्तालाप तक न करें। इससे आभास होता है कि रामायण की रचना ब्राह्मण साम्राज्य के आने पर हुई है। पुष्य मित्र शुंग ने मौर्य वंश के अंतिम शासक वृहदथ को मारकर 185 ई.पू. में ब्राह्मण साम्राज्य की स्थापना की थी।

आर्यों के द्वारा वेदों की रचना हुई, वेदों में प्राकृतिक शक्तियों को ही ईश्वर का रूप माना गया परंतु वैदिक युग के बाद ई.पु. छटी शताब्दी मे धार्मिक क्रांति का युग आया। भारत में जैन धर्म और बौद्ध धर्म का उदय हुआ। इसी समय ईरान में वहाँ की प्राचीन प्रकृति पूजा तथा कर्म कांड के विरुद्ध एक भयंकर क्रांति हुई। यूनान में भी इसी समय सामाजिक, राजनीतिक और आर्थिक क्रांति चलने लगी। चीन में भी राजनीतिक, सामाजिक एवं धार्मिक क्रांति चल रही थी। इसी समय भारत में भी एक महान क्रांति के विस्फोट स्वरूप जैन धर्म और बौद्ध धर्म का उदय हुआ।

वैदिक काल का धर्म अत्यंत सरल और आडंबरहीन था। परंतु कर्म-कांडों की प्राबल्यता, पुरोहितों का प्राबल्य, शतपथ ब्राह्मण में वर्णित ब्राह्मण-क्षत्रिय संघर्ष, ब्राह्मणों का नैतिक पतन आदि के कारण वैदिक धर्म का बौद्ध धर्म और जैन धर्म वालों ने विरोध किया।

हर्यक वंश से (544 ई.पू.) अंतिम मौर्य साम्राज्य वृहदथ के समय (185 ई.पू.) तक बौद्ध धर्म का बोल बाला था। लगभग 359 साल के इस अंतराल में जो भी राजा हुए वे या तो जैन धर्म के अनुयायी रहे या बौद्ध धर्म के अनुयायी थे। हर्यक वंश से लेकर मौर्य वंश तक इतिहास में अश्वमेघ यज्ञ करने का उल्लेख नहीं मिलता। जब पुष्य मित्र शुंग राजा बना तब उसने अश्वमेघ यज्ञ किया। रामायण में बौद्ध-धर्म मानने वाले एवं बुद्ध को चोर के समान दण्डनीय कहा है। यदि रामायण की रचना हर्यक वंश से लेकर मौर्य वंश तक या उससे पहले हुई होती है तो इस चोर शब्द पर आपत्ति कोई न कोई राजा अवश्य उठाता। तात्कालीन राजा इसका विरोध अवश्य करते पर इतिहास में कहीं विरोध की बात नहीं लिखी है। मौर्य वंशीय सम्राट अशोक के समय में तो बौद्ध-धर्म राज-धर्म बन गया था। अशोक बौद्ध धर्म का अनुयायी था। अपने पुत्र महेन्द्र और पुत्री संघमित्रा को लंका में बौद्ध-धर्म का प्रसार करने के लिए भेजा था तथा रामायण की कथा भी अयोध्या से प्रारंभ होकर लंका में समाप्त होती है और रावण को भी सीता चोर कहा गया है इसका अर्थ यह हुआ कि मौर्य काल में बौद्ध धर्म लंका तक फैला था और वैदिक धर्म का लोप हो गया था। ब्राह्मण साम्राज्य स्थापित होने पर

वैदिक धर्म को अवतारवाद का सहारा लेकर पुनः लंका तक फैलाया गया है।

15. कामदेव के भस्म होने की कथा।

वाल्मीकीय रामायण बालकाण्ड के 23 वें सर्ग में बतलाया गया है कि जहाँ गंगा और सरयू नदी मिलती है, वहाँ एक आश्रम था, जिसमें भगवान स्थाणु शिव, चित को एकाग्र करके नियम पूर्वक तपस्या करते थे। उन दिनों काम देव मूर्तिमान था। शरीर धारण करके विचरता था। एक दिन शिवजी समाधि से उठकर मरुद्गणों के साथ कहीं जा रहे थे। उसी समय दुर्बुद्धि काम ने उन पर आक्रमण किया। यह देख महात्मा शिव ने हुँकार भरी और रुके। भगवान रूद्र ने रोष भरी दृष्टि से अवहेलना पूर्वक उसकी ओर देखा फिर तो उस दुर्बुद्धि के सारे अंग, उसके शरीर से जीर्ण-शीर्ण होकर गिर गए। तभी से कामदेव अनंग नाम से विख्यात हुआ। जहाँ पर काम देव ने शरीर छोड़ा था, वह प्रदेश अंगदेश के नाम प्रसिद्ध हुआ।

तुलसीकृत राम चरित मानस में लिखा है कि जिस समय शंकर भगवान समाधि में लीन थे, उसी समय तारक नाम का एक असुर उत्पन्न हुआ और सभी देवताओं एवं लोक पालों को जीत लिया। सभी देवता सुख और संपत्ति से विहीन होकर ब्रह्मा के पास गए। तब ब्रह्मा ने बतलाया कि तारक की मृत्यु शिव के वीर्य से उत्पन्न पुत्र के द्वारा होगा। इसलिए शिव जी की समाधि भंग करके, उनका उमा के साथ विवाह कराने का प्रयत्न करो। कामदेव को भेजकर शिव की समाधि को भंग कराओ और हिमाचल की पुत्री पार्वती से विवाह कराने का प्रयत्न करो। तब देवताओं ने काम देव को, शिव की तपस्या को भंग करने के लिए भेजा। शिव की जब तपस्या भंग हुई, उनके तीसरे नेत्र की ज्वाला से कामदेव भस्म हो गया।

गीता प्रेस गोरखपुर से प्रकाशित, वामन पुराण में लिखा है- जब शिव चित्रवन में घूम रहे थे, तब कामदेव ने उन्हें संतापन बाण बेधने को उद्वत हुआ तब शिव जी ने उसे क्रोधाग्नि से भस्म कर दिया।

दोनों रामायण एवं वामन पुराण की कथाओं में भिन्नता है। पता नहीं चलता कि कौन सी बात सत्य है ?

हरिवंश पुराण के हरिवंश पर्व, अध्याय 31 में लिखा है कि महाराज बलि के 5 पुत्र थे। अंग, बंग, सुह्य, पुण्डु और कलिंग थे। अंग ने अंगदेश को बसाया था।

वाल्मीकीय रामायण और हरिवंश पुराण की कथा भी अंगदेश के स्थापना के संबंध में अलग-अलग है। पता नहीं चलता सत्य क्या है?

16. राजा ययाति के बूढ़े होने की कथा।

वाल्मीकीय रामायण उत्तरकाण्ड 58 वें सर्ग में लिखा है कि शुक्राचार्य की बेटी देवयानी ने शुक्राचार्य को बतलाया कि राजर्षि ययाति आप से अनादर का भाव रखने के कारण, मुझसे भी अनादर भाव रखते हैं। मेरी भी अवहेलना करते हैं और मुझे अधिक-आदर नहीं देते हैं। देवयानी की यह बात सुनकर क्रोधित होकर शुक्राचार्य ने शाप दिया कि ययाति की अवस्था जीर्ण-शीर्ण होकर वृद्ध के समान हो जायेगी। वह सर्वथा शिथिल हो जाएगा। इस शाप से ययाति बूढ़ा हो गया।

गीताप्रेस गोरखपुर से प्रकाशित, संक्षिप्त, पद्म पुराण के पृष्ठ 302 में लिखा है कि महाराज ययाति कामदेव के नृत्य-गीत ललित-हास्य से मोहित होकर स्वयं ही नट स्वरूप हो गए। वे मल-मूत्र का त्याग करके आए और पैरों को धोए बिना ही आसन पर बैठ गए। यह छिद्र पाकर वृद्धावस्था और कामदेव ने उनके शरीर में प्रवेश किया।

उपरोक्त दोनों कथनों में से कौन सा कथन सत्य है? पता नहीं चलता है।

17. राम के द्वारा लंका जाने के लिए बनाए गए पुल को तोड़ना।

गीता प्रेस गोरखपुर से प्रकाशित, संक्षिप्त पद्म पुराण में सृष्टि खण्ड के अध्याय 39 में लिखा है कि राम, भरत और सुग्रीव एक बार लंका गए थे। वहाँ राम ने कहा- हे विभीषण! यदि कोई मनुष्य किसी तरह लंका में आ जाए, तो राक्षसों को उसका वध नहीं करना चाहिए, वरं मेरी ही भाँति उसका स्वागत सत्कार करना चाहिए। विभीषण ने कहा- नर श्रेष्ठ! मैं आपकी आज्ञानुसार ही सारा कार्य करूँगा। उसी समय वायु देव ने वामन की मूर्ति लाकर राम को दिया। जब राम जाने लगे तब विभीषण ने कहा-प्रभो! आपने जो मुझे आज्ञा दिया है, उसके अनुसार ही कार्य करूँगा, परंतु महाराज! इस पुल के मार्ग से पृथ्वी के समस्त प्राणी (मानव) यहाँ आकर मुझे सताएँगे। ऐसी परिस्थिति में मुझे क्या करना चाहिए? विभीषण की बात सुनकर, श्री रघुनाथ जी ने हाथ में धनुष लेकर, सेतु के दो टुकड़े कर दिए। फिर तीन विभाग करके, बीच का दस योजन उड़ा दिया। उसके बाद एक स्थान पर एक योजन और तोड़ दिया। उसके बाद श्री रामचन्द्र रामेश्वर क्षेत्र में पहुँचकर, रामेश्वर नाम से देवाधिदेव महादेव की स्थापना की।

राम के समय की निशानी केवल पुल था उसको भी राम ने ही नष्ट कर दिया तब कैसे विश्वास हो कि रामायण की राम कथा सत्य है?

वर्तमान में जो रामसेतु प्राप्त हुआ है वह चुने के पत्थर का है जो जमीन से जुड़ा है। पानी में नहीं तैर रहा है तब कैसे कहा जा सकता है कि यह राम के समय का बनाया हुआ सेतु है।

वर्तमान अयोध्या को बसाने वाला विक्रमादित्य नामक राजा था, जिसने शकों को जीतकर विक्रम संवत चलाया था। यह बात कल्याण पत्रिका 1972 में प्रकाशित रामचंद्र विशेषांक में लिखा है। अयोध्या के बसने के बाद वहाँ राम का जन्म नहीं हुआ है।

18. ब्रह्मा द्वारा विभीषण को अमर होने का वरदान देना।

वाल्मीकीय रामायण उत्तर काण्ड के सर्ग 10 में रावण और उनके भाइयों की तपस्या और वर प्राप्ति का वर्णन है। विभीषण से जब ब्रह्मा ने वर माँगने को कहा, तब विभीषण ने कहा- मुझे यह वर दीजिए, कि बड़ी-से-बड़ी विपत्ति पड़ने पर भी मेरी बुद्धि धर्म में ही लगी रहे, उससे विचलित न हो और बिना सीखे ही, ब्रह्मास्त्र का ज्ञान हो जाए। जिस-जिस आश्रम के विषय के मेरी जो-जो विचार हो, वह धर्म के अनुकूल हो और उस धर्म का पालन मैं करूँ। यह सुनकर प्रजापति ब्रह्मा ने पुनः कहा- वत्स! तुम धर्म में स्थित रहने वाले हो अतः तुम जो चाहते हो वह सब पूरा होगा। शत्रुनाशन! राक्षस योनि में पैदा होकर भी तुम्हारी बुद्धि अधर्म में नहीं लगती है। इसलिए मैं तुम्हें अमरत्व का वरदान देता हूँ। रावण और मेघनाद ने भी

अमरत्व पाने के लिए ब्रह्मा से वरदान माँगा था, पर ब्रह्मा ने अमर होने का वरदान नहीं दिया था। यहाँ विभीषण को अमरत्व का बरदान बिना माँगे ही दे दिया।

लक्ष्मी प्रकाशन धिया मंडी मथुरा से प्रकाशित, संक्षिप्त महाभारत के पृष्ट 198 उद्योग पर्व में श्री कृष्ण ने कहा कि सहदेव ने दिग्विजय के समय विभीषण को भी परास्त कर दण्ड ले लिया था, पर यह नहीं बतलाया गया कि वह किस रास्ते से लंका पहुँचा।

विभीषण यदि अमर है तो वर्तमान में वह लंका के राजा के रूप में क्यों नहीं है। क्या रामायण और महाभारत की बातें झूठी हैं। यदि वर्तमान में विभीषण होता तो महाभारत और रामायण की कथा की सत्यता की पुष्टि हो जाती।

लंका में रावण का भवन एवं परकोटा सोने का बना हुआ था। वह आज कहाँ है? लंका निवासी गरीब क्यों हैं?

19. राम के जन्म के संबंध में वर्णन।

वाल्मीकीय रामायण बालकाण्ड सर्ग 15 एवं 16 के अनुसार यज्ञ के अग्निकुण्ड से प्राजापत्य पुरूष प्रकट हुए और राजा दशरथ को खीर देकर कहा- हे राजन्! इसे अपनी पत्नियों को खिला दो। ऐसा करने पर रानियों के गर्भ से आपको अनेक पुत्रों की प्राप्ति होगी। उसी खीर के खाने से रानियों के गर्भ से चार पुत्र राम, लक्ष्मण, भरत और शत्रुघन का जन्म हुआ।

गीता प्रेस गोरखपुर से प्रकाशित, संक्षिप्त पद्म पुराण पाताल खण्ड पृष्ठ 519 में लिखा है कि महर्षि ऋष्य श्रृंग द्वारा कराए गए, यज्ञ के प्रभाव से भगवान विष्णु स्वयं राम, लक्ष्मण, भरत और शत्रुघन ये चार शरीर धारण करके प्रकट हुए।

राम की कथा यदि सत्य है तो रामायण और पद्मपुराण की कथा में भिन्नता क्यों है ? सत्य कथा में कहानी तो एक ही होनी चाहिए। सत्य क्या है?

20. राम-सीता के विवाह के बाद परशुराम का आना।

वाल्मीकीय रामायण बाल काण्ड सर्ग 74-75 में लिखा है कि राजा जनक ने विवाह के बाद कन्याओं को भारी दहेज देकर विदा किया। मार्ग में शुभाशुभ शकुन होता है। राजा दशरथ जब जनकपुर से बारात लेकर जनकपुर के बाहर आए, तब परशुराम आए और ऋषियों द्वारा दी गई पूजा को स्वीकार करने के पश्चात् राम से बोले- राम! तुम्हारे द्वारा शिव धनुष तोड़े जाने की बात मेरे कानों मे पड़ चुकी है। उसके टूटने की बात सुनकर, मैं एक दूसरा धनुष लेकर आया हूँ। तुम इसे खींचकर इसके ऊपर बाण चढ़ाओ और अपना बल दिखाओ। परशुराम का वचन सुनकर, राम ने परशुराम के हाथ से धनुष ले लिया। साथ ही साथ परशुराम की वैष्णवी शक्ति भी वापस ले लिया और धनुष पर प्रत्यंचा चढ़ाकर बाण के द्वारा परशुराम के तपः प्राप्त पुण्य लोकों का नाशकर दिया तथा परशुराम महेन्द्र पर्वत पर चले गए।

इसी बात को गीता प्रेस गोरखपुर से प्रकाशित, श्री रामचरित मानस में लिखा है कि धनुष भंग के बाद (राम-सीता विवाह के पूर्व) ही परशुराम जनकपुर के महल में पहुँच कर अपना

क्रोध दिखाने लगे। तब लक्ष्मण और परशुराम के बीच, बहुत देर तक वाद-विवाद होता रहा। अंत में राम ने परशुराम द्वारा दिए गए, धनुष बाण को अपने हाथ में ले लिया। राम के हाथ में आते ही धनुष पर बाण अपने आप चढ़ गया। तब परशु राम को बड़ा आश्चर्य हुआ, और राम की विनती करके तपस्या के लिए वन में चले गए।

उपरोक्त दोनों रामकथा में परशुराम के आगमन के संबंध में अलग-अलग कथा है। यदि राम की कथा सत्य है तो अलग-अलग कहानी क्यों है ? सत्य क्या है?

21. कुम्भकरण के वरदान माँगने के संबंध मे वर्णन।

गीता प्रेस गोरखपुर से प्रकाशित, वाल्मीकीय रामायण उत्तर काण्ड के, 10 वें सर्ग में जब ब्रह्मा जी ने कुम्भकरण से वर माँगने को कहा- तब कुम्भकरण के जीह्वा में सरस्वती बैठकर मतिभ्रम कर दी और वरदान माँगा कि मैं (अनेकानेक) अनेकों वर्षों तक सोऊँ। यही मेरी इच्छा है, तब ब्रह्मा ने एवमस्तु कहा।

तुलसीदास कृत रामचरितमानस बालकाण्ड में लिखा है कि ब्रह्मा ने सरस्वती के द्वारा कुम्भकरण के मति को फिरा दिया, जिससे उसने छ:ः महीने सोने और एक दिन जागने का वरदान माँगा।

सुना जाता है कि कुंभकरण इंद्रासन माँगना चाहता था, पर मति भ्रम होने के कारण निंद्रासन माँगा। बाद में उसे अपनी भूल का एहसास हुआ। तब ब्रह्मा जी ने छ:ः महीने सोने और एक दिन जागने का वरदान दिया और यह भी कहा- यदि कोई इसे छ:ः महीने के भीतर बलपूर्वक उठायेगा। वही दिन कुंभकरण का अन्तिम दिन होगा।

उपरोक्त तीन कहानियों में कौन सी कहानी सत्य है? पता नहीं चलता।

22. विष्णु का मनुष्य रूप मे अवतीर्ण होने की कथा।

गीता प्रेस गोरखपुर से प्रकाशित, वाल्मीकीय रामायण, उत्तरकाण्ड, सर्ग 51 में लिखा है कि पूर्व काल में देवासुर संग्राम में पीड़ित हुए दैत्यों ने महर्षि भृगु की पत्नी की शरण ली। भृगु पत्नी ने उस समय दैत्यों को अभय दिया। यह देखकर विष्णु ने तीखी धार वाले चक्र से भृगु की पत्नी का शिर काट दिया। तब भृगु ने विष्णु को शाप दिया कि मेरी पत्नी वध योग्य नहीं थी, परंतु आपने क्रोध से मूर्छित होकर उसका वध किया है। इसीलिए आपको मनुष्य लोक में जन्म लेना पड़ेगा। वहाँ बहुत वर्षों तक आप को पत्नी वियोग का कष्ट सहना पड़ेगा। विष्णु नाम धारी वामन अवतार के समय महातेजस्वी भगवान विष्णु को भृगु ऋषि का शाप हुआ।

तुलसीदास कृत रामचरित मानस में लिखा है कि सीलनिधि राजा की पुत्री विश्व मोहिनी से विवाह करने के उद्देश्य से नारद मुनि ने भगवान विष्णु से उनका रूप माँगा था। तब विष्णु ने उनको बन्दर का रूप दिया था। जिसके कारण स्वयंबर में उपस्थित नारद की ओर विश्व मोहिनी ने देखा भी नहीं। इससे नाराज होकर नारद ने विष्णु को मनुष्य रूप में जन्म लेकर, पत्नी का वियोग सहने का शाप दिया था।

उपरोक्त दोनों कथनों में कौन सा कथन सत्य है? पता नहीं चलता।

23. यक्ष, राक्षस और रूद्र की व्याख्या।

वाल्मीकीय रामायण उत्तरकाण्ड सर्ग चतुर्थ में लिखा है कि पूर्व काल में जल से प्रकट हुए, कमल से उत्पन्न प्रजापति ब्रह्मा जी ने, समुद्र गत जल की सृष्टि करके, उनकी रक्षा के लिए अनेक प्रकार के जल जन्तुओं को उत्पन्न किया। वे जन्तु भूख प्यास से व्याकुल होकर ब्रह्मा से पूछा- अब हम क्या करें? तब ब्रह्मा ने कहा- तुम सब यत्न पूर्वक जल की रक्षा करो। उन जन्तुओं में कुछ लोगों ने कहा- हम इस जल की रक्षा करेंगे। वे राक्षस कहलाए और जिन लोगो ने यह कहा कि हम इसका यक्षण (यजन या पूजा) करेंगे वे यक्ष कहलाए। इसका तात्पर्य है कि यक्ष और राक्षस जलीय जीव थे, जो जल की रक्षा एवं पूजन करते थे। बुरे जीव नहीं थे। इसका अर्थ तो यह हुआ कि रावण और कुभंकरण जलीय जीव थे।

गीता प्रेस गोरखपुर से प्रकाशित, भागवत पुराण तृतीय स्कंध 20 वाँ अध्याय पृष्ठ 259 में लिखा है कि ब्रह्माजी ने सबसे पहले अपनी छाया से तामिस्त्र, अंधतामिस्त्र, तम, मोह और महामोह ये पाँच प्रकार की अविद्या प्रकट की। ब्रह्माजी को अपना वह तमोमय भाग अच्छा नहीं लगा और उसे उन्होंने त्याग दिया। तब जिससे भूख प्यास की उत्पति होती है ऐसे रात्रि रूप उस शरीर को, उसी से उत्पन्न हुए यक्ष और राक्षसों ने खा लिया। उस समय भूख प्यास से अभिभूत होकर वे ब्रह्माजी को खाने दौड़ पड़े, और कहने लगे इसे खा जाओ, इसकी रक्षा मत करो। उनमें से जिन्होंने कहा खा जाओ, वे यक्ष हुए और जिन्होंने कहा रक्षा मत करो, वे राक्षस हुए।

उपरोक्त कथन से यह पता नहीं चलता कि दोंनो कथन में सत्य क्या है? इसी प्रकार रूद्र का अर्थ कुछ पुराण कारों ने रोने वाला बतलाया है और कुछ पुराणकारों ने रूलाने वाला कहा है। पता नहीं चलता कि सत्य क्या है ?

24. 24वें त्रेता से 28वें द्वापर तक एक या दो मनुष्यों का जीवित होना।

दुर्गा पुस्तक भण्डार (प्रा.) लि. द्वारा बंबई से प्रकाशित, संक्षिप्त विष्णु पुराण, चतुर्थ अंश अध्याय 19 पृष्ठ 335 में, कुरु वंश वर्णन शीर्षक में लिखा है- हर्यश्व का पुत्र मुद्गल था। मुद्गल से वृहद्रश्व और वृहद्रश्व से दिवोदास नामक पुत्र और अहिल्या नामक पुत्री हुई। अहिल्या के गर्भ से महर्षि गौतम द्वारा शतानन्द हुआ। शतानन्द से सत्य धृति और सत्य धृति से कृपाचार्य और कृपी का जन्म हुआ।

लक्ष्मी प्रकाशन धिया मण्डी मथुरा से प्रकाशित संक्षिप्त महा भारत में कृपाचार्य, द्रोणाचार्य आदिका जन्म शीर्षक के अंतर्गत पृष्ठ 44 में लिखा है कि महर्षि गौतम के शारद्वान पुत्र हुए तथा शारद्वान से कृपाचार्य और कृपी का जन्म हुआ।

शतानन्द जो गौतम ऋषि का पुत्र था, राजा जनक (24वें त्रेता) का पुरोहित था, और कृपाचार्य (28वें द्वापर) कौरव-पाण्डवों का गुरू था।

विष्णु पुराण के अनुसार कृपाचार्य, शतानन्द पुत्र, सत्यवृति का पुत्र है और महाभारत के अनुसार गौतम पुत्र शारद्वान का पुत्र कृपाचार्य को बतलाया गया है। सत्य क्या है?

24 वें त्रेता से 28 वें द्वापर के इतने समय अतंराल में सत्य घृति या शारद्वान जीवित रहे, यह कैसे संभव है? क्योंकि मनुष्य की आयु सौ वर्ष की होती है। सत्य क्या है? ऋक्षराज

जामवंत भी इसी प्रकार राम के समय से कृष्ण के समय तक जीवित रहे। क्या यह सत्य है?

25. राम द्वारा सीता परित्याग की कथा।

भारतीय समाज में स्त्रियों की दशा बड़ी दयनीय थी। पुराणों में, रामायण, में महाभारत, में कुछ स्त्रियों के साथ बलात्कार का उल्लेख बड़े-बड़े ऋषि मुनियों एवं देवताओं, द्वारा करने को मिलता है। औरतों को पुरूषों की गलती की सजा भी दी जाती थी।

सीता का विवाह छः वर्ष के उम्र में हुआ। 18 वर्ष के उम्र में सीता, राम के साथ वनवास गई थी। वहाँ उसे उसकी इच्छा के विरूद्ध, रावण हरण करके लंका ले गया था। राम युद्ध करके रावण को मारकर सीता को छुड़ाकर लाए और संपूर्ण सेना के समक्ष सीता के सती होने की अग्नि परीक्षा लिए। सीता अग्नि परीक्षा में सफल हो गई। राम-राज्य के समय जब सीता गर्भवती हुई, तब एक दिन राम अपने मित्र भद्र से (43 वां सर्ग उत्तरकाण्ड) पूछा कि पुरवासी मेरे विषय में कौन-कौन सी शुभ या अशुभ बातें करते हैं। भद्र ने राम को बताया- पुरवासी यह कहते हैं कि रावण को मारकर, श्री रघुनाथ जी सीता को अपने घर ले आए। उनके मन में सीता के चरित्र को लेकर रोष या अमर्ष नहीं हुआ। उनके हृदय में सीता-संभोग-जनित-सुख कैसा लगता होगा? पहले रावण ने बलपूर्वक सीता को गोद में उठाकर उनका अपहरण किया था, फिर वह उन्हें लंका भी ले गया और वहाँ अपने अंतः पुर के क्रीड़ा-कानन अशोक वाटिका में रखा। इस प्रकार राक्षसों के वश में होकर वे बहुत दिनों तक रहीं तो भी श्री राम उनसे घृणा क्यों नहीं करते हैं? अब हम लोगों को भी स्त्रियों की ऐसी बातें सहनी पड़ेगी, क्योंकि राजा जैसा करता है प्रजा भी उसी का अनुशरण करने लगती है। हे राजन! इस प्रकार सारे नगर और जनपद में पुरवासी मनुष्य बहुत-सी बातें कहते हैं।

भद्र की यह बात सुनकर, रघुनाथ जी अत्यंत पीड़ित होकर, समस्त सुहृदों से पूछा- आप लोग भी मुझे बतावें यह बात कहाँ तक ठीक है। तब सबने कहा- प्रभो! भद्र का यह कथन ठीक है, इसमें तनिक भी संशय नहीं है। राम ने अपने सभी सखाओं को विदाकर, अपने भाईयों के समक्ष सर्वत्र फैले हुए लोकापवाद की चर्चा करके, सीता को वन में छोड़ आने के लिए लक्ष्मण को आदेश दिया। लक्ष्मण ने सीता को वन में ले जाकर गंगा के उस पार छोड़ दिया और अयोध्या आ गया।

गीता प्रेस गोरखपुर से प्रकाशित, संक्षिप्त पद्मपुराण के अनुसार एक धोबी जिसकी पत्नी धोबी को बिना बतलाये, एक दिन के लिए किसी के घर चली गयी थी। उसको डाँटते हुए लात मारकर धोबी ने कहा- निकल जा मेरे घर से, जिसके यहाँ सारा दिन बिताया है, उसी के घर चली जा। तू दुष्टा है, पति की आज्ञा का उल्लंघन करने वाली है, इसीलिए मैं तुझे नहीं रखूँगा। मैं राम जैसा नहीं हूँ जो दूसरे घर में रही हुई प्यारी पत्नी को, फिर से ग्रहण कर लूँ। वे राजा हैं, जो कुछ भी करें, सब न्याय युक्त ही माना जायेगा। मैं तो दूसरे के घर में निवास करने वाली भार्या को कदापि ग्रहण नहीं कर सकता। धोबी की बात सुनकर एक गुप्तचर ने राम को बतलाया। इस अपवाद को सुनकर राम ने सीता का परित्याग कर दिया।

उपरोक्त दो प्रकार के अपवादों में कौन सा अपवाद सत्य है? पता नहीं चलता है।

उपरोक्त घटना से यह प्रकट होता है कि स्त्रियों के प्रति उस समय लोगों की मानसिकता ठीक नहीं थी। लोकापवाद के कारण राम ने सीता का परित्याग किया। सीता का विवाह भी छः वर्ष के उम्र में हुआ और छः वर्ष से लेकर ससुराल में ही रही। उसकी शिक्षा आदि की भी कोई व्यवस्था नहीं हुई अर्थात् रामायण काल में बाल विवाह होता था। और लड़कियों की पढ़ाई-लिखाई नहीं होती थी। लड़कियों की स्थिति बड़ी दयनीय थी। महाभारत काल में भी स्त्रियों को जुए में हार भी जाते थे।

ऋग्वेद के दसम मण्डल के 34 वें सूक्त में भी जुआ के दुष्परिणाम परिणामों के विषय में लिखा है। "जुआरी अपने धन के साथ-साथ अपनी पत्नी तक को जुआ में हार जाता है, और उसके माता-पिता, भाई-बंधु भी मुँह मोड़ लेते हैं। भीख माँगने पर जुआरी को भीख भी नहीं मिलती है।"

स्त्रियों की दशा वैदिक काल में भी अच्छी नहीं थी। स्त्रियों का चोरी होना, उनको भगा ले जाना, उनके साथ बलात्कार की घटना होना हर युग में होता आया है।

26. वाल्मीकीय रामायण के अनुसार चारों युगों का वर्णन।

उत्तरकाण्ड सर्ग 74 में चारों युगों का वर्णन नारद जी ने श्री राम से बतलाते हुए कहा - हे राम! पहले सत्य युग में केवल ब्राह्मण ही तपस्वी हुआ करते थे। महाराज ! उस समय ब्राह्मणेतर मनुष्य किसी तरह तपस्या में प्रवृत्त नहीं होता था। वह युग तपस्या के तेज से प्रकाशित होता था। उसमें ब्राह्मणों की प्रधानता थी। उस समय अज्ञान का वातावरण नहीं था। इसलिए उस युग के सभी मनुष्य अकाल-मृत्यु से रहित तथा त्रिकालदर्शी होते थे।

सत्ययुग के बाद त्रेतायुग आया। इसमें सृदृढ़ शरीर वाले क्षत्रियों की प्रधानता हुई। क्षत्रिय भी उसी प्रकार तपस्या करने लगे। परन्तु त्रेतायुग में जो महात्मा पुरूष हैं उसकी अपेक्षा सत्ययुग के लोग तप और पराक्रम की दृष्टि से बढ़े-बढे थे। इस प्रकार दोनों में से पूर्वयुग में जहाँ ब्राह्मण उत्कृष्ट और क्षत्रिय अपकृष्ट थे, वहाँ त्रेतायुग में वे समान-शक्तिशाली हो गये। तब मनु आदि सभी धर्म प्रवतकों ने ब्राह्मण और क्षत्रिय में एक अपेक्षा दूसरे में कोई विशेषता या न्यूनाधिकता न देख कर सर्वलोक सम्मत चातुर्वर्ण्य -व्यवस्था की स्थापना की। त्रेतायुग वर्णाश्रम-धर्म-प्रधान है। वह धर्म के प्रकाश से प्रकाशित होता है। वह धर्म में बाधा डालने वाले पाप से रहित है। इस युग में अधर्म ने भूतल पर अपना एक पैर रखा है। अधर्म से युक्त होने के कारण यहाँ लोगों का का तेज धीरे-धीरे घटता जायेगा।

सत्ययुग में जीविका का साधनभूत कृषि आदि रजोगुण मूलक कर्म "अनृत" कहलाता था और मल के समान त्याज था। वह अनृत ही अधर्म का एक पाद होकर त्रेता में इस भूतल में स्थित हुआ। इस प्रकार अनृत (असत्य) रूपी एक पैर को भूतल पर रखकर, अधर्म ने त्रेता में सत्ययुग की अपेक्षा आयु को सीमित कर दिया। अतः पृथ्वी पर अधर्म के चरण पड़ने पर सत्य परायण पुरूष, उस अनृत के कु-परिणाम में से बचने के लिए शुभ कर्मो का ही आचरण करते हैं। तथापि त्रेता युग में जो ब्राह्मण और क्षत्रिय हैं वे ही सब तपस्या करते हैं। अन्य वर्ण के लोग सेवा-कार्य किया करते हैं। उन चारों वर्णों में वैश्य और शूद्र को सेवा रूपी उत्कृष्ट

कर्म स्वधर्म के रूप में प्राप्त हुआ। (वैश्य कृषि आदि के द्वारा ब्राह्मणादि की सेवा करने लगे) और शूद्र सब वर्णों की (तीनों वर्णों के लोगों की) विशेष रूप से पूजा-आदर-सत्कार करने लगे। नृप श्रेष्ठ! इसी बीच में जब त्रेता युग का अवसान होता है और वैश्यों तथा शूद्रों को अधर्म के एक-एक पाद रूप अनृत की प्राप्ति होने लगती है, तब पूर्व वर्ण वाले ब्राह्मण और क्षत्रिय फिर ह्रास को प्राप्त होने लगते है क्योंकि उन दोनों को अंतिम दो वर्णों का संसर्ग जनित दोष प्राप्त हो जाता है।

तदन्तर अधर्म अपने दूसरे चरण को पृथ्वी पर उतारता है। द्वितीय चरण उतारने के कारण ही उस युग की "द्वापर" संज्ञा हो गई है। पुरूषोत्तम! उस द्वापर युग में जो अधर्म के दो चरणों का आश्रय है- अधर्म और अनृत दोनों की वृद्धि होने लगती है इस द्वापर युग में तपस्या रूप कर्म वैश्यों को भी प्राप्त होता है। इस तरह तीन युगों में क्रमशः तीन वर्णों को तपस्या का अधिकार प्राप्त होता है। "तीन युगों में वर्णों में आश्रम रूपी धर्म प्रतिष्ठित होता है" किन्तु नर श्रेष्ठ ! शूद्र को इन तीनों ही युगों में तपरूपीधर्म का अधिकार नहीं प्राप्त होता है।

नृप शिरो मणे! एक समय ऐसा आएगा, जब हीन वर्ण का मनुष्य भी भारी तपस्या करेगा। कलियुग आने पर भविष्य में होने वाली शूद्र योनि में उत्पन्न मनुष्यों के समुदाय में तपश्चर्या की प्रवृति होगी। राजन्! द्वापर में भी शूद्र का तप में प्रवृत्त होना महान अधर्म माना गया है। फिर त्रेता के लिए तो कहना ही क्या है।

उपरोक्त वर्णन के अनुसार सत्ययुग में ब्राह्मण तपस्या करते थे। तथा खेती नहीं होता था। धर्म के चार चरण थे। त्रेता में क्षत्रियों का तपस्या करना एवं कृषि को अधर्म का एक चरण बतलाया। धर्म के तीन चरण होने के कारण उस युग को त्रेता कहा गया है। त्रेता युग में ही कृषि का प्रारंभ हुआ। द्वापर में क्षत्रिय और वैश्य का तपस्या करने को अधर्म का दो चरण कहा गया है। तथा कलियुग में शूद्रों का तपस्या करना अधर्म का एक चरण कहा गया है। इस प्रकार कलियुग में अधर्म का तीन चरण आ गया। धर्म का एक ही चरण है।

उपरोक्त वर्णन में समय गणना नहीं बतलाया गया है। सत्ययुग का वर्णन भूत काल में किया गया है। पर त्रेता तथा द्वापर युग का वर्णन वर्तमान काल में किया गया है। मनु का भी उल्लेख है अतः रामायण की रचना मनु के चातुर्वर्ण्य-व्यवस्था की स्थापना के बाद हुई होगी। इतिहास कारों के अनुसार मनु-स्मृति की रचना का काल 220 से 206 ई.पू. माना गया है। इस प्रकार रामायण की रचना इस समय के बाद ही हुई होगी। वाल्मीकि के आश्रम में लव, कुश का पैदा होना असंभव है।

पुराणों के अनुसार नामकरण उनकी आयु के अनुसार किया गया है

कलियुग की आयु 4,32,000 वर्ष है

द्वापर की आयु इस का दुगना 8,64,000 वर्ष है

त्रेता की आयु कलियुग की आयु का तिगुना 12,96,000 वर्ष है

सत्ययुग की आयु कलियुग की आयु की चौगुना 17,28,000 वर्ष है

एक चतुर्युगी (चारों युगों का योग) 43,20,000 वर्ष है।

संग्राहक और प्रकाशक पंडित काशीनाथ मिश्र, प्लट नं.1227/1362 एथम्ब क्षेत्र, खंडगिरि, भुवनेश्वर पिन-751030 द्वारा प्रकाशित, भविष्य मालिका पुराण में लिखा है- मनुस्मृति के आधार पर कलियुग की आयु 432000 साल मानी जाती है। परंतु यह उल्लेख भी मिलता है कि मनुष्यों के घोर पाप कर्मों के कारण इस आयु से 4,27,200 साल कम हो जाएँगे और कलियुग की योग आयु केवल 4800 साल की ही होगी।

भविष्य मालिका पुराण में बतलाया गया है कि कलियुग की आयु 4,32,000 साल है। लेकिन मनुष्यों के पाप कर्मों की वजह से इसकी आयु मात्र 5000 साल ही रह जाएगी। वर्तमान समय में कलियुग के आयु का 5125वां साल चल रहा है। इसका अर्थ यह है कि कलियुग संपूर्ण रूप से समाप्त हो चुका है और हम युग संध्या या संगम युग में आ चुके हैं और सन् 2032 से सत्ययुग की शुरुआत हो जाएगी।

उपरोक्त कथन में बतलाया गया है कि मनुष्यों के घोर पाप कर्मों के कारण कलियुग की आयु कम हो गई। यदि यह बात सत्य है तो वर्ष, माह और सप्ताह की आयु को भी मनुष्यों के घोर पाप के कारण कम होना था। पर ऐसा नहीं हुआ है। वर्ष 365 दिन 6 घंटे का होता था और होता आया है और होता रहेगा। सप्ताह में 7 दिन होते आए हैं और होता रहेगा। यदि मनुष्यों के पाप कर्मों का असर समय पर पड़ता है तब वर्ष, माह और सप्ताह और दिन पर इसका प्रभाव क्यों नहीं पड़ा? क्या भविष्य मालिका पुराण का कथन सत्य है? वाल्मीकि जी के पापों का फल जब उसके परिवार वालों पर नहीं पड़ सकता है। तब मनुष्य के पापों का फल केवल कलियुग के ही आयु पर ही कैसे पड़ेगा? कलियुग हाथ पैर वाला जीव नहीं है कि पाप के कारण उसकी आयु कम हो जाये।

27. सीता के जन्म के संबंध की कथा।

तुलसीकृत रामचरित मानस ज्ञान मोहनी टीका सहित, रामायण प्रेस द्वारा बंबई से प्रकाशित पृष्ठ 212 में सीता उत्पत्ति की कथा लिखी है - रावण ने अत्याचार वश ऋषि मुनियों से कर माँगा। मुनियों ने उसकी अनीति का विचार करके, अपने शरीर से रूधिर निकालकर, एक घड़े में भर दिया और कहा कि घड़े के उघड़ते ही, परिवार सहित तुम्हारा नाश हो जाएगा। रावण ने शाप की बात सुनकर दूतों द्वारा वह घड़ा राजा जनक के राज्य में गड़वा दिया। एक बार मिथिला में अकाल पड़ा तो राजा जनक ने अपने हाथ से हल चलाया। पहले से रखे हुए घड़े के फूटते ही, पृथ्वी से एक सुन्दर सिंहासन प्रगट हुआ। चार सखी मुरछल लिये, उस पर विराजी हुई भूमि-पुत्री की सेवा करती थीं। यह देखकर राजा जनक ने विनती की, तो भूमि-पुत्री तुरन्त सुन्दर कन्या बन गई। जनकजी ने सुख मानकर उसे कन्या बनाया और नारदजी ने उसके गुणों को विचार कर उसका नाम सीता रखा।

वाल्मीकीय रामायण उत्तर काण्ड सर्ग-17 में बतलाया गया है कि हिमालय के वन में वृहस्पति के पुत्र कुशध्वज की पुत्री वेदवती, भगवान विष्णु को पतिरूप में पाने के लिए, तपस्या कर रही थी। उसके रूप सौंदर्य को देख, रावण कामासक्त होकर, वेदवती के बाल

को पकड़ लिया। इसलिए वेदवती को बड़ा क्रोध हुआ। उसने अपने हाथ से उन केशों को काट दिया और रावण से बोली- नीच राक्षस! तूने मेरा केश पकड़कर तिरस्कार किया है। इसलिए अब मैं अग्नि में जलकर मर जाऊँगी, तूने मेरा अपमान किया है। इसलिए तेरे बध के लिए फिर उत्पन्न होऊँगी। ऐसा कहकर अपने प्राणों का त्याग प्रज्वलित अग्नि के द्वारा कर दी।

तदन्तर दूसरे जन्म में वह पुनः एक कमल में प्रकट हुई। रावण पुनः उस कन्या को प्राप्त कर लिया। लंका में लेकर आया तब एक मंत्री जो भविष्य ज्ञाता था, रावण को बतलाया कि यह कन्या यदि घर में रहेगी तो आपके वध का कारण बनेगी। यह सुन रावण ने उसे समुद्र में फिकवा दिया। तत्पश्चात् वह भूमि को प्राप्तकर, राजा जनक के यज्ञ मण्डप में जा पहुँची। वहाँ राजा के हल के मुख भाग से उस भूभाग को जोते जाने पर, सती साध्वी कन्या फिर सीता के रूप में प्रकट हुई।

कूर्मपुराण पृष्ठ 128 में बतलाया है कि जनक की तपस्या से संतुष्ट होकर गिरिराज पुत्री पार्वती ने सीता को जनक राजा को दिया था तथा शिव जी ने रक्षा के लिए धनुष दिया था।

उपरोक्त तीनों कथाओं में कौन सी कथा सत्य है? पता नहीं चलता।

28. राजा जनक के यहाँ शिव-धनुष का पहुँचना।

कूर्म पुराण पृष्ठ 128 में बतलाया गया है कि जनक की तपस्या से प्रसन्न होकर, शिवजी ने रक्षा के लिए एक धनुष, जनक को दिया था जिसको राम ने तोड़ा था, और सीता से उनका विवाह हुआ था।

वाल्मीकीय रामायण के बालकाण्ड के 66 वें सर्ग में बतलाया गया है कि दक्ष यज्ञ के विध्वंश के समय शिवजी ने देवताओं के नाश के लिए जो धनुष लाया था, देवताओं के प्रार्थना करने पर प्रसन्न होकर शिव जी ने उसे देवताओं को ही दे दिया था। देवताओं ने उस धनुष को, जनक के पूर्वज देवरात के पास धरोहर के रूप में रख दिया था जिसे राम ने तोड़ा था और सीता से उनका विवाह हुआ था। किन्तु ७५ वें सर्ग में परशुराम ने राम से कहा कि विष्णु और शिव दोनों में कौन अधिक शक्ति शाली है यह जानने के लिए ब्रह्मा ने उनके मन में विरोध उत्पन्न कर दिया। तब दोनों के बीच युद्ध प्रारंभ हो गया। उस युद्ध में शिव जी की हार हुई। शिव जी ने विष्णु से हार कर क्रोधित हो कर देवरात को धनुष दे दिया था।

दोनों कथनों में सत्य क्या है?

तुलसीकृत रामचरितमानस में बतलाया गया है (क्षेपक कथा) कि परशुराम शिव के शिष्य थे। गुरूदक्षिणा में शिव की पत्नी ने अपने हाथ के उस कंगन को माँगा जिसे शेषनाग चुरा कर ले गया था। परशुराम जी ने शिव से पिनाक धनुष लेकर, शेष नाग से लड़ने गए। तभी आकाशवाणी से उन्हें ज्ञात हुआ कि सहस्त्राबाहु ने उनके पिता की हत्या कर दिया है। तब उन्होंने जनक के यहाँ धनुष को धरोहर के रूप में रखकर सहस्त्राबाहु को मारने चले गए थे और 21 बार क्षत्रियों का पृथ्वी में घूम कर संहार करने लगे थे। इसी बीच राम का जन्म हुआ तथा आगे चलकर सीता स्वयंवर में राम ने शिव के धनुष को तोड़ दिया। तब परशुराम क्रोधित होकर धनुष तोड़ने वाले को मारने के लिए जनक के यहाँ सीता स्वयंवर में पहुँचे थे।

उपरोक्त तीन प्रकार की कथाओं में कौन सी कथा सत्य है? पता नही चलता। यदि राम की कथा सत्य है, तब कहानी भी एक होनी चाहिए थी।

29. शूर्पनखा का नाक-कान कटना।

पद्म पुराण और देवी भागवत में लिखा है कि राम ने शूर्पनखा का नाक-कान काटा था। परन्तु वाल्मीकीय रामायण एवं तुलसीकृत रामचरित मानस में बतलाया गया है कि लक्ष्मण ने शूर्पनखा का नाक-कान काटा था। दो प्रकार की कथाओं में कौन सी कथा सत्य है ? पता नहीं चलता। यदि राम की कथा सत्य है तो सभी कहानियाँ एक ही होनी चाहिए थी।

ऐसा लगता है जिसके मन में जो आया लिख दिया है। रामायण के पात्रों के कार्यों के विषय में उलटा-सीधा लिख कर रामायण के पात्रों का मजाक उड़ा रहे हैं, ऐसा आभास होता है। रामचंद्र जी भारत वासियों के आराध्य हैं और उनके विषय में अलग-अलग पुराणों में एवं रामायण में अलग-अलग कहानी लिखी गई है, इससे रामायण की कहानी की सत्यता पर विश्वास नहीं होता है। कहानी कारों ने रामायण के पात्रों के कार्यों के विषय में अलग-अलग कहानी लिख कर यह सिद्ध कर दिया है कि राम की कथा काल्पनिक है। वाल्मीकि जी ने ही अहिल्या के विषय में, वृत्रासुर के मारने से इन्द्र को लगने वाले पाप का उल्लेख तथा राजा जनक के यहाँ शिव धनुष के पहुँचने के विषय में अलग-अलग ढंग से उल्लेख किया है। इससे कहानी की सत्यता पर प्रश्न चिन्ह लग जाता है।

1. सौदास को शाप ।

वाल्मीकीय रामायण माहात्म्य अध्याय प्रथम श्लोक संख्या 41 में लिखा है।

गौतम शापतः प्राप्तः सौदासो राक्षसीं तनुम्।

रामायण प्रभावेण विमुक्तिम् प्राप्तवान पुनः ।।

अर्थात् सौदास, गौतम के शाप से राक्षस का शरीर प्राप्त किया था। वे रामायण के प्रभाव से ही पुनः शाप से छुटकारा पा सके थे।

इसी बात को अध्याय दो, श्लोक संख्या 34-35 में पुनः बतलाया गया है।

यस्त्वर्चितो महादेवः शिवः सर्वजगद् गुरुः ।34।

गुर्ववज्ञा कृतं पापं राक्षसत्वे नियुक्तवान।

उवाच प्रांजलिभूत्वा विनयेषु च कोविदः।। [35]

किन्तु सौदास ने जिनकी आराधना की थी, वे संपूर्ण जगत के गुरु महादेव शिव, गुरु की अवहेलना से होने वाले पाप को न सह सके। उन्होंने सौदास को राक्षस योनि में जाने का शाप दे दिया। तब विनय कला कोविद ब्राह्मण ने हाथ जोड़कर गौतम से कहा।

उपरोक्त प्रथम अध्याय में शाप देने वाला गौतम है, कहा है, तथा दूसरे अध्याय में शाप देने वाला शिव है कहा गया है। दोनों कथनों में कौन सा कथन सत्य है ? पता नहीं चलता।

इसी बात को तुलसीदास ने रामचरित मानस में लिखा है, सौदास स्वयं कहता है-

एक बार हर मंदिर, जपत रहेउँ शिव नाम।

गुरु आयउ अभिमान ते, उठि नहिं कीन्ह प्रनाम।। 106 (क) ।।

सो दयाल नहिं कहेउ कछु, उर न रोष लवलेस।

अति अघ गुरू अपमानता, सहि न सके महेस ।।106(ख)।।

मंदिर माँझ, भई नभ बानी। रे हतभाग्य, अग्य अभिमानी।।

जद्यपि तव गुरू के, नहिं क्रोधा। अति कृपाल, चित सम्यक बोधा।।

तदपि साप सठ, दैहउँ तोही। नीति विरोध, सोहाइ न मोही।।

जौं नहिं दंड करौं, खल तोरा। भ्रष्ट होइ, श्रुतिमारग मोरा।।

जे सठ गुरू सन, इरिषा करहीं। रौरव नरक, कोटि जुग परहीं।।

त्रिजग जोनि पुनि, धरहिं शरीरा। अयुत जन्म भरिं, पावहिं पीरा।।

बैठ रहेसि अजगर, इव पापी। सर्प होहि, खल मल मति व्यापी।।

महा बिटप कोटर, महुँ जाई। रहु अधमाधम, अधगति पाई।।

यहाँ शिव जी ने सर्प बनने का शाप दिया। उपरोक्त दोनों कथनों में सत्य क्या है ? पता नहीं चलता।

2. नारदजी द्वारा वाल्मीकि को राम की कथा सुनाना।

वाल्मीकि रामायण के प्रथम सर्ग बालकाण्ड में लिखा है कि वाल्मीकि जी ने नारद जी से पूछा कि वर्तमान समय में इस संसार में सबसे गुणवान, वीर्यवान, धर्मज्ञ, उपकार मानने वाला, सत्य वक्ता और दृढ़ प्रतिज्ञ कौन है? सदाचरण से युक्त, समस्त प्राणियों का हित चाहने वाला, विद्वान, सामर्थ्यशाली, एक मात्र सुन्दर कौन है? मन पर अधिकार रखने वाला, क्रोध को जीतने वाला, कान्तीमान और किसी की निंदा न करने वाला कौन है? संग्राम में कुपित होने पर किससे देवता डरते हैं? महर्षि! मैं सब सुनना चाहता हूँ। इसके लिए मुझे बड़ी उत्सुकता है।

महर्षि वाल्मीकि के इस वचन को सुनकर तीनों लोकों का ज्ञान रखने, वाले नारद जी ने उन्हें संबोधित कर कहा- अच्छा सुनिए! फिर प्रसन्नता पूर्वक बोले। आपने ने जिन दुर्लभ गुणों का वर्णन किया है, उनसे युक्त पुरूष को विचार कर कहता हूँ, आप सुनें!

इक्ष्वाकु वंश में उत्पन्न हुए एक ऐसे पुरूष हैं, जो लोगों में राम नाम से जाने जाते हैं। वे ही मन को वश में रखने वाले, महा बलवान, कान्तिवान, धैर्यवान और जितेन्द्रिय हैं। वे बुद्धिमान, नीतिज्ञ, वक्ता, शोभायमान तथा शत्रु संहारक हैं। उनके कंधे मोटे, भुजाएँ बड़ी-बड़ी हैं। ग्रीवा शंख के समान और ढोढ़ी माँसल हैं। चौड़ी छाती है तथा धनुष बड़ा है। गले के नीचे को हड्डी माँस से छिपी हुई है। वे शत्रुओं का दमन करने वाले हैं। भुजाएँ घुटने तक लंबी हैं। मस्तक सुन्दर, ललाट भव्य और चाल मनोहर है। वे शोभायमान और शुभ लक्षणों से युक्त हैं।

इस प्रकार राम के विभिन्न गुणों को बतलाकर नारद जी ने अयोध्या काण्ड की कथा से प्रारंभ कर, लंका विजय के बाद राम के राजा बनने तक की कथा बतलाई और कहा-वर्तमान में वे अयोध्या में राज्य कर रहे हैं। उसके बाद भविष्य की बात बतलाते हुए कहते हैं, अब राम के राज्य में लोग प्रसन्न, सुखी, संतुष्ट, पुष्ट, धार्मिक तथा रोग-व्याधि से मुक्त रहेंगे।

उन्हें दुर्भिक्ष का भय नहीं रहेगा। कोई जल में नहीं डूबेंगे। वात और ज्वर का भय थोड़ा भी नहीं होगा। क्षुधा तथा चोरी का डर भी नहीं रहेगा। सभी नगर और राष्ट्र धन-धान्य से संपन्न होंगे। सत्युग के समान सभी लोग सदा प्रसन्न रहेंगे। महायशस्वी राम बहुत से सुवर्ण की दक्षिणा वाली, सौ अश्व मेघ यज्ञ करेंगे। वे विद्वानों को दस हजार करोड़ गौ और ब्राह्मणों को अपरिमित धन देंगे, तथा सौ गणराज्य वंशों की स्थापना करेंगे। फिर ग्यारह हजार वर्ष तक राज्य करके, श्रीराम चन्द्र जी, अपने परमधाम पधारेंगे। आगे लिखा है कि वेदों के समान पवित्र, पाप नाशक और पुन्यमय इस रामचरित्र को जो पढ़ेगा वह सब पापों से मुक्त हो जाएगा। इस रामायण की कथा को पढ़ने वाला मनुष्य मृत्यु के अनन्तर पुत्र, पौत्र तथा अन्य परिजन वर्ग के साथ ही स्वर्ग लोक में प्रतिष्ठित होगा। उसे ब्राह्मण पढ़े तो विद्वान हो, क्षत्रिय पढ़ता है तो पृथ्वी का राज्य प्राप्त करे, वैश्य को व्यापार में लाभ हो और शूद्र भी प्रतिष्ठा प्राप्त करे।

उपरोक्त प्रथम सर्ग में वाल्मीकि और नारद के बीच केवल बातचीत भर हुई। नारद ने बाल्मीकि को राम चरित्र मौखिक रूप से अयोध्याकाण्ड, अरण्यकाण्ड, किष्किन्धाकाण्ड, सुन्दरकाण्ड और युद्धकाण्ड की कथा संक्षिप्त में सुनाकर, राजा राम के वनवास के बाद, आयोध्या में लौटकर राजा बनने तक की कथा और भविष्य में उनके राज्य का वर्णन किया है, लिखा नहीं है और ना लिखने को कहा है। तब नारद जी ऐसा क्यों कहते हैं कि जो इस राम चरित्र को पढ़ेगा वह पापों से मुक्त हो जाएगा। इसका अर्थ तो यह है कि राम की कथा पहले से किसी पुराण या पुस्तक में लिखी जा चुकी थी, जिसे नारद मुनि ने पढ़ लिया था और वाल्मीकि को बतलाया। उपरोक्त वर्णन से यह भी पता चलता है कि पहले जो कथा लिखी गई थी, उसमें बालकाण्ड और उत्तरकाण्ड की कथा नहीं थी। बाद मे वाल्मीकि ने जोड़ी होगी। राम ग्यारह हजार वर्ष तक राज्य और सौ अश्व मेघ यज्ञ करेंगे कहा है, पर वाल्मीकि रामायण में केवल एक बार ही अश्वमेघ यज्ञ करने का उल्लेख है। क्यों? क्या नारद ने गलत बतलाया है? नारद जी ने कहा है कि राम राज्य में सत्ययुग के समान सभी लोग सदा प्रसन्न रहेंगे।

भविष्य पुराण (संक्षिप्त) में पृष्ठ 350 में लिखा है, रावण और कुम्भकरण का जन्म 12 वें सत्ययुग मे हुआ था। राम 24 वें त्रेता में थे तो 12 वें सत्ययुग से लेकर 24 वें सत्ययुग तक रावण और कुंभकरण खूब अत्याचार करते रहे होंगे तब तो लोग प्रसन्न कैसे रहे होंगे? 12 वें सत्ययुग के बाद तो हर युग में दोनों के द्वारा अत्याचार होता रहा होगा। सब लोग प्रसन्न कैसे हो सकते हैं?

3. राम के राज्य में पक्षियों की दयनीय स्थिति ।

प्रथम सर्ग में बतलाया गया है कि वर्तमान समय में राम राज्य कर रहे हैं। उनके राज्य में कोई दुःखी नहीं होगा। दूसरे सर्ग में बतलाया गया है कि वाल्मीकि जी ने नारद की पूजा की और उसके पश्चात् नारद जी चले गए। नारद के जाने के बाद बाल्मीकि तमसा नदी में स्नान करने गए। वहाँ के विशालवन की शोभा देखते हुए विचर रहे थे। उनके सामने ही क्रौंच

पक्षियों का एक जोड़ा था, जो कभी एक दूसरे से अलग नहीं होता था, विचर रहा था। वे दोनों पक्षी बड़ी मधुर बोलते थे। वाल्मीकि ने उन पक्षियों के जोड़े को देखा। उसी समय पाप पूर्ण विचार रखने वाला, एक निषाद वहाँ आकर नर पक्षी को अपने बाण से मारा। वह पक्षी खून से लथपथ होकर, पृथ्वी पर गिर पड़ा। पंख फड़फड़ाता हुआ, पृथ्वी पर तड़पने लगा। अपने पति की हत्या हुई देख, उसकी भार्या क्रौंची, करुणा जनक स्वर में चित्कार उठी। निषाद ने जिसे मार गिराया था, उस नरपक्षी की वह दुर्दशा देख, ऋषि को बड़ी दया आई। स्वभावतः करुणा का अनुभव करने वाले ब्रह्मर्षि ने ''यह अधर्म हुआ है'', ऐसा निश्चय करके रोती हुई क्रौंची की ओर देखते हुए निषाद से इस प्रकार कहा-

मा निषाद प्रतिष्ठां त्वमगमः शाश्वतीः समाः।

यत् क्रौंच मिथुनादेकम वधीः काम मोहितम्।।

निषाद! तुझे नित्य-निरन्तर-कभी भी शांति न मिले, क्योंकि तूने इस क्रौंच के जोड़े में से एक की, जो काम मोहित हो रहा था, बिना किसी अपराध के ही हत्या कर दी है।

प्रथम सर्गानुसार राम के राज्य में किसी को दुःखी, नहीं होना था, पर क्रौंची को दुःख क्यों हुआ? क्रौंच को मारने का अधर्म क्यों हुआ? क्या नारद की बतलाई बात असत्य है ?

4. वाल्मीकि को ब्रह्मा द्वारा रामायण काव्य लिखने को कहना।

द्वितीय सर्ग में वाल्मीकि के मुँह से क्रौंच पक्षी के दुख को देखकर, निषाद के लिए कहा गया शब्द श्लोक रूप था। उसे वाल्मीकि ने सोचा जो वाक्य निकला है, वह चार पदों वाला है। प्रत्येक पद में बराबर-बराबर (आठ-आठ) अक्षर हैं तथा इसे वीणा के लय पर गाया जा सकता है। अतः मेरा यह वचन श्लोक रूप है। वाल्मीकि ने अपने शिष्य भारद्वाज को बतलाई। यह बात सुन भारद्वाज भी बड़े प्रसन्न हुए। स्नान आदि से निवृत होकर वे अपने आश्रम में आए और इधर-ऊधर की बातें करने लगे। इतने में ब्रह्माजी, मुनि वाल्मीकि से मिलने आए। वाल्मीकि सहसा उठकर खड़े हो गए और कुछ देर विस्मित होकर रहे। बाद में अर्घ्य, पाद्य, आसन और स्तुति द्वारा ब्रह्मा का पूजन किया और विधिवत प्रणाम करके, कुशल समाचार पूछा। तब ब्रह्मा ने कहा-मुनि श्रेष्ठ! आप भी बैठिए। जब मुनि बैठ गए तब ब्रह्माजी ने कहा- मुनि श्रेष्ठ ! तुम ने नारद जी से जैसा सुना है उसी के अनुसार श्री राम के चरित्र का चित्रण करो। राम का गुप्त या प्रकट चरित्र है, सब अज्ञात होने पर भी तुम्हें ज्ञात हो जाएँगे। इस काव्य में वर्णित तुम्हारी कोई भी बात झूठी नहीं होगी। इसलिए तुम श्रीरामचन्द्र की परम पवित्र एवं मनोरम कथा को श्लोक बद्ध करके लिखो।

यहाँ ब्रह्माजी ने भी कहा कि जैसा नारद ने बतलाया है, वैसा ही तुम रामायण महाकाव्य की रचना करो। राम द्वारा सीता परित्याग की कथा, वाल्मीकि के आश्रम में लव-कुश के जन्म लेने की बात, दोनों में से किसी ने नहीं बतलाई है, इससे पता चलता है कि यह कथा बाद में जोड़ी गई है। पता नहीं चलता कि सत्य क्या है ?

5. नारद द्वारा वनवास की अवधि न बतलाना ।

नारदजी ने प्रथम सर्ग में बतलाया है कि राम बनवास जाएँ और भरत का राज्याभिषेक हो। इस प्रकार का वरदान कैकेयी ने राजा दशरथ से उस समय माँगा! जब राम के राज्य गद्दी की तैयारी चल रही थी। प्रथम सर्ग के श्लोक नं. 21-22 में लिखा है -

तस्याभिषेक सम्भारान दृष्टवा भार्याथ कैकेयी,

पूर्वदत्तवरा देवी वरमेनमयाचत।

विवासनं च रामस्य भरतस्याभिषेचनम्!

अर्थात् तदन्तर राम के राज्याभिषेक की तैयारी देखकर, रानी कैकेयी ने, जिसे पहले ही वर दिया जा चुका था, राजा से यह वर माँगा कि राम का निर्वासन (वनवास) और भरत का राज्याभिषेक हो। राजा दशरथ ने सत्य वचन के कारण धर्म-बंधन में बँधकर प्यारे पुत्र राम को बनवास दे दिया।

प्रथम सर्ग में नारद ने यह भी कहा कि राम, रावण को मारकर पुनः अयोध्या में आकर राज्य करने लगे, पर कैकेयी ने तो राम का बनवास और भरत का राज्याभिषेक हो, इस प्रकार का वर माँगा था। वनवास के समय का उल्लेख नहीं किया गया है। तब राम कैसे वन से लौट आये?

अयोध्या काण्ड 11 वें सर्ग के श्लोक नं.25 से 27 में कैकेयी ने चौदह वर्षों का बनवास माँगा, लिखा है, यदि भरत को राज्य देना था तो आजीवन वनवास माँगना था जैसा कि नारद ने बतलाया है। चौदह ही वर्षों के लिए भरत को राज्य और राम को बनवास क्यों माँगा ? दोनों कथनों में सत्य क्या है ? पता नहीं चलता।

6. राम के राज्य में युग का वर्णन न होना।

राम का राज्य किस युग में था, नारद और वाल्मीकि किस युग में मिले थे और चर्चा कर रहे थे, इसका उल्लेख प्रथम सर्ग में नहीं किया गया है। पर आधुनिक इतिहास कार बलदेव प्रसाद उपाध्याय, रामशरण शर्मा, त्रिनेत्र पाण्डेय, आदि रामायण की रचना का समय ईसा से 500 वर्ष पूर्व की मानते हैं, तो उस समय राम का राज्य नहीं था, यदि इतिहास कारों की बात सत्य है, तो वाल्मीकि के आश्रम में लव-कुश का जन्म होना संभव नहीं है और नारद का यह कहना कि अभी राम राज्य कर रहे हैं, वह भी गलत है, क्योंकि उस समय राम का राज्य नहीं था, तो सत्य क्या है ?

7. रामायण में कुत्ते, बंदर, गृध्र और रीछ आदि का बात करना।

कुत्ते, बंदर, गृध्र, रीछ आदि वास्तविक जीवन में मनुष्यों की तरह बात करते, हम लोगो ने नहीं सुना है और न बात करते देखा है। हाँ कुछ सीखे हुए प्रशिक्षित बंदरो को मदारी नचाते हैं। मदारी के इशारों पर बंदर नकल कर लेता है, पर बोल नहीं सकता। इसी प्रकार शेर, भालू, हाथी, कुत्ते आदि भी सर्कस में इशारे को समझ कर काम तो करते हैं, पर मनुष्य की तरह बोल नहीं सकते। फिर रामायण में इनको बात करने वाला बतलाया है। यह काल्पनिक लगता है। सत्य क्या है ? पता नहीं चलता।

8. राम के दरबार में कार्यार्थी कुत्ते का आगमन और श्रीराम का कुत्ते के प्रति न्याय।

उत्तर काण्ड प्रक्षिप्त सर्ग 1-2 में एक घटना का उल्लेख है। एक कुत्ता जो अपने आप को अधम योनि का जीव समझता है राम के दरबार में उपस्थित होकर न्याय की माँग किया। कुत्ते को सर्वार्थसिद्ध नाम का एक ब्राह्मण जो भिक्षु था, बिना किसी अपराध के डंडे से सिर पर मारा था, जिससे कुत्ते का सिर फट गया था।

राम ने सर्वार्थसिद्ध ब्राह्मण भिक्षु को बुला कर पूछा- हे ब्राह्मण! तुमने कुत्ते को क्यों मारा ? राम के इस प्रकार पूँछने पर ब्राह्मण ने कहा- प्रभु! मेरा मन क्रोध से भर गया था इसलिए उसे डंडा से मारा। भिक्षा का समय बीत गया था, तथा भूखे रहने के कारण भिक्षा माँगने के लिए द्वार-द्वार घूम रहा था। यह कुत्ता रास्ते में खड़ा था। मैंने बार-बार कहा- तुम रास्ते से हट जाओ-हट जाओ। फिर यह अपनी मौज से चला और सड़क के बीच में बेढंगे खड़ा हो गया। मैं भूखा तो था ही क्रोध चढ़ आया और उस क्रोध से ही प्रेरित होकर मैंने उसके सिर पर डंडा मारा। आप मुझे दंड दीजिए। राम ने सभासदों से पूछा कि इसको कौन सा दंड दिया जाए? उस समय सभा में उपस्थित भृगु, आंगिरस, कुत्स, वसिष्ठ और कश्यप आदि मुनि थे। धर्म शास्त्रों का पाठ करने वाले बड़े-बड़े विद्वान वहाँ थे। मंत्री और महाजन उपस्थित थे। ये सब और बहुत से पंडित वहाँ एकत्र थे। राज-धर्म के ज्ञान में परिनिष्ठित वे सभी विद्वान रामचंद्र से बोले- भगवन ! ब्राह्मण दण्ड द्वारा अवध्य है। इसे शारीरिक दण्ड नहीं मिलना चाहिए। यही समस्त शास्त्रों का मत है।

सबके ऐसा कहने पर कुत्ता बोला- श्रीराम! यदि आप मुझ पर संतुष्ट हैं, तो मेरी बात सुनिए। इस ब्राह्मण को कुलपति (महन्त) बना दीजिए। महाराज! इसे कालन्जर में एक मठ का आधिपत्य (वहाँ की महंती) प्रदान कर दीजिए। यह सुनकर राम ने उसका कुलपति के पद में अभिषेक कर दिया। इस प्रकार पूजित हुआ वह ब्राह्मण हाथी के पीठ पर चढ़कर हर्ष पूर्वक वहाँ से चल दिया।

राम ने कुत्ते से पूछा कि तुमने उसे मठाधीश बनाने को क्यों कहा ? तब कुत्ते ने कहा- रघुनंदन! मैं पहले जन्म में कालन्जर में मठाधीश था। वहाँ मैंने पूरी तरह न्याय पूर्वक कार्य किया। फिर भी कुत्ते की योनि पाया हूँ। फिर ऐसा क्रोधी ब्राह्मण जो अपना धर्म खो चुका है, दूसरे के अहित में लगा हुआ है तथा क्रोध करने वाला क्रूर, मूर्ख और अधर्मी है। वह ब्राह्मण मठाधीश बनकर अपने सात पीढ़ियों को भी नरक में गिराकर रहेगा।

यहाँ इस कथा से यह पता चलता है कि रामराज्य में ब्राह्मण अदण्डनीय होता था, पर वह भी भूखा घूमा करता था। ब्राह्मणों को भीख माँगकर गुजारा करना पड़ता था, और कभी-कभी भूखा भी रहना पड़ता था। कुत्ते जैसे पशुओं पर भी अत्याचार होता था फिर प्रथम सर्ग में कही गई बात सच कहाँ है? राम के राज्य में सभी लोग प्रसन्न रहा करेंगे, कहा गया है, पर यहाँ ब्राह्मण और कुत्ता दोनों दुःखी थे। फिर सत्य क्या है? यहाँ ब्राह्मण को अवध्य बतलाया गया है तब राम ने रावण को क्यों मारा? रावण भी तो ब्राह्मण था।

9. एक ब्राह्मण का अपने मरे हुए बालक को राज द्वार में लाना और राजा को ही दोषी बताकर विलाप करना।

उत्तर कांड 73, 74, 75 एवं 76 वाँ सर्ग में एक ब्राह्मण अपने मरे हुए बालक को राज द्वार पर लेकर आया और राम के सामने ही, राम को दोष देता हुआ कहता है- आप! मृत्यु के वश में पड़े हुए मेरे बालक को जीवित कर दो, अन्यथा मैं अपनी पत्नी के साथ इस राज द्वार में, अनाथ की तरह प्राण दे दूँगा। ब्राह्मण की बात सुनकर, राम ब्राह्मण के दुःख से संतप्त होकर, मंत्रियों को बुलाया तथा वसिष्ठ, वामदेव एवं महाजनों के सहित अपने भाइयों को बुलवाया। वसिष्ठ के साथ मार्कण्डेय, मौद्गल्य, नामदेव, काश्यप, कात्यायन, जाबालि, गौतम तथा नारद आए। जब सभी लोग दरबार में उपस्थित हो गए, तब राम ने सभी को ब्राह्मण के द्वारा राज द्वार में धरना देने की बात बतलाई। नारद ने तब कहा- जिस कारण से ब्राह्मण बालक की मृत्यु हुई वह बताता हूँ। सुनिए! और उचित कार्यवाही करें। निश्चय ही आपके राज्य में किसी सीमा पर खोटी बुद्धि का आश्रय लेकर कोई शूद्र महान तप कर रहा है। उसी के कारण इस बालक की मृत्यु हुई है। इसे सुनकर श्रीराम ने पुष्पक विमान द्वारा सभी दिशाओं में घूमकर दुष्कर्म का पता लगाया किन्तु सर्वत्र सत कर्म देखकर दक्षिण दिशा में एक शूद्र तपस्वी शम्भूक के पास पहुँचे और श्री राम के द्वारा तपस्या करने वाले शूद्र को, तलवार से काटकर प्राण दण्ड दिया गया। शम्भूक के मरते ही ब्राह्मण बालक जीवित हो गया। शम्भूक शूद्र था। सशरीर स्वर्ग जाने के लिए तपस्या कर रहा था, जिसे राम ने मारा और ब्राह्मण का लड़का शूद्र के मरते ही जी उठा।

स्कंध पुराण में वाल्मीकि को सप्तर्षियों ने बतलाया था कि मनुष्य को अपने कर्मों का फल स्वयं को भोगना पड़ता है। इसी बात को समझकर वाल्मीकि ने राम का नाम जपकर तपस्या की थी। और विद्वान हुआ था। फिर शूद्र की तपस्या से ब्राह्मण का लड़का कैसे मर सकता है? सप्तर्षियों की बात क्या झूठी है? यह पता नहीं चलता कि सत्य क्या है? शूद्रों को राम के राज्य में तपस्या भी करने का भी अधिकार नहीं था। उनकी तपस्या करने को अपराध माना जाता था।

10. विश्वामित्र की तपस्या और उन्हें ब्राह्मणत्व की प्राप्ति।

वाल्मीकीय रामायण सर्ग 65 बालकाण्ड में यह बतलाया गया है- विश्वामित्र ने क्षत्रिय से ब्राह्मणत्व पाने के लिए तपस्या किए। एक हजार वर्ष तक मौन रहकर तपस्या किए। एक हजार वर्ष बीतने के बाद वे एक हजार वर्षों तक निश्चेष्ठ काष्ठ की तरह रहकर तपस्या किए। व्रत पूर्ण होने पर वे अन्न खाना चाहते थे। उसी समय इन्द्र ने ब्राह्मण का वेष बनाकर भोजन माँगा। उन्होंने इस भोजन को उस ब्राह्मण को दे दिया और एक हजार वर्षों तक श्वास रोककर तपस्या की। उनके शिर से धुआँ निकलने लगा। तब ब्रह्मा ने आकर कहा- ब्रह्मर्षि! तुम्हारी तपस्या पूरी हो गई है। हम प्रसन्न हैं। तुम्हें ब्राह्मणत्व की प्राप्ति हो गई।

ऋग्वेद के तृतीय मंडल के सूक्तों का संग्रह विश्वामित्र के सूक्त हैं। तृतीय मण्डल के सूक्त 36 में इंद्र से प्रार्थना करते हुए ऋचा 10 में विश्वामित्र स्वयं इंद्र से सौ वर्ष तक जीने की सामर्थ्य माँग रहे हैं, पर वाल्मीकि जी उन्हें तीन हजार वर्षों तक तपस्या करने वाला बतलाया है। क्या यह सत्य है?

11. विश्वामित्र द्वारा चाण्डाल त्रिशंकु को सशरीर स्वर्ग भेजना।

बालकाण्ड 60 वें सर्ग में वसिष्ठ के पुत्रों द्वारा दिए गए शाप से चाण्डाल बने त्रिशंकु को विश्वामित्र ने सशरीर अपनी तपस्या के बल से स्वर्ग भेज दिया। त्रिशंकु को स्वर्ग में देख, इंद्र ने उसे नीचे मुँह किए हुए पृथ्वी पर गिरा दिया। तब गिरते समय त्रिशंकु ने विश्वामित्र को त्राहि-त्राहि कहकर पुकारा। विश्वामित्र ने कहा- वहीं ठहर जा - वहीं ठहर जा। उसके कहने पर त्रिशंकु बीच में ही लटक गया। विश्वामित्र ने ऋषि मंडली के बीच दूसरे प्रजापति के समान नए सप्तर्षियों की सृष्टि की तथा नवीन नक्षत्र मण्डल का निर्माण किया और सोचने लगे कि मैं दूसरे इंद्र की सृष्टि करूँगा या मेरे द्वारा रचित स्वर्ग लोक बिना इंद्र के रहेगा। ऐसा निश्चय करके नूतन देवताओं की सृष्टि प्रारंभ कर दी तब सभी देवता, असुर, और ऋषि समुदाय आकर विश्वामित्र को समझाया कि त्रिशंकु चाण्डाल है। वह स्वर्ग का अधिकारी नहीं है। फिर भी विश्वामित्र नहीं माने तब देवताओं ने कहा- ठीक है! आपके रचे हुए अनेक नक्षत्र वैश्वानर पथ से बाहर प्रकाशित होंगे और उन्हीं ज्योतिर्मय नक्षत्रों के बीच सिर नीचा किए हुए त्रिशंकु भी प्रकाश वान रहेंगे।

एक कहावत है *गुरू गुड़ रह गया और चेला शक्कर हो गया।*

जिस विश्वामित्र ने ऋग्वेद के तीसरे मंडल के सूक्त 36 ऋचा 10 में सौ वर्ष जीने की सामर्थ्य माँगता है, वहीं दूसरे स्वर्ग और नक्षत्रगण की रचना करने वाला हो जाता है और देवता स्वयं उसके पास आकर ऐसा करने से रोकने लिए कहते हैं। क्या यह सत्य कथा है?

यदि चाण्डाल स्वयं तपस्या करके सशरीर स्वर्ग जाना चाहता तब शायद वह भी शंभूक के समान मार डाला गया होता। पर ब्राह्मण समाज में ब्रह्मा द्वारा मिलाए गए विश्वामित्र के द्वारा चाण्डाल को स्वर्ग भेजा गया तब विश्वामित्र को किसी प्रकार का दण्ड न देकर प्रार्थना की गई। क्या यह सत्य कथा है? या विश्वामित्र के महत्व को बढ़ा-चढ़ा कर बताने की कपोल-कल्पित कथा है।

12. मलद और कारूष जनपद का उल्लेख।

बालकाण्ड सर्ग 24 में लिखा है कि वृत्रासुर का वध करने के बाद, इंद्र मल से लिप्त हो गए। क्षुधा ने भी उन्हें धर दबाया और उनमें ब्रह्म हत्या प्रवृष्ठ हो गई। तब तपोधन ऋषियों ने मलिन इन्द्र को गंगा जल से धोया और नहलाया तथा उनके मल और कारूष को छुड़ा दिया। वही क्षेत्र मलद और कारूष जनपद के नाम से विख्यात हुआ।

उत्तरकाण्ड के सर्ग 84 में बतलाया गया है कि इन्द्र ने तपस्या करते हुए वृत्रासुर का वध कर दिया। जिससे ब्रह्म हत्या लगा। ब्रह्म हत्या से मुक्ति के लिए इन्द्र ने अश्व मेघ यज्ञ किया। तब हत्या का एक भाग नदी में गया। दूसरा भाग पृथ्वी पर गया। तीसरा भाग स्त्रियों के शरीर में (3 दिन रहेगा) और चौथा भाग ब्राह्मणों के वध करने वाले लोगों पर गया।

उपरोक्त दोनों कहनियाँ वाल्मीकि के द्वारा ही लिखी गयी हैं। पर पता नहीं चलता है कि दोनों में से कौन सी कहानी सत्य है?

इतिहास के अनुसार ईरान के आर्यो में पहले मर्दो की सत्ता रही परंतु कुछ समय पश्चात पारस लोग बहुत शक्तिशाली हो गए थे। 7 वीं शताब्दी ई.पू. पारस के हर वामनि नामक व्यक्ति ने एक राज वंश की स्थापना की थी। इस राजवंश में कुरूष (Cyrus) नाम का एक दिग्विजयी सम्राट हुआ जिसने संपूर्ण ऐर्यान पर अपनी सत्ता स्थापित कर ली। कुरूष का शासनकाल (559-529) ई.पू. माना जाता है। मकरान मार्ग से कुरूष ने सिंध पर आक्रमण किया था पर हारकर अपने सात साथियों के साथ बचकर भाग निकला। कुरूष के बाद इस वंश का सबसे अधिक प्रभावशाली सम्राट दारयवहु (Daris) हुआ। इसका शासन काल (521-485) ई.पू. माना जाता है। उसने काम्बोज गांधार के पश्चिमी भाग तथा सिंधु प्रदेश को जीत लिया था।

आगे चलकर उनका सम्राज्य नष्ट हो गया होगा और जंगल बन गए होंगे। उसी को विश्वामित्र ने राम-लक्ष्मण को मलद और कारूष जनपद कहकर बतलाया होगा। मलद और कारूष- मर्द और कुरूष का बिगड़ा हुआ रूप लगता है। यह इतिहास त्रिनेत्र पाण्डेय के प्राचीन भारत के इतिहास से लिया गया है।

ऊपर वर्णित वाल्मीकीय रामायण की कथा काल्पनिक है क्योंकि ऋग्वेद के चतुर्थ मण्डल के सूक्त 18 के 7 वें ऋचा में लिखा है-

किमुष्विदस्मै निविदो भनन्तेन्द्रस्या वद्यं दिधिषन्त आपः।

ममैतान पुत्रो महता बधेन वृत्रं जघन्वाँ असृजद वि सिंधून्।।

इसका अर्थ यह है कि वृत्र के नष्ट करने पर इंद्र को ब्रहम हत्या का जो पाप लगा, उस संबंध में वेद वाणी क्या कहती है ? इंद्र के उस पाप को जल ने फेन के रूप से धारण किया। इंद्र ने अपने महान बज्र के द्वारा वृत्र को विदीर्ण किया और नदियों को प्रवाहित किया।

वृत्रासुर के द्वारा लगे मल और कारूष को धोने वाली कथा ऋग्वेद के अनुसार बिल्कुल गलत है। तब इतिहास की बात सही हो सकती है। इसका अर्थ है रामायण की रचना दारयबहु के राज्य के समाप्त होने के बहुत बाद में हुई होगी। तब लव-कुश का वाल्मीकि के आश्रम में जन्म लेने की कथा क्या सत्य है?

13. अथर्ववेद का उल्लेख।

बालकाण्ड सर्ग 15 में ऋष्यश्रृंग ने राजा दशरथ से कहा- हे राजन! आपको पुत्र प्राप्ति करने के लिए मैं अथर्ववेद के मंत्रों द्वारा पुत्रेष्टि नामक यज्ञ को करूँगा। इसका अर्थ यह हुआ कि रामायण की रचना अथर्ववेद की रचना के बाद हुई होगी। अथर्ववेद की रचना का काल इतिहास कारों के अनुसार (1000-600) ई.पू. है अर्थात् इस समय के बाद रामायण की रचना हुई होगी तभी रामायण में अथर्ववेद का उल्लेख है। इस समय राम का राज्य नहीं थी। तब लव-कुश के जन्म की बात क्या सत्य है?

14. रामायण में बुद्ध, बौद्ध धर्म, नास्तिक धर्म और चार्वाक का उल्लेख।

वाल्मीकीय रामायण अयोध्या काण्ड के 109 वें सर्ग श्लोक नं. 34 में लिखा है-

यथा ही चोरः स तथाहिबुद्धस्तथागतं नास्तिक मत्र विद्धि।

तस्मादिध यः शक्यतमः प्रजानां सनास्तिकेनाभिमुखो बुधः स्यात्।।

अर्थात जैसे चोर दण्डनीय होता है, उसी प्रकार (वेद विरोधी) बुद्ध (बौद्ध मतावलम्बी) भी दण्डनीय है। तथागत (नास्तिक विशेष) और नास्तिक (चार्वाक) को भी यहाँ इसी कोटि में समझना चाहिए। इसलिए प्रजा पर अनुग्रह करने के लिए राजा द्वारा जिस नास्तिक को दण्ड दिलाया जा सके उसे तो चोर के समान दण्ड दिलाया ही जाय, परंतु जो वश के बाहर हो उस नास्तिक के प्रति विद्वान ब्राह्मण कभी उन्मुख न हो- उससे वार्तालाप तक न करे।

इस बात को राम ने जाबालि ऋषि को उस समय कहा- जब उन्होंने नास्तिक-मत का आश्रय लेकर श्रीराम को अयोध्या वापस लौटने के लिए समझाया।

राम के राज्य में कार्यार्थी कुत्ते के प्रसंग में उल्लेख किया जा चुका है। ब्राह्मणों को अदण्डनीय बतलाया है और यहाँ भी ब्राह्मणों को ही कहा है कि वे बौद्ध-धर्म और नास्तिक-धर्म के अनुयायियों को यदि राजा से दण्ड न दिला सकें, तो उनकी ओर उन्मुख न हो, उनसे वार्तालाप तक न करें। इससे आभास होता है कि रामायण की रचना ब्राह्मण साम्राज्य के आने पर हुई है। पुष्य मित्र शुंग ने मौर्य वंश के अंतिम शासक वृहदथ को मारकर 185 ई.पू. में ब्राह्मण साम्राज्य की स्थापना की थी।

आर्यों के द्वारा वेदों की रचना हुई, वेदों में प्राकृतिक शक्तियों को ही ईश्वर का रूप माना गया परंतु वैदिक युग के बाद ई.पु. छटी शताब्दी मे धार्मिक क्रांति का युग आया। भारत में जैन धर्म और बौद्ध धर्म का उदय हुआ। इसी समय ईरान में वहाँ की प्राचीन प्रकृति पूजा तथा कर्म कांड के विरुद्ध एक भयंकर क्रांति हुई। यूनान में भी इसि समय सामाजिक, राजनीतिक और आर्थिक क्रांति चलने लगी। चीन में भी राजनीतिक, सामाजिक एवं धार्मिक क्रांति चल रही थी। इसी समय भारत में भी एक महान क्रांति के विस्फोट स्वरूप जैन धर्म और बौद्ध धर्म का उदय हुआ।

वैदिक काल का धर्म अत्यंत सरल और आडंबरहीन था। परंतु कर्म-कांडों की प्राबल्यता, पुरोहितों का प्राबल्य, शतपथ ब्राह्मण में वर्णित ब्राह्मण-क्षत्रिय संघर्ष, ब्राह्मणों का नैतिक पतन आदि के कारण वैदिक धर्म का बौद्ध धर्म और जैन धर्म वालों ने विरोध किया।

हर्यंक वंश से (544 ई.पू.) अंतिम मौर्य साम्राज्य वृहदथ के समय (185 ई.पू.) तक बौद्ध धर्म का बोल बाला था। लगभग 359 साल के इस अंतराल में जो भी राजा हुए वे या तो जैन धर्म के अनुयायी रहे या बौद्ध धर्म के अनुयायी थे। हर्यंक वंश से लेकर मौर्य वंश तक इतिहास में अश्वमेघ यज्ञ करने का उल्लेख नहीं मिलता। जब पुष्य मित्र शुंग राजा बना तब उसने अश्वमेघ यज्ञ किया। रामायण में बौद्ध-धर्म मानने वाले एवं बुद्ध को चोर के समान दण्डनीय कहा है। यदि रामायण की रचना हर्यंक वंश से लेकर मौर्य वंश तक या उससे पहले हुई होती है तो इस चोर शब्द पर आपत्ति कोई न कोई राजा अवश्य उठाता। तात्कालीन राजा इसका विरोध अवश्य करते पर इतिहास में कहीं विरोध की बात नहीं लिखी है। मौर्य वंशीय सम्राट अशोक के समय में तो बौद्ध-धर्म राज-धर्म बन गया था। अशोक बौद्ध धर्म का अनुयायी था। अपने पुत्र महेन्द्र और पुत्री संघमित्रा को लंका में बौद्ध-धर्म का प्रसार करने के लिए भेजा था तथा रामायण की कथा भी अयोध्या से प्रारंभ होकर लंका में समाप्त होती

है और रावण को भी सीता चोर कहा गया है इसका अर्थ यह हुआ कि मौर्य काल में बौद्ध धर्म लंका तक फैला था और वैदिक धर्म का लोप हो गया था। ब्राह्मण साम्राज्य स्थापित होने पर वैदिक धर्म को अवतारवाद का सहारा लेकर पुनः लंका तक फैलाया गया है।

15. कामदेव के भस्म होने की कथा।

वाल्मीकीय रामायण बालकाण्ड के 23 वें सर्ग में बतलाया गया है कि जहाँ गंगा और सरयू नदी मिलती है, वहाँ एक आश्रम था, जिसमें भगवान स्थाणु शिव, चित्त को एकाग्र करके नियम पूर्वक तपस्या करते थे। उन दिनों काम देव मूर्तिमान था। शरीर धारण करके विचरता था। एक दिन शिवजी समाधि से उठकर मरूद्गणों के साथ कहीं जा रहे थे। उसी समय दुर्बुद्धि काम ने उन पर आक्रमण किया। यह देख महात्मा शिव ने हुँकार भरी और रोका। भगवान रूद्र ने रोष भरी दृष्टि से अवहेलना पूर्वक उसकी ओर देखा फिर तो उस दुर्बुद्धि के सारे अंग, उसके शरीर से जीर्ण-शीर्ण होकर गिर गए। तभी से कामदेव अनंग नाम से विख्यात हुआ। जहाँ पर काम देव ने शरीर छोड़ा था, वह प्रदेश अंगदेश के नाम प्रसिद्ध हुआ।

तुलसीकृत राम चरित मानस में लिखा है कि जिस समय शंकर भगवान समाधि में लीन थे, उसी समय तारक नाम का एक असुर उत्पन्न हुआ और सभी देवताओं एवं लोक पालों को जीत लिया। सभी देवता सुख और संपत्ति से विहीन होकर ब्रह्मा के पास गए। तब ब्रह्मा ने बतलाया कि तारक की मृत्यु शिव के वीर्य से उत्पन्न पुत्र के द्वारा होगा। इसलिए शिव जी की समाधि भंग करके, उनका उमा के साथ विवाह कराने का प्रयत्न करो। कामदेव को भेजकर शिव की समाधि को भंग कराओ और हिमाचल की पुत्री पार्वती से विवाह कराने का प्रयत्न करो। तब देवताओं ने काम देव को, शिव की तपस्या को भंग करने के लिए भेजा। शिव की जब तपस्या भंग हुई, उनके तीसरे नेत्र की ज्वाला से कामदेव भस्म हो गया।

गीता प्रेस गोरखपुर से प्रकाशित, वामन पुराण में लिखा है- जब शिव चित्रवन में घूम रहे थे, तब कामदेव ने उन्हें संतापन बाण बेधने को उद्वत हुआ तब शिव जी ने उसे क्रोधाग्नि से भस्म कर दिया।

दोनों रामायण एवं वामन पुराण की कथाओं में भिन्नता है। पता नहीं चलता कि कौन सी बात सत्य है ?

हरिवंश पुराण के हरिवंश पर्व, अध्याय 31 में लिखा है कि महाराज बलि के 5 पुत्र थे। अंग, बंग, सुह्य, पुण्डु और कलिंग थे। अंग ने अंगदेश को बसाया था।

वाल्मीकीय रामायण और हरिवंश पुराण की कथा भी अंगदेश के स्थापना के संबंध में अलग-अलग है। पता नहीं चलता सत्य क्या है?

16. राजा ययाति की बूढ़े होने के कथा।

वाल्मीकीय रामायण उत्तरकाण्ड 58 वें सर्ग में लिखा है कि शुक्राचार्य की बेटी देवयानी ने शुक्राचार्य को बतलाया कि राजर्षि ययाति आप से अनादर का भाव रखने के कारण, मुझसे भी अनादर भाव रखते हैं। मेरी भी अवहेलना करते हैं और मुझे अधिक-आदर नहीं देते हैं।

देवयानी की यह बात सुनकर क्रोधित होकर शुक्राचार्य ने शाप दिया कि ययाति की अवस्था जीर्ण-शीर्ण होकर वृद्ध के समान हो जायेगी। वह सर्वथा शिथिल हो जाएगा। इस शाप से ययाति बूढ़ा हो गया।

गीताप्रेस गोरखपुर से प्रकाशित, संक्षिप्त, पद्म पुराण के पृष्ठ 302 में लिखा है कि महाराज ययाति कामदेव के नृत्य-गीत ललित-हास्य से मोहित होकर स्वयं ही नट स्वरूप हो गए। वे मल-मूत्र का त्याग करके आए और पैरों को धोए बिना ही आसन पर बैठ गए। यह छिद्र पाकर वृद्धावस्था और कामदेव ने उनके शरीर में प्रवेश किया।

उपरोक्त दोनों कथनों में से कौन सा कथन सत्य है? पता नहीं चलता है।

17. राम के द्वारा लंका जाने के लिए बनाए गए पुल को तोड़ना।

गीता प्रेस गोरखपुर से प्रकाशित, संक्षिप्त पद्म पुराण में सृष्टि खण्ड के अध्याय 39 में लिखा है कि राम, भरत और सुग्रीव एक बार लंका गए थे। वहाँ राम ने कहा- हे विभीषण! यदि कोई मनुष्य किसी तरह लंका में आ जाए, तो राक्षसों को उसका वध नहीं करना चाहिए, वरं मेरी ही भाँति उसका स्वागत सत्कार करना चाहिए। विभीषण ने कहा- नर श्रेष्ठ! मैं आपकी आज्ञानुसार ही सारा कार्य करूँगा। उसी समय वायु देव ने वामन की मूर्ति लाकर राम को दिया। जब राम जाने लगे तब विभीषण ने कहा-प्रभो! आपने जो मुझे आज्ञा दिया है, उसके अनुसार ही कार्य करूँगा, परंतु महाराज! इस पुल के मार्ग से पृथ्वी के समस्त प्राणी (मानव) यहाँ आकर मुझे सताएँगे। ऐसी परिस्थिति में मुझे क्या करना चाहिए? विभीषण की बात सुनकर, श्री रघुनाथ जी ने हाथ में धनुष लेकर, सेतु के दो टुकड़े कर दिए। फिर तीन विभाग करके, बीच का दस योजन उड़ा दिया। उसके बाद एक स्थान पर एक योजन और तोड़ दिया। उसके बाद श्री रामचन्द्र रामेश्वर क्षेत्र में पहुँचकर, रामेश्वर नाम से देवाधिदेव महादेव की स्थापना की।

राम के समय की निशानी केवल पुल था उसको भी राम ने ही नष्ट कर दिया तब कैसे विश्वास हो कि रामायण की राम कथा सत्य है?

वर्तमान में जो रामसेतु प्राप्त हुआ है वह चुने के पत्थर का है जो जमीन से जुड़ा है। पानी में नहीं तैर रहा है तब कैसे कहा जा सकता है कि यह राम के समय का बनाया हुआ सेतु है।

वर्तमान अयोध्या को बसाने वाला विक्रमादित्य नामक राजा था, जिसने शकों को जीतकर विक्रम संवत चलाया था। यह बात कल्याण पत्रिका 1972 में प्रकाशित रामचंद्र विशेषांक में लिखा है। अयोध्या के बसने के बाद वहाँ राम का जन्म नहीं हुआ है।

18. ब्रह्मा द्वारा विभीषण को अमर होने का वरदान देना।

वाल्मीकीय रामायण उत्तर काण्ड के सर्ग 10 में रावण और उनके भाइयों की तपस्या और वर प्राप्ति का वर्णन है। विभीषण से जब ब्रह्मा ने वर माँगने को कहा, तब विभीषण ने कहा- मुझे यह वर दीजिए, कि बड़ी-से-बड़ी विपत्ति पड़ने पर भी मेरी बुद्धि धर्म में ही लगी रहे, उससे विचलित न हो और बिना सीखें ही, ब्रह्मास्त्र का ज्ञान हो जाए। जिस-जिस आश्रम के विषय के मेरी जो-जो विचार हो, वह धर्म के अनुकूल हो और उस धर्म का पालन मैं करूँ। यह

सुनकर प्रजापति ब्रह्मा ने पुनः कहा- वत्स! तुम धर्म में स्थित रहने वाले हो अतः तुम जो चाहते हो वह सब पूरा होगा। शत्रुनाशन! राक्षस योनि में पैदा होकर भी तुम्हारी बुद्धि अधर्म में नहीं लगती है। इसलिए मैं तुम्हें अमरत्व का वरदान देता हूँ। रावण और मेघनाद ने भी अमरत्व पाने के लिए ब्रह्मा से वरदान माँगा था, पर ब्रह्मा ने अमर होने का वरदान नहीं दिया था। यहाँ विभीषण को अमरत्व का बरदान बिना माँगे ही दे दिया।

लक्ष्मी प्रकाशन धिया मंडी मथुरा से प्रकाशित, संक्षिप्त महाभारत के पृष्ठ 198 उद्योग पर्व में श्री कृष्ण ने कहा कि सहदेव ने दिग्विजय के समय विभीषण को भी परास्त कर दण्ड ले लिया था, पर यह नहीं बतलाया गया कि वह किस रास्ते से लंका पहुँचा।

विभीषण यदि अमर है तो वर्तमान में वह लंका के राजा के रूप में क्यों नहीं है। क्या रामायण और महाभारत की बातें झूठी हैं। यदि वर्तमान में विभीषण होता तो महाभारत और रामायण की कथा की सत्यता की पुष्टि हो जाती।

लंका में रावण का भवन एवं परकोटे सोने का बना हुआ था। वह आज कहाँ है? लंका निवासी गरीब क्यों हैं?

19. राम के जन्म के संबंध में वर्णन।

वाल्मीकीय रामायण बालकाण्ड सर्ग 15 एवं 16 के अनुसार यज्ञ के अग्निकुण्ड से प्राजापत्य पुरूष प्रकट हुए और राजा दशरथ को खीर देकर कहा- हे राजन्! इसे अपनी पत्नियों को खिला दो। ऐसा करने पर रानियों के गर्भ से आपको अनेक पुत्रों की प्राप्ति होगी। उसी खीर के खाने से रानियों के गर्भ से चार पुत्र राम, लक्ष्मण, भरत और शत्रुघन का जन्म हुआ।

गीता प्रेस गोरखपुर से प्रकाशित, संक्षिप्त पद्म पुराण पाताल खण्ड पृष्ठ 519 में लिखा है कि महर्षि ऋष्य श्रृंग द्वारा कराए गए, यज्ञ के प्रभाव से भगवान विष्णु स्वयं राम, लक्ष्मण, भरत और शत्रुघन ये चार शरीर धारण करके प्रकट हुए।

राम की कथा यदि सत्य है तो रामायण और पद्मपुराण की कथा में भिन्नता क्यों है ? सत्य कथा में कहानी तो एक ही होनी चाहिए। सत्य क्या है?

20. राम-सीता के विवाह के बाद परशुराम का आना।

वाल्मीकीय रामायण बाल काण्ड सर्ग 74-75 में लिखा है कि राजा जनक ने विवाह के बाद कन्याओं को भारी दहेज देकर विदा किया। मार्ग में शुभाशुभ शकुन होता है। राजा दशरथ जब जनकपुर से बारात लेकर जनकपुर के बाहर आए, तब परशुराम आए और ऋषियों द्वारा दी गई पूजा को स्वीकार करने के पश्चात् राम से बोले- राम! तुम्हारे द्वारा शिव धनुष तोड़े जाने की बात मेरे कानों में पड़ चुकी है। उसके टूटने की बात सुनकर, मैं एक दूसरा धनुष लेकर आया हूँ। तुम इसे खींचकर इसके ऊपर बाण चढ़ाओ और अपना बल दिखाओ। परशुराम का वचन सुनकर, राम ने परशुराम के हाथ से धनुष ले लिया। साथ ही साथ परशुराम की वैष्णवी शक्ति भी वापस ले लिया और धनुष पर प्रत्यंचा चढ़ाकर बाण के द्वारा परशुराम के तपः प्राप्त पुण्य लोकों का नाशकर दिया तथा परशुराम महेन्द्र पर्वत पर

चले गए।

इसी बात को गीता प्रेस गोरखपुर से प्रकाशित, श्री रामचरित मानस में लिखा है कि धनुष भंग के बाद (राम-सीता विवाह के पूर्व) ही परशुराम जनकपुर के महल में पहुँच कर अपना क्रोध दिखाने लगे। तब लक्ष्मण और परशुराम के बीच, बहुत देर तक वाद-विवाद होता रहा। अंत में राम ने परशुराम द्वारा दिए गए, धनुष बाण को अपने हाथ में ले लिया। राम के हाथ में आते ही धनुष पर बाण अपने आप चढ़ गया। तब परशु राम को बड़ा आश्चर्य हुआ, और राम की विनती करके तपस्या के लिए वन में चले गए।

उपरोक्त दोनों रामकथा में परशुराम के आगमन के संबंध में अलग-अलग कथा है। यदि राम की कथा सत्य है तो अलग-अलग कहानी क्यों है ? सत्य क्या है?

21. कुम्भकरण के वरदान माँगने के संबंध मे वर्णन।

गीता प्रेस गोरखपुर से प्रकाशित, वाल्मीकीय रामायण उत्तर काण्ड के, 10 वें सर्ग में जब ब्रह्मा जी ने कुम्भकरण से वर माँगने को कहा- तब कुभ्भकरण के जीह्वा में सरस्वती बैठकर मतिभ्रम कर दी और वरदान माँगा कि मैं (अनेकानेक) अनेकों वर्षों तक सोऊँ। यही मेरी इच्छा है, तब ब्रह्मा ने एवमस्तु कहा।

तुलसीदास कृत रामचरितमानस बालकाण्ड में लिखा है कि ब्रह्मा ने सरस्वती के द्वारा कुभ्भकरण के मति को फिरा दिया, जिससे उसने छः महीने सोने और एक दिन जागने का वरदान माँगा।

सुना जाता है कि कुंभकरण इंद्रासन माँगना चाहता था, पर मति भ्रम होने के कारण निंद्रासन माँगा। बाद में उसे अपनी भूल का एहसास हुआ। तब ब्रह्मा जी ने छः महीने सोने और एक दिन जागने का वरदान दिया और यह भी कहा- यदि कोई इसे छः महीने के भीतर बलपूर्वक उठायेगा। वही दिन कुंभकरण का अन्तिम दिन होगा।

उपरोक्त तीन कहानियों में कौन सी कहानी सत्य है? पता नहीं चलता।

22. विष्णु का मनुष्य रूप मे अवतीर्ण होने की कथा।

गीता प्रेस गोरखपुर से प्रकाशित, वाल्मीकीय रामायण, उत्तरकाण्ड, सर्ग 51 में लिखा है कि पूर्व काल में देवासुर संग्राम में पीड़ित हुए दैत्यों ने महर्षि भृगु की पत्नी की शरण ली। भृगु पत्नी ने उस समय दैत्यों को अभय दिया। यह देखकर विष्णु ने तीखी धार वाले चक्र से भृगु की पत्नी का शिर काट दिया। तब भृगु ने विष्णु को शाप दिया कि मेरी पत्नी वध योग्य नहीं थी, परंतु आपने क्रोध से मूर्छित होकर उसका वध किया है। इसीलिए आपको मनुष्य लोक में जन्म लेना पड़ेगा। वहाँ बहुत वर्षों तक आप को पत्नी वियोग का कष्ट सहना पड़ेगा। विष्णु नाम धारी वामन अवतार के समय महातेजस्वी भगवान विष्णु को भृगु ऋषि का शाप हुआ।

तुलसीदास कृत रामचरित मानस में लिखा है कि सीलनिधि राजा की पुत्री विश्व मोहिनी से विवाह करने के उद्देश्य से नारद मुनि ने भगवान विष्णु से उनका रूप माँगा था। तब विष्णु ने उनको बन्दर का रूप दिया था। जिसके कारण स्वयंबर में उपस्थित नारद की ओर विश्व मोहिनी ने देखा भी नहीं। इससे नाराज होकर नारद ने विष्णु को मनुष्य रूप में जन्म

लेकर, पत्नी का वियोग सहने का शाप दिया था।

उपरोक्त दोनों कथनों में कौन सा कथन सत्य है? पता नहीं चलता।

23. यक्ष, राक्षस और रूद्र की व्याख्या।

वाल्मीकीय रामायण उत्तरकाण्ड सर्ग चतुर्थ में लिखा है कि पूर्व काल में जल से प्रकट हुए, कमल से उत्पन्न प्रजापति ब्रह्मा जी ने, समुद्र गत जल की सृष्टि करके, उनकी रक्षा के लिए अनेक प्रकार के जल जन्तुओं को उत्पन्न किया। वे जन्तु भूख प्यास से व्याकुल होकर ब्रह्मा से पूछा- अब हम क्या करें? तब ब्रह्मा ने कहा- तुम सब यत्न पूर्वक जल की रक्षा करो। उन जन्तुओं में कुछ लोगों ने कहा- हम इस जल की रक्षा करेंगे। वे राक्षस कहलाए और जिन लोगो ने यह कहा कि हम इसका यक्षण (यजन या पूजा) करेंगे वे यक्ष कहलाए। इसका तात्पर्य है कि यक्ष और राक्षस जलीय जीव थे, जो जल की रक्षा एवं पूजन करते थे। बुरे जीव नहीं थे। इसका अर्थ तो यह हुआ कि रावण और कुभंकरण जलीय जीव थे।

गीता प्रेस गोरखपुर से प्रकाशित, भागवत पुराण तृतीय स्कंध 20 वाँ अध्याय पृष्ट 259 में लिखा है कि ब्रह्माजी ने सबसे पहले अपनी छाया से तामिस्त्र, अंधतामिस्त्र, तम, मोह और महामोह ये पाँच प्रकार की अविद्या प्रकट की। ब्रह्माजी को अपना वह तमोमय भाग अच्छा नहीं लगा और उसे उन्होंने त्याग दिया। तब जिससे भूख प्यास की उत्पत्ति होती है ऐसे रात्रि रूप उस शरीर को, उसी से उत्पन्न हुए यक्ष और राक्षसों ने खा लिया। उस समय भूख प्यास से अभिभूत होकर वे ब्रह्माजी को खाने दौड़ पड़े, और कहने लगे इसे खा जाओ, इसकी रक्षा मत करो। उनमें से जिन्होंने कहा खा जाओ, वे यक्ष हुए और जिन्होंने कहा रक्षा मत करो, वे राक्षस हुए।

उपरोक्त कथन से यह पता नहीं चलता कि दोंनो कथन में सत्य क्या है? इसी प्रकार रूद्र का अर्थ कुछ पुराण कारों ने रोने वाला बतलाया है और कुछ पुराणकारों ने रूलाने वाला कहा है। पता नहीं चलता कि सत्य क्या है ?

24. 24वें त्रेता से 28वें द्वापर तक एक या दो मनुष्यों का जीवित होना।

दुर्गा पुस्तक भण्डार (प्रा.) लि. द्वारा बंबई से प्रकाशित, संक्षिप्त विष्णु पुराण, चतुर्थ अंश अध्याय 19 पृष्ट 335 में, कुरू वंश वर्णन शीर्षक में लिखा है- हर्यश्व का पुत्र मुद्गल था। मुद्गल से वृहद्रश्व और वृहद्रश्व से दिवोदास नामक पुत्र और अहिल्या नामक पुत्री हुई। अहिल्या के गर्भ से महर्षि गौतम द्वारा शतानन्द हुआ। शतानन्द से सत्य धृति और सत्य धृति से कृपाचार्य और कृपी का जन्म हुआ।

लक्ष्मी प्रकाशन धिया मण्डी मथुरा से प्रकाशित संक्षिप्त महा भारत में कृपाचार्य, द्रोणाचार्य आदिका जन्म शीर्षक के अंतर्गत पृष्ट 44 में लिखा है कि महर्षि गौतम के शारद्वान पुत्र हुए तथा शारद्वान से कृपाचार्य और कृपी का जन्म हुआ।

शतानन्द जो गौतम ऋषि का पुत्र था, राजा जनक (24वें त्रेता) का पुरोहित था, और कृपाचार्य (28वें द्वापर) कौरव-पाण्डवों का गुरू था।

विष्णु पुराण के अनुसार कृपाचार्य, शतानन्द पुत्र, सत्यवृति का पुत्र है और महाभारत के अनुसार गौतम पुत्र शारद्वान का पुत्र कृपाचार्य को बतलाया गया है। सत्य क्या है?

24 वें त्रेता से 28 वें द्वापर के इतने समय अतंराल में सत्य घृति या शारद्वान जीवित रहे, यह कैसे संभव है? क्योंकि मनुष्य की आयु सौ वर्ष की होती है। सत्य क्या है? ऋक्षराज जामवंत भी इसी प्रकार राम के समय से कृष्ण के समय तक जीवित रहे। क्या यह सत्य है?

25. राम द्वारा सीता परित्याग की कथा।

भारतीय समाज में स्त्रियों की दशा बड़ी दयनीय थी। पुराणों में, रामायण, में महाभारत, में कुछ स्त्रियों के साथ बलात्कार का उल्लेख बड़े-बड़े ऋषि मुनियों एवं देवताओं, द्वारा करने को मिलता है। औरतों को पुरूषों की गलती की सजा भी दी जाती थी।

सीता का विवाह छः वर्ष के उम्र में हुआ। 18 वर्ष के उम्र में सीता, राम के साथ वनवास गई थी। वहाँ उसे उसकी इच्छा के विरूद्ध, रावण हरण करके लंका ले गया था। राम, ने युद्ध करके रावण को मारकर सीता को छुड़ाकर लाए और संपूर्ण सेना के समक्ष सीता के सती होने की अग्नि परीक्षा लिए। सीता अग्नि परीक्षा में सफल हो गई। राम-राज्य के समय जब सीता गर्भवती हुई, तब एक दिन राम अपने मित्र भद्र से (43 वां सर्ग उत्तरकाण्ड) पूछा कि पुरवासी मेरे विषय में कौन-कौन सी शुभ या अशुभ बातें करते हैं। भद्र ने राम को बताया- पुरवासी यह कहते हैं कि रावण को मारकर, श्री रघुनाथ जी सीता को अपने घर ले आए। उनके मन में सीता के चरित्र को लेकर रोष या अमर्ष नहीं हुआ। उनके हृदय में सीता-संभोग-जनित-सुख कैसा लगता होगा? पहले रावण ने बलपूर्वक सीता को गोद में उठाकर उनका अपहरण किया था, फिर वह उन्हें लंका भी ले गया और वहाँ अपने अंतः पुर के क्रीड़ा-कानन अशोक वाटिका में रखा। इस प्रकार राक्षसों के वश में होकर वे बहुत दिनों तक रहीं तो भी श्री राम उनसे घृणा क्यों नहीं करते हैं? अब हम लोगों को भी स्त्रियों की ऐसी बातें सहनी पड़ेगी, क्योंकि राजा जैसा करता है प्रजा भी उसी का अनुशरण करने लगती है। हे राजन! इस प्रकार सारे नगर और जनपद में पुरवासी मनुष्य बहुत-सी बातें कहते हैं।

भद्र की यह बात सुनकर, रघुनाथ जी अत्यंत पीड़ित होकर, समस्त सुह्रदों से पूछा- आप लोग भी मुझे बतावें यह बात कहाँ तक ठीक है। तब सबने कहा- प्रभो! भद्र का यह कथन ठीक है, इसमें तनिक भी संशय नहीं है। राम ने अपने सभी सखाओं को विदाकर, अपने भाईयों के समक्ष सर्वत्र फैले हुए लोकापवाद की चर्चा करके, सीता को वन में छोड़ आने के लिए लक्ष्मण को आदेश दिया। लक्ष्मण ने सीता को वन में ले जाकर गंगा के उस पार छोड़ दिया और अयोध्या आ गया।

गीता प्रेस गोरखपुर से प्रकाशित, संक्षिप्त पद्मपुराण के अनुसार एक धोबी जिसकी पत्नि धोबी को बिना बतलाये, एक दिन के लिए किसी के घर चली गयी थी। उसको डाँटते हुए लात मारकर धोबी ने कहा- निकल जा मेरे घर से, जिसके यहाँ सारा दिन बिताया है, उसी के घर चली जा। तू दुष्टा है, पति की आज्ञा का उल्लंघन करने वाली है, इसीलिए मैं तुझे नहीं रखूँगा। मैं राम जैसा नहीं हूँ जो दूसरे घर में रही हुई प्यारी पत्नी को, फिर से ग्रहण कर लूँ।

वे राजा हैं, जो कुछ भी करें, सब न्याय युक्त ही माना जायेगा। मैं तो दूसरे के घर में निवास करने वाली भार्या को कदापि ग्रहण नहीं कर सकता। धोबी की बात सुनकर एक गुप्तचर ने राम को बतलाया। इस अपवाद को सुनकर राम ने सीता का परित्याग कर दिया।

उपरोक्त दो प्रकार के अपवादों में कौन सा अपवाद सत्य है? पता नहीं चलता है।

उपरोक्त घटना से यह प्रकट होता है कि स्त्रियों के प्रति उस समय लोगों की मानसिकता ठीक नहीं थी। लोकापवाद के कारण राम ने सीता का परित्याग किया। सीता का विवाह भी छः वर्ष के उम्र में हुआ और छः वर्ष से लेकर ससुराल में ही रही। उसकी शिक्षा आदि की भी कोई व्यवस्था नहीं हुई अर्थात् रामायण काल में बाल विवाह होता था। और लड़कियों की पढ़ाई-लिखाई नहीं होती थी। लड़कियों की स्थिति बड़ी दयनीय थी। महाभारत काल में भी स्त्रियों को जुए में हार भी जाते थे।

ऋग्वेद के दसम मण्डल के 34 वें सूक्त में भी जुआ के दुष्परिणाम परिणामों के विषय में लिखा है। "जुआरी अपने धन के साथ-साथ अपनी पत्नी तक को जुआ में हार जाता है, और उसके माता-पिता, भाई-बंधु भी मुँह मोड़ लेते हैं। भीख माँगने पर जुआरी को भीख भी नहीं मिलती है।"

स्त्रियों की दशा वैदिक काल में भी अच्छी नहीं थी। स्त्रियों का चोरी होना, उनको भगा ले जाना, उनके साथ बलात्कार की घटना होना हर युग में होता आया है।

26. वाल्मीकीय रामायण के अनुसार चारों युगों का वर्णन।

उत्तरकाण्ड सर्ग 74 में चारों युगों का वर्णन नारद जी ने श्री राम से बतलाते हुए कहा - हे राम! पहले सत्य युग में केवल ब्राह्मण ही तपस्वी हुआ करते थे। महाराज ! उस समय ब्राह्मणेतर मनुष्य किसी तरह तपस्या में प्रवृत्त नहीं होता था। वह युग तपस्या के तेज से प्रकाशित होता था। उसमें ब्राह्मणों की प्रधानता थी। उस समय अज्ञान का वातावरण नहीं था। इस लिए उस युग के सभी मनुष्य अकाल-मृत्यु से रहित तथा त्रिकालदर्शी होते थे।

सत्ययुग के बाद त्रेतायुग आया। इसमें सृदृढ़ शरीर वाले क्षत्रियो की प्रधानता हुई। क्षत्रिय भी उसी प्रकार तपस्या करने लगे। परन्तु त्रेतायुग में जो महात्मा पुरूष हैं उसकी अपेक्षा सत्ययुग के लोग तप और पराक्रम की दृष्टि से बढ़े-बढे थे। इस प्रकार दोनों में से पूर्वयुग में जहाँ ब्राह्मण उत्कृष्ट और क्षत्रिय अपकृष्ट थे, वहाँ त्रेतायुग में वे समान-शक्तिशाली हो गये। तब मनु आदि सभी धर्म प्रवतकों ने ब्राह्मण और क्षत्रिय में एक अपेक्षा दूसरे में कोई विशेषता या न्यूनाधिकता न देख कर सर्वलोक सम्मत चातुर्वण्र्य -व्यवस्था की स्थापना की। त्रेतायुग वर्णाश्रम-धर्म-प्रधान है। वह धर्म के प्रकाश से प्रकाशित होता है। वह धर्म में बाधा डालने वाले पाप से रहित है। इस युग में अधर्म ने भूतल पर अपना एक पैर रखा है। अधर्म से युक्त होने के कारण यहाँ लोगों का का तेज धीरे-धीरे घटता जायेगा।

सत्ययुग में जीविका का साधनभूत कृषि आदि रजोगुण मूलक कर्म "अनृत" कहलाता था और मल के समान त्याज था। वह अनृत ही अधर्म का एक पाद होकर त्रेता में इस भूतल में स्थित हुआ। इस प्रकार अनृत (असत्य) रूपी एक पैर को भूतल पर रखकर, अधर्म ने त्रेता

में सत्ययुग की अपेक्षा आयु को सीमित कर दिया। अतः पृथ्वी पर अधर्म के चरण पड़ने पर सत्य परायण पुरूष, उस अनृत के कु-परिणाम में से बचने के लिए शुभ कर्मों का ही आचरण करते हैं। तथापि त्रेता युग में जो ब्राह्मण और क्षत्रिय हैं वे ही सब तपस्या करते हैं। अन्य वर्ण के लोग सेवा-कार्य किया करते हैं। उन चारों वर्णों में वैश्य और शुद्र को सेवा रूपी उत्कृष्ट कर्म स्वधर्म के रूप में प्राप्त हुआ। (वैश्य कृषि आदि के द्वारा ब्राह्मणादि की सेवा करने लगे) और शूद्र सब वर्णों की (तीनों वर्णों के लोगों की) विशेष रूप से पूजा-आदर-सत्कार करने लगे। नृप श्रेष्ठ! इसी बीच में जब त्रेता युग का अवसान होता है और वैश्यों तथा शूद्रों को अधर्म के एक-एक पाद रूप अनृत की प्राप्ति होने लगती है, तब पूर्व वर्ण वाले ब्राह्मण और क्षत्रिय फिर ह्रास को प्राप्त होने लगते है क्योंकि उन दोनों को अंतिम दो वर्णों का संसर्ग जनित दोष प्राप्त हो जाता है।

तदन्तर अधर्म अपने दूसरे चरण को पृथ्वी पर उतारता है। द्वितीय चरण उतारने के कारण ही उस युग की ''द्वापर'' संज्ञा हो गई है। पूरूषोत्तम! उस द्वापर युग में जो अधर्म के दो चरणों का आश्रय है- अधर्म और अनृत दोनों की वृद्धि होने लगती है इस द्वापर युग में तपस्या रूप कर्म वैश्यों को भी प्राप्त होता है। इस तरह तीन युगों में क्रमशः तीन वर्णो को तपस्या का अधिकार प्राप्त होता है। ''तीन युगों में वर्णो में आश्रम रूपी धर्म प्रतिष्ठित होता है'' किन्तु नर श्रेष्ठ ! शूद्र को इन तीनों ही युगों में तपरूपीधर्म का अधिकार नहीं प्राप्त होता है।

नृप शिरो मणे! एक समय ऐसा आएगा, जब हीन वर्ण का मनुष्य भी भारी तपस्या करेगा। कलियुग आने पर भविष्य में होने वाली शूद्र योनि में उत्पन्न मनुष्यों के समुदाय में तपश्चर्या की प्रवृति होगी। राजन्! द्वापर में भी शूद्र का तप में प्रवृत्त होना महान अधर्म माना गया है। फिर त्रेता के लिए तो कहना ही क्या है।

उपरोक्त वर्णन के अनुसार सत्ययुग में ब्राह्मण तपस्या करते थे। तथा खेती नहीं होता था। धर्म के चार चरण थे। त्रेता में क्षत्रियों का तपस्या करना एवं कृषि को अधर्म का एक चरण बतलाया। धर्म के तीन चरण होने के कारण उस युग को त्रेता कहा गया है। त्रेता युग में ही कृषि का प्रारंभ हुआ। द्वापर में क्षत्रिय और वैश्य का तपस्या करने को अधर्म का दो चरण कहा गया है। तथा कलियुग में शूद्रों का तपस्या करना अधर्म का एक चरण कहा गया है। इस प्रकार कलियुग में अधर्म का तीन चरण आ गया। धर्म का एक ही चरण है।

उपरोक्त वर्णन में समय गणना नहीं बतलाया गया है। सत्ययुग का वर्णन भूत काल में किया गया है। पर त्रेता तथा द्वापर युग का वर्णन वर्तमान काल में किया गया है। मनु का भी उल्लेख है अतः रामायण की रचना मनु के चातुर्वर्ण्य-व्यवस्था की स्थापना के बाद हुई होगी। इतिहास कारों के अनुसार मनु-स्मृति की रचना का काल 220 से 206 ई.पू. माना गया है। इस प्रकार रामायण की रचना इस समय के बाद ही हुई होगी। वाल्मीकि के आश्रम में लव, कुश का पैदा होना असंभव है।

पुराणों के अनुसार नामकरण उनकी आयु के अनुसार किया गया है

कलियुग की आयु 4,32,000 वर्ष है

द्वापर की आयु इस का दुगना 8,64,000 वर्ष है

त्रेता की आयु कलियुग की आयु का तिगुना 12,96,000 वर्ष है

सत्ययुग की आयु कलियुग की आयु की चौगुन 17,28,000 वर्ष है

एक चतुर्युगी (चारों युगों का योग) 43,20,000 वर्ष है।

रामायण एवं पुराणों के कथन में सत्य क्या है? पता नहीं चलता है।

संग्राहक और प्रकाशक पंडित काशीनाथ मिश्र, प्लट नं.1227/1362 एथम क्षेत्र, खंडगिरि, भुवनेश्वर पिन-751030 द्वारा प्रकाशित, भविष्य मालिका पुराण में लिखा है- मनुस्मृति के आधार पर कलियुग की आयु 432000 साल मानी जाती है। परंतु यह उल्लेख भी मिलता है कि मनुष्यों के घोर पाप कर्मों के कारण इस आयु से 4,27,200 साल कम हो जाएँगे और कलियुग की योग आयु केवल 4800 साल की ही होगी।

भविष्य मालिका पुराण में बतलाया गया है कि कलियुग की आयु 4,32,000 साल है। लेकिन मनुष्यों के पाप कर्मों की वजह से इसकी आयु मात्र 5000 साल ही रह जाएगी। वर्तमान समय मे कलियुग के आयु का 5125 वां साल चल रहा है। इसका अर्थ यह है कि कलियुग संपूर्ण रूप से समाप्त हो चुका है और हम युग संध्या या संगम युग में आ चुके हैं और सन् 2032 से सत्ययुग की शुरुआत हो जाएगी।

उपरोक्त कथन में बतलाया गया है कि मनुष्यों के घोर पाप कर्मों के कारण कलियुग की आयु कम हो गई। यदि यह बात सत्य है तो वर्ष, माह और सप्ताह की आयु को भी मनुष्यों के घोर पाप के कारण कम होना था। पर ऐसा नहीं हुआ है। वर्ष 365 दिन 6 घंटे का होता था और होता आया है और होता रहेगा। सप्ताह में 7 दिन होते आए हैं और होता रहेगा। यदि मनुष्यों के पाप कर्मों का असर समय पर पड़ता है तब वर्ष, माह और सप्ताह और दिन पर इसका प्रभाव क्यों नहीं पड़ा? क्या भविष्य मालिका पुराण का कथन सत्य है? वाल्मीकि जी के पापों का फल जब उसके परिवार वालों पर नहीं पड़ सकता है। तब मनुष्य के पापों का फल केवल कलियुग के ही आयु पर ही कैसे पड़ेगा? कलियुग हाथ पैर वाली जीव नहीं है कि पाप के कारण उसकी आयु कम हो जाये।

27. सीता के जन्म के संबंध की कथा।

तुलसीकृत रामचरित मानस ज्ञान मोहनी टीका सहित, रामायण प्रेस द्वारा बंबई से प्रकाशित पृष्ठ 212 में सीता उत्पत्ति की कथा लिखी है - रावण ने अत्याचार वश ऋषि मुनियों से कर माँगा। मुनियों ने उसकी अनीति का विचार करके, अपने शरीर से रूधिर निकालकर, एक घड़ें में भर दिया और कहा कि घड़े के उघड़ते ही, परिवार सहित तुम्हारा नाश हो जाएगा। रावण ने शाप की बात सुनकर दूतों द्वारा वह घड़ा राजा जनक के राज्य में गड़वा दिया। एक बार मिथिला में अकाल पड़ा तो राजा जनक ने अपने हाथ से हल चलाया। पहले से रखे हुए घड़े के फूटते ही, पृथ्वी से एक सुन्दर सिंहासन प्रगट हुआ। चार सखी मुरछल लिये, उस पर विराजी हुई भूमि-पुत्री की सेवा करती थीं। यह देखकर राजा जनक ने विनती की, तो भूमि-

पुत्री तुरन्त सुन्दर कन्या बन गई। जनकजी ने सुख मानकर उसे कन्या बनाया और नारदजी ने उसके गुणों को विचार कर उसका नाम सीता रखा।

वाल्मीकीय रामायण उत्तर काण्ड सर्ग-17 में बतलाया गया है कि हिमालय के वन में वृहस्पति के पुत्र कुशध्वज की पुत्री वेदवती, भगवान विष्णु को पतिरूप में पाने के लिए, तपस्या कर रही थी। उसके रूप सौंदर्य को देख, रावण कामासक्त होकर, वेदवती के बाल को पकड़ लिया। इसलिए वेदवती को बड़ा क्रोध हुआ। उसने अपने हाथ से उन केशों को काट दिया और रावण से बोली- नीच राक्षस! तूने मेरा केश पकड़कर तिरस्कार किया है। इसलिए अब मैं अग्नि में जलकर मर जाउँगी, तूने मेरा अपमान किया है। इसलिए तेरे बध के लिए फिर उत्पन्न होऊँगी। ऐसा कहकर अपने प्राणों का त्याग प्रज्वलित अग्नि के द्वारा कर दी।

तदन्तर दूसरे जन्म में वह पुनः एक कमल में प्रकट हुई। रावण पुनः उस कन्या को प्राप्त कर लिया। लंका में लेकर आया तब एक मंत्री जो भविष्य ज्ञाता था, रावण को बतलाया कि यह कन्या यदि घर में रहेगी तो आपके वध का कारण बनेगी। यह सुन रावण ने उसे समुद्र में फिकवा दिया। तत्पश्चात् वह भूमि को प्राप्तकर, राजा जनक के यज्ञ मण्डप में जा पहुँची। वहाँ राजा के हल के मुख भाग से उस भूभाग को जोते जाने पर, सती साध्वी कन्या फिर सीता के रूप में प्रकट हुई।

कूर्मपुराण पृष्ठ 128 में बतलाया है कि जनक की तपस्या से संतुष्ट होकर गिरिराज पुत्री पार्वती ने सीता को जनक राजा को दिया था तथा शिव जी ने रक्षा के लिए धनुष दिया था।

उपरोक्त तीनों कथाओं में कौन सी कथा सत्य है? पता नहीं चलता।

परन्तु यह स्पष्ट होता है कि पृथ्वी ही सीता है।

28. राजा जनक के यहाँ शिव-धनुष का पहुँचना।

कूर्म पुराण पृष्ठ 128 में बतलाया गया है कि जनक की तपस्या से प्रसन्न होकर, शिवजी ने रक्षा के लिए एक धनुष, जनक को दिया था जिसको राम ने तोड़ा था, ओर सीता से उनका विवाह हुआ था।

वाल्मीकीय रामायण के बालकाण्ड के 66 वें सर्ग में बतलाया गया है कि दक्ष यज्ञ के विध्वंश के समय शिवजी ने देवताओं के नाश के लिए जो धनुष लाया था, देवताओं के प्रार्थना करने पर प्रसन्न होकर शिव जी ने उसे देवताओं को ही दे दिया था। देवताओं ने उस धनुष को, जनक के पूर्वज देवरात के पास धरोहर के रूप में रख दिया था जिसे राम ने तोड़ा था और सीता से उनका विवाह हुआ था। किन्तु ७५ वें सर्ग में परशुराम ने राम से कहा कि विष्णु और शिव दोनों में कौन अधिक शक्ति शाली है यह जानने के लिए ब्रह्मा ने उनके मन में विरोध उत्पन्न कर दिया। तब दोनों के बीच युद्ध प्रारंभ हो गया। उस युद्ध में शिव जी की हार हुई। शिव जी ने विष्णु से हार कर क्रोधित हो कर देवरात को धनुष दे दिया था।

दोनों कथनों में सत्य क्या है?

तुलसीकृत रामचरितमानस में बतलाया गया है (क्षेपक कथा) कि परशुराम शिव के शिष्य थे। गुरूदक्षिणा में शिव की पत्नी ने अपने हाथ के उस कंगन को माँगा जिसे शेषनाग

चुरा कर ले गया था। परशुराम जी ने शिव से पिनाक धनुष लेकर, शेष नाग से लड़ने गए। तभी आकाशवाणी से उन्हें ज्ञात हुआ कि सहस्त्राबाहु ने उनके पिता की हत्या कर दिया है। तब उन्होंने जनक के यहाँ धनुष को धरोहर के रूप में रखकर सहस्त्राबाहु को मारने चले गए थे और 21 बार क्षत्रियों का पृथ्वी में घूम कर संहार करने लगे थे। इसी बीच राम ने शिव के धनुष को तोड़ दिया। तब परशुराम क्रोधित होकर धनुष तोड़ने वाले को मारने के लिए जनक के यहाँ सीता स्वयंवर में पहुँचे थे।

उपरोक्त तीन प्रकार की कथाओं में कौन सी कथा सत्य है? पता नही चलता। यदि राम की कथा सत्य है, तब कहानी भी एक होनी चाहिए थी।

29. शूर्पनखा का नाक-कान कटना।

पद्म पुराण और देवी भागवत में लिखा है कि राम ने शूर्पनखा का नाक-कान काटा था। परन्तु वाल्मीकीय रामायण एवं तुलसीकृत रामचरित मानस में बतलाया गया है कि लक्ष्मण ने शूर्पनखा का नाक-कान काटा था। दो प्रकार की कथाओं में कौन सी कथा सत्य है ? पता नहीं चलता। यदि राम की कथा सत्य है तो सभी कहानियाँ एक ही होनी चाहिए थी।

ऐसा लगता है जिसके मन में जो आया लिख दिया है। रामायण के पात्रों के कार्यों के विषय में उलटा-सीधा लिख कर रामायण के पात्रों का मजाक उड़ा रहे हैं, ऐसा आभास होता है। रामचंद्र जी भारत वासियों के आराध्य हैं और उनके विषय में अलग-अलग पुराणों में एवं रामायणं में अलग-अलग कहानी लिखी गई है, इससे रामायण की कहानी की सत्यता पर विश्वास नहीं होता है। कहानी कारों ने रामायण के पात्रों के कार्यों के विषय में अलग-अलग कहानी लिख कर यह सिद्ध कर दिया है कि राम की कथा काल्पनिक है। वाल्मीकि जी ने ही अहिल्या के विषय में, वृत्रासुर के मारने से इन्द्र को लगने वाले पाप का उल्लेख तथा राजा जनक के यहाँ शिव धनुष के पहुँचने के विषय में अलग-अलग ढंग से उल्लेख किया है। इससे कहानी की सत्यता पर प्रश्न चिन्ह लग जाता है।

3

तृतीय भाग (महाभारत-खण्ड)

इसमें लक्ष्मी प्रकाशन धिया मण्डी मथुरा से प्रकाशित संक्षिप्त महाभारत के लेखक काशीनाथ अग्रवाल की कथाओं पर चर्चा किया गया है।

1. वेद व्यास कृष्ण द्वैपायन का जन्म।

ऋषि पाराशर द्वारा सत्यवती जो बाल्यावस्था उम्र सात वर्ष की थी, को फुसलाकर अपनी काम वासना शान्त करने के लिए, अपनी तपस्या से प्राप्त शक्तियों का दुरूपयोग कर उसके साथ व्यभिचार करना और तुरंत वेदव्यास का उत्पन्न होना तथा पैदा होते ही तुरंत उठकर पिता पाराशर के साथ चले जाना अविश्वसनीय है। क्योंकि मनुष्य का बच्चा पैदा होते ही रोने और हाँथ पाँव हिलाने के अतिरिक्त कुछ नहीं कर सकता है। गर्भ में वह नौ मास तक रहता है, तुरंत पैदा नहीं होता है। पता नहीं सत्य क्या है?

2. सत्यवती का जन्म।

महाभारत के अनुसार राजा स्वरूपचर का वन में वीर्यपात हुआ। उसे राजा ने कमल के पत्ते के दोने में रखकर, तोते को दोना देकर तोते को उस दोने को रानी के पास पहुँचाने को कहा। तोता दोना लेकर जा रहा था। रास्ते में उस पक्षी से दूसरे पक्षी की लड़ाई होने से वीर्य का दोना तोते के मुँह से गिर गया। वीर्य का एक बूंद पानी में गिरा, जिसे मछली खा गई और मछली के पेट में बच्चा आ गया, जिससे सत्यवती की उत्पत्ति हुई।

गीता प्रेस गोरखपुर से प्रकाशित, संक्षिप्त देवी भागवत, पृष्ठ 75 सत्यवती की उत्पत्ति एवं व्यास के प्रकट की कथा के अंतर्गत, बतलाया गया है कि राजा उपरिचर वन में शिकार खेलने गए थे। वही उनका चित्त अपनी पत्नी गिरिका में अटका था। वे उसे याद कर रहे थे। इतने में ही उनका शुक्र स्खलित हो गया। तब उन्होंने उस वीर्य को वटवृक्ष के पत्ते के दोने में रखकर रानी के पास बाज पक्षी द्वारा भेजा। जिसे रास्ते में दूसरे बाज ने मांस समझ कर उस बाज पर झपटा। इससे वीर्य का दोना, यमुनानदी पर गिर गया और वीर्य को शापवश मछली रूप में परिणित अद्रिका अप्सरा ने लिया और कुछ दिन बाद धीवर ने उस मछली को

पकड़ा उस समय दसवाँ महिना चल रहा था। मछली के पेट को चीरने से दो मनुष्य के बच्चे निकले। तब धीवर उन बच्चों को राजा को सौंप दिया। दोनों बच्चों में एक लड़का और दूसरी कन्या थी। राजा लड़के को अपने पास रख लिया और लड़की को धीवर को दे दिया। लड़का आगे चलकर मत्स्य नाम से विख्यात हुआ और लड़की काली, मत्स्योदरी, मत्स्यगंधा या सत्यवती हुई।

उपरोक्त कहानियों में कौन सी कहानी सत्य है? पता नहीं चलता।

इस कहानी में वीर्य को रानी के पास भेजने का क्या तात्पर्य है? वीर्य का प्रयोग पुत्र पाने के लिए रानी कैसे करती? क्या यहाँ वीर्य को स्वयं योनि में प्रवेश कराती? जंगली तोता या बाज राजा की बात कैसे मान गया? तोता या बाज वीर्य का दोना लेकर चला गया। वीर्य के एक बूंद को मछली खा गई इससे बच्चा हुआ कहना गलत है। खाने से वीर्य को पचकर शरीर से बाहर होना था। मछली अण्डा देती है, बच्चा पैदा नहीं करती तो फिर सत्यवती का जन्म होना केवल काल्पनिक कथा है, ऐसा प्रतीत होता है। पता नहीं सत्य क्या है?

3. गंगा-शान्तनु विवाह और बच्चे पैदा होना।

महाभारत के अनुसार, गंगा नदी सुन्दर स्त्री का रूप धारण कर घूम रहीं थीं और शान्तनु शिकार खेलते हुए वहाँ पहुँचे। गंगा के रूप को देखकर मोहित होकर गंगा से शादी करने का प्रस्ताव रखा। गंगा ने कहा- मैं देवांगना हूँ, जो हमारी इच्छा अनुसार वचन दे, वही हमारा पति हो सकता है। शान्तनु ने प्रसन्न होकर, गंगा की बात मानली। गंगा ने कहा- राजन्! मैं जो काम करूँ, उसमें बाधक न बनिएगा अन्यथा मैं चली जाउँगी। राजा ने इच्छानुसार कार्य करने का वचन दिया और घर लाकर विवाह कर लिया। शादी के बाद धीरे-धीरे सात बच्चे हुए, जिन्हें गंगा ने, गंगा में बहा दिया। अन्तिम आठवें पुत्र का जन्म हुआ तब शान्तनु ने गंगा को रोक दिया। तब गंगा चली गई और आठवाँ पुत्र ही भीष्म पितामह हुआ।

उपरोक्त कथन में गंगा औरत का रूप धारण कर खड़ी थी, यही काल्पनिक बात है। नदी पहाड़ आदि जादू नहीं जानते थे कि मनुष्य बन जाएँ।

गीता प्रेस गोरखपुर से प्रकाशित, संक्षिप्त, देवी भागवत, पृष्ठ 79 में लिखा है- राजा महिषभिष और गंगा, ब्रह्मा जी के भवन में थे। हवा के चलने से गंगा का आँचल गिर गया। तब राजा महिषभिष निर्भीकता पूर्वक गंगा को ताकते रहे और गंगा भी राजा को देखती रही। इससे ब्रह्माजी ने राजा महिषभिष और गंगा को मनुष्य होने का शाप दिया। वही राजा प्रतीप का पुत्र शान्तनु हुआ। उसी समय आठों वसु, वसिष्ठ की गाय का चुराने के कारण मनुष्य योनि में पैदा होने के लिए वसिष्ठ द्वारा शापित हो गए थे। वे ही गंगा के पुत्र हुए उनमें प्रधान वसु "द्यौ" ने मुक्ति नहीं पाई क्योंकि उसी ने गाय को अपनी पत्नी के कहने पर चुराया था। अन्य वसु उसके सहायक थे। प्रधान वसु "द्यौ" ही भीष्म पितामह हुआ।

गीता प्रेस गोरखपुर से प्रकाशित, संक्षिप्त हरिवंश पुराण के हरिवंश पर्व अध्याय 53 में लिखा है कि एक समय ब्रह्मा जी अपने पुत्र कश्यप के साथ पूर्व समुद्र के पश्चिम तट पर बैठे थे। तब मूर्तिमती गंगा के साथ मूर्तिमान समुद्र शीघ्रता पूर्वक आया। उसके साथ मेघों

की घटा तथा वायु का भी आगमन हुआ था। समुद्र जब अपने उमड़े हुए जल से, उस स्थान को नष्ट-भ्रष्ट करने लगा। तब ब्रह्मा जी ने उसे "शांत हो जा - शांत हो जा" कहा तब वह शान्त हो गया। ब्रह्मा जी ने देवताओं के हित के लिए, गंगा सहित समुद्र को शाप दिया- हे समुद्र! मेरे सामने राजा की तरह शरीर धारण करके मेरे निकट आया है। अतः जा तू पृथ्वी का पालन करने वाला राजा होगा। शान्त हो जा कहने से तूने तनुता को धारण कर लिया है। इसलिए तू शान्तनु नाम से प्रसिद्ध होगा और यह विशाल लोचना गंगा भी वहाँ तुम्हारी सेवा में उपस्थित होगी।

समुद्र ने कहा- मैं आपकी ही कृपा से, पूर्णिमा के दिन बड़े वेग से बढ़ जाता हूँ। इस सहज नियम से प्रेरित होकर यदि मैं अपनी मर्यादा से विचलित हो गया, तो इसमें मेरा क्या दोष है? आज पूर्णिमा के दिन प्रबल वायु द्वारा फेके गए जल से, आप भीग गए, तो इसमें मुझे शाप देने का क्या कारण है? उठी हुई प्रचण्ड आँधी, बढ़े हुए महान मेघ और उगे हुए चन्द्रमा से युक्त पूर्णिमा का पर्व, इन कारणों से मैं उद्वेलित हो उठा था।

तब ब्रह्मा ने कहा - सरिताओं के स्वामी समुद्र ! तुम योग बल से अपने आपको दो रूपों में विभक्त कर एक से यहाँ रह जाओ और दूसरे रूप से जाओ भरत वंश के गर्भ में अपने आपको स्थापित करो। वहाँ इस गंगा के साथ तुम्हारा प्राजापत्य विधि से विवाह होगा। आठो वसु स्वर्ग से भ्रष्ट होकर रसातल में जा पहुँचे हैं। उन्हें मनुष्य रूप में उत्पन्न करने के लिए, मैंने तुम्हें नियुक्त किया है।

पूर्णिमा के दिन समुद्र में ज्वार आता है और समुद्र में ऊँची तरगें उठती हैं और आस पास थल की ओर आती है। इसी घटना को शांतनु के जन्म से संबंधित बनाकर कहानी लिख दी गयी है। शेष कहानियाँ असत्य हैं।

4. आस्तीक का जन्म।

आस्तीक का जन्म जरत्कारू ऋषि और वासुकी नाग की बहिन के, परस्पर मैथुन क्रिया से हुआ था। क्या सत्य है कि मनुष्य का विवाह नाग कन्या से हो और मनुष्य पैदा हो? यह भी काल्पनिक कथा लगती है। पता नहीं चलता कि सत्य क्या है?

5. पाण्डवों के जन्म की कथा।

महाभारत में पाँचों पाण्डवों की उत्पत्ति पाण्डु के द्वारा न होकर देवताओं से होना बतलाया गया है। कुन्ती को दुर्वासा मुनि ने देवाकर्षण मंत्र सिखा दिया था। उस मंत्र से कुन्ती ने धर्म राज, इन्द्र और वायु का मंत्र के द्वारा आकर्षण किया। धर्मराज से युधिष्ठर को, इंद्र से अर्जुन को तथा वायु से भीम को जन्म दिया। माद्री ने उसी मंत्र से अश्विनी कुमारों का आवाहन किया और नकुल, सहदेव को उत्पन्न किया लिखा है।

क्या मंत्रों से देवता सदेह प्रकट होकर आते हैं? और मानवी स्त्री से मैथुन क्रिया करके पुत्र पैदा करते हैं? क्या यह सत्य है? यह क्रिया तो आधुनिक समय में टोना कहलाता है। मंत्रों से देवताओं एवं मृतात्मा को जागृत करके उनसे अपनी इच्छानुसार कार्य करवाना ही टोना कहलाता है। जो सत्य नहीं है। वैदिक देवता इंद्र, वायु, अश्विनी कुमार आदि एक साधारण

स्त्री से रमण करके पुत्र पैदा करें, यह सत्य प्रतीत नहीं होता बल्कि वैदिक देवताओं का अपमान है। पता नहीं चलता सत्य क्या है?

6. कर्ण की उत्पत्ति।

धृतराष्ट्र आदि का विवाह शीर्षक के अंतर्गत बतलाया गया है कि दुर्वासा मुनि कुंती की सेवा से प्रसन्न होकर एक माला और मंत्र कुंती को दिया और कहा-इसके द्वारा तुम जिस देवता का स्मरण करोगी, वही तुम्हारे निकट आ जाएगा। दुर्वासा के जाने के बाद मंत्र की परीक्षा करने के लिए कुंती ने सूर्य का ध्यान करके मंत्र को जपा। सूर्य कुंती के निकट उपस्थित हो गए। सूर्य को देख कर वह इतनी डरी कि मुँह से एक शब्द भी नहीं निकला। सूर्य ने कुंती को मौन देखकर, वर दिया कि तुम्हारे कर्ण मार्ग से एक बालक होगा, जो अपने पराक्रम से सारे संसार को चकित कर देगा। कुंती ने समय आने पर कर्ण मार्ग से एक सुन्दर बालक को जन्म दिया। कुँवारेपन में बच्चा होने के कारण, कुंती ने चुपचाप उसे गंगा में बहा दिया, जिसे अधिरथ ने स्नान करते समय बहता हुआ देख, बाहर निकाल लिया। वही कर्ण नाम से विख्यात हुआ।

महाभारत कार ने मानव के कान से बच्चे का पैदा होना बतलाया है, क्या यह संभव है ? कान का छिद्र, योनि की तरह फुलने या सिकुड़ने वाला नहीं होता है। बच्चा कैसे पैदा हो सकता है ? इतनी विचित्र बात कैसे लिख दी है? क्या यह सत्य है? सूर्य के समीप आने से कुंती को सूर्य के तेज से जलकर भस्म हो जाना था। जैसे संपाती के पंख जलकर भस्म हो गए थे।

7. कौरवों का जन्म।

जब गांधारी गर्भवती हुई तब समय आने पर भी बच्चा नहीं हुआ। गांधारी ने अपने पेट को कूट लिया। उसके पेट से एक मांस पिण्ड निकला, जिसे व्यास जी ने सौ टुकड़े करके अलग-अलग घी से भरे घड़े में रखवा दिया। इस प्रकार गांधारी के सौ पुत्र और एक कन्या दुश्शाला प्राप्त हुई।

यहाँ सौ टुकड़े से सौ पुत्रों का जन्म होना तो ठीक है, पर दुश्शाला किस टुकड़े से हुई? मांस के लोथड़े को सौ टुकड़े करके घी से भरे घड़े में रखने से पुत्रों का पैदा होना क्या सत्य है?

8. विदुर का जन्म।

माण्डब्य ऋषि, महान तेजस्वी और सत्यनिष्ठ ब्राह्मण थे। वे द्वार पर खड़े होकर तपस्या करते थे। एक दिन चोर राजा का खजाना चुरा कर भाग निकले। सिपाहियों ने चोरों का पीछा किया। निदान चोर चोरी का समान मुनि के आश्रम के निकट में छोड़कर भाग गए, और वन में जा छिपे। सिपाहियों ने माण्डब्य ऋषि को चोर समझ कर, राजा के पास ले गए। राजा ने ऋषि को शूली पर चढ़वा दिया, पर ऋषि अपने तपो बल के कारण मरे नहीं। राजा ने ब्राह्मण को शूली से उतार कर, क्षमा माँगी। राजा को क्षमा कर, वे यमराज के पास पहुँच गए, और पूछा मेरा कौन सा अपराध था, जिसके कारण मुझे शूली पर चढ़ना पड़ा। यमराज ने कहा-आपने अपनी बाल्यावस्था में एक छोटे से पतिंगे के पूँछ में एक सींक गाड़ दी थी। उसका फल आपको भोगना पड़ा है। तब ऋषि बोले- हे यम! आज से चौदह वर्ष से छोटे

अवस्था के बालकों के द्वारा किया अपराध पाप निष्फल रहेगा और तूने जो मेरे इस छोटे से अपराध की बड़ी सजा दी है। इसलिए शूद्र होकर पृथ्वी पर जन्म धारण कर, इस प्रकार शाप दिया। इसीलिए यमराज विदुर के रूप में जन्म लिए।

''उलटा चोर कोतवाल को डाँटे और कहे तूने मुझे थाने में क्यों बंद किया है'' यह कहाँ तक सत्य है? यमराज मृत्यु का अधिकारी है, न कि सामान्य व्यक्ति, ऐसे अधिकारी को मृत्यु लोक का एक मनुष्य शाप दे। कहाँ तक सत्य है? दण्डाधिकारी को अपराधी शाप दे यह कपोल-कल्पित लगता है, फिर यदि यमराज शाप वश मनुष्य बन गया, तब यम राज के पद को कौन सम्हाला, इस बात को महाभारत कार ने क्यों नहीं लिखा है ?

9. द्रौपदी और धृष्टद्युम्न का जन्म।

राजा द्रुपद ने द्रोणाचार्य का मान मर्दन करने के लिए ऐसे पुत्र की प्राप्ति के लिए जो द्रोणाचार्य को मार सके, याज नामक पुरोहित से पुत्रेष्ठि यज्ञ कराया। जिसमें हवन कुंड से द्रौपदी और धृष्टद्युम्न प्रकट हुए। द्रौपदी काले रंग की थी। इसलिए उसका नाम कृष्णा रखा गया। महाभारत में यज्ञ कुंड से पुत्र और पुत्री का प्रकट होने की बात काल्पनिक लगती है। अग्नि अवतार लेकर प्रकट हो, क्या यह सत्य है?

10. कृपाचार्य और कृपी का जन्म।

गौतम ऋषि के पुत्र शारद्वान ने तपस्या करके अस्त्र-शस्त्र की शिक्षा प्राप्त की। उनकी तपस्या को देख, उनकी तपस्या को भंग करने के लिए, इन्द्र ने जानपदी अप्सरा को भेजा। अप्सरा ने झीने वस्त्र पहिन रखे थे। शारद्वान ने विवेक पर संयम रखा पर उनका वीर्य स्खलित होकर सरकण्डों पर गिरा। इस कारण दो भागों में बँट गया। उससे एक पुत्र कृपाचार्य और पुत्री कृपी का जन्म हुआ जिसे शान्तनु ने देखा और अपने राज्य में ले आया।

दुर्गा पुस्तक भंडार (प्रा.) लि. द्वारा बम्बई से प्रकाशित संक्षिप्त श्री विष्णु पुराण चतुर्थ अंश अध्याय 19 पृष्ठ 335 मे लिखा है कि गौतम का पुत्र शतानन्द हुआ। शतानन्द का पुत्र सत्यधृति हुआ जो धनुर्वेद में पारंगत था। एक बार अप्सराओं में श्रेष्ठ उर्वशी को देखने से, सत्यधृति का वीर्य सरकण्डे पर गिरने पर, दो भागों में बँट गया। एक से कृपाचार्य और दूसरे से कृपी का जन्म हुआ।

उपरोक्त महाभारत और विष्णु पुराण की कहानियों में कृपाचार्य और कृपी के पिता का नाम भी अलग-अलग है। अप्सराओं का नाम भी अलग-अलग है। दोनों में सत्य क्या है ? वीर्य को पृथ्वी में गिर कर या सरकण्डे में गिर कर नष्ट हो जाना था। फिर बच्चे कैसे पैदा हो गए, निषेचन के लिए अण्डानु कहाँ से आया? क्या शारद्वान या सत्यधृति निर्वस्त्र थे, कि वीर्य सरकण्डे पर गिरा? वीर्य पहले कपड़े पर गिरना चाहिए था, पर यहाँ वीर्य कैसे पृथ्वी पर गिरा? समझ के बाहर की बात है।

11. द्रोणाचार्य का जन्म।

गंगा द्वार पर किसी समय महर्षि भारद्वाज रहते थे। उन्होंने एक बार घृताची अप्सरा को नहाते देखा, तो उनका वीर्य स्खलित हो गया। ऋषि ने उस वीर्य को द्रोण नामक पात्र में

रख दिया, जिससे द्रोणाचार्य का जन्म हुआ।

भारद्वाज का जब वीर्यपात हुआ तब क्या वे कपड़े नहीं पहने थे। वीर्यपात के बाद वीर्य को बर्तन में रख देने से बच्चा पैदा नहीं होता। वीर्य नष्ट हो जाता है। यह कथा भी काल्पनिक लगता है। पता नहीं सत्य क्या है?

12. अर्जुन का नागपुत्री उलूपी से विवाह।

अर्जुन मनुष्य था और उलूपी नागपुत्री थी। नाग की पुत्री नागिन होती है। नागिन के साथ मनुष्य का विवाह संभव ही नहीं है। इच्छाधारी नाग-नागिन केवल कहानियों मे ही होते हैं। वास्तव में नहीं।

13. जरासंध का जन्म।

मगध का राजा वृहद्रथ था। काशी राज की दो कन्याओं से विवाह किया, पर पुत्र नहीं हुआ। एक बार ऊधर से चण्ड कौशिक नामक तपस्वी निकले। राजा की सेवा से प्रसन्न होकर उन्होंने एक आम का फल राजा को देकर कहा, इसे रानी को खिला देना। इससे पराक्रमी पुत्र होगा। राजा ने आम के दो टुकड़े करके दोनों रानियों को खिला दिया। जिससे रानियों के गर्भ से समय आने पर आधे-आधे अंगवाले दो मृत बालकों का जन्म हुआ। मृत बच्चों को देखकर रानियों ने उन दोनों टुकड़ों को फिकवा दिया। जहाँ पर दोनों टुकड़े पड़े थे, उसी जगह पर जरा नाम की राक्षसी पहुँची और उसने दोनों टुकड़ों को उठा कर जोड़ा तो वे दोनों टुकड़े एक दूसरे से चिपककर जीवित हो उठा, तब राक्षसी ने उसे राजा को दे दिया। वही जरासंध हुआ।

यहाँ पहली बात तो यह है कि फल खाने से पुत्र पैदा नहीं होता है। वीर्य से पुत्र का जन्म होता है। फिर फल आम का है। आम का फल यदि बच्चा होता है तभी दो टुकड़े में काटा जा सकता है और खाया जा सकता है, फिर भी गुठली होती है, उसे नहीं खाते। चेर बँधने के बाद गोही सहित खाना और बच्चा होना कुछ अतिशयोक्ति की बात है। गोही के बीच में गुठली को फेका जाता है। आधे-आधे आम को गुठली सहित खाने की बात ठीक नहीं लगती। पता नहीं चलता कि सत्य क्या है?

14. शिशुपाल का जन्म।

शिशुपाल के जन्म के समय उसके तीन नेत्र और चार भुजाएँ थीं। उस समय आकाश वाणी हुई कि जिसके गोद में जाने से शिशु पाल की एक आँख और दो भुजाएँ गिर जायेंगे, वही उसको मारेगा। कृष्ण के गोद में जाने से शिशु पाल की एक आँख और दो भुजाएँ गिर गए। तब उसकी माता ने कृष्ण से अभयदान माँगा। कृष्ण ने उसके सौ अपराधों को क्षमा करने का वचन दिया।

यह कहानी भी कपोल-कल्पित जान पड़ती है। पता नहीं सत्य क्या है?

15. भीम सेन का नाग कन्या से विवाह।

भीम सेन का मृतावस्था में नागलोक में पहुँचना और अमृत पान करके जीवित होना तथा नाग कन्या से विवाह करना भी काल्पनिक कथा लगता है। यदि भीम ने अमृत पान किया था तो अंत में मरा कैसे? नागिन का मनुष्य से विवाह होना काल्पनिक कथा है। यह

पहले भी बतलाया जा चुका है।

भीम सेन भी तो हनुमान की तरह वायु-पुत्र था। रामायण के वायु-पुत्र हनुमान यदि लाल मुँह का बंदर है तो महाभारत में वायु-पुत्र भी बंदर होना चाहिए। भीम का अर्थ काला होता है अतः भीमसेन को काले मुँह का बंदर होना चाहिए। यहाँ वायु-पुत्र भीम को मार दिया गया है, जबकि रामायण में वायु-पुत्र हनुमान को अमर बतलाया गया है। पता नहीं चलता कि सत्य क्या है? वायु कभी मरता नहीं फिर वायु पुत्र भीम कैसे मर गया?

16. शुकदेव का जन्म।

एक बार व्यास जी का अरणिमंथन के समय घृताची अप्सरा पर कामाशक्त हो जाने के कारण वीर्यपात हो गया। अकस्मात्! वह वीर्य अरणि पर गिरा। उसी से शुकदेव जी उत्पन्न हो गए। शुकदेव के जन्म के समय गंगा जी ने उनका अभिषेक किया।

क्या व्यास जी निर्वस्त्र थे कि वीर्य अरणि पर गिरा? वीर्य का लकड़ी में गिरने से बच्चे का पैदा होना बतलाया गया है। क्या यह सत्य कथा है?

17. मौसल का जन्म।

मौसल पर्व में लिखा है कि विश्वामित्र, कण्व और देवर्षि नारद द्वारिका पधारे। तब मरणासन्न यादवों को उनसे परिहास करने की सूझी। उन्होंने कृष्ण के पुत्र साम्ब को गर्मवती स्त्री का वेश बनाकर उनके सामने उपस्थित किया और कहा- हे महर्षियों ! यह ब्रभू की स्त्री है। कृपा कर बतलाइए कि इसके पेट में से पुत्र होगा या पुत्री। महर्षियों ने समझ लिया कि यादव हमारा परिहास करना चाह रहे हैं। इसलिए उन्होंने शाप दिया कि मूर्खों इसके पेट से समस्त यादवों का नाश करने वाला मौसल उत्पन्न होगा। दूसरे दिन शाम्ब के पेट से, एक लौह मूसल ने जन्म लिया, जिसे महाराज उग्रसेन ने चूर्ण-चूर्ण करके समुद्र में फिकवा दिया।

मनुष्य की आयु 100 वर्ष की होती है और विश्वामित्र भी ऋग्वेद में इंद्र से सौ साल जीने का सामर्थ्य माँगते हैं। राम के समय का विश्वामित्र अभी भी जिन्दा है यही झूठी बात है। पुरुष के पेट से लोहे का मूसल का पैदा होना और उसे चूर्ण-चूर्ण करके फेकना भी गलत है। लोहा धातु है उसे चूर्ण-चूर्ण नहीं किया जा सकता। क्षण भंगुर पदार्थ ही चूर्ण-चूर्ण किए जा सकते हैं। लोहे को टुकड़े-टुकड़े किया जा सकता है चूर्ण नहीं। पता नहीं चलता कि सत्य क्या है?

18. लोहे के चूर्ण से घास का उगना।

लोहे के चूर्ण से घास का उगना और यादवों का उसी घास से लड़-लड़ कर नष्ट होने की कथा काल्पनिक है क्योंकि लोहे से घास नहीं उग सकता है।

ऋग्वेद के अष्टम मण्डल के चौदहवें सूक्त के ऋषि गोसूक्त, अश्वशूक्त और काण्व हैं। ऋचा 15 में लिखा है-

असून्वामिन्द्र संसदं विषूचिं व्यनाशयः।

सोमपा उत्तरोभवन्।।

अर्थात हे महान सोमपायी इन्द्र तूने सोम यज्ञ न करने वाले मनुष्यों को आपस में लड़ा-लड़ा कर समाप्त कर दिया। महाभारत में शायद इसी बात को कहानी बनाकर यादवों की नाश की बात लिखी है। पता नहीं चलता कि सत्य क्या है?

19. कुतिया द्वारा जनमेजय के भाइयों को शाप।

आदिपर्व मे जनमेजय जब यज्ञकर रहे थे, तब एक कुतिया ने शाप दिया कि जनमेजय के भाइयों के ऊपर भारी विपत्ति आएगी। उस शाप को सोमश्रवा ने निष्फल कर दिया क्योंकि सोमश्रवा को शिव के शाप के अतिरिक्त, अन्य सभी शापों से मुक्त करने की क्षमता थी। यह कथा भी काल्पनिक लगती है। किसी के दिए शाप को अन्य व्यक्ति कैसे काट सकता है?

20. उर्वशी द्वारा अर्जुन को शाप।

वन पर्व में, स्वर्ग में उर्वशी द्वारा शाप शीर्षक के अंतर्गत बतलाया गया है कि उर्वशी ने स्वर्ग में अर्जुन से बोली- मैं काम के वश में हूँ, आप मुझे स्वीकार कीजिए। यह बात सुनते ही अर्जुन ने कहा- देवी! आप मेरी गुरू पत्नी हो। इसलिए आप कुंती और मादी के समान पूजनीय हो। मैं तुम्हारे पुत्र के समान हूँ, कहकर उर्वशी के प्रस्ताव को ठुकरा दिया। तब उर्वशी मारे क्रोध के अर्जुन को शाप दे दिया कि तुम्हें स्त्रियों के बीच में नर्तक बनकर रहना पड़ेगा। साथ ही तुम प्रतिष्ठा खोकर नपुंसक के नाम से प्रसिद्ध होओगे। इस शाप को भी इन्द्र ने वरदान में बदल दिया और कहा उर्वशी का शाप तुम्हारे लिए एक वर्ष का होगा। जब वनवास के तेरहवें वर्ष में तुमको अज्ञात वास में रहना पड़ेगा, तब यही शाप वरदान होगा। उपरोक्त कथन से यह पता चलता है कि शाप आदि की बातें केवल काल्पनिक हैं। सत्य क्या है? समझ में नहीं आता है?

महाभारत की वे घटनाएं जिनका दो बार उल्लेख हुआ है।

इस भाग में उन घटनाओं का वर्णन दिया गया है जिनको महाभारत में ही दो बार बतलाया गया है और हर बार अलग-अलग ढंग से बतलाया गया है जिससे यह पता नहीं चलता कि सत्य क्या है ? जैसे -

1. चित्रांगद की मृत्यु।

आदि पर्व में बतलाया गया है कि चित्रांगद जंगल में शिकार खेलने गया था। वहाँ चित्रांगद नाम के एक गंधर्व ने चित्रांगद को मार दिया और उसकी मृत्यु हुई। उद्योग पर्व में श्री कृष्ण ने बतलाया कि चित्रांगद की मृत्यु जंगल में बलिष्ठ सिंह के द्वारा मारने से हुई । दोनो कथनों में कौन सा कथन सत्य है? पता नहीं चलता।

2. विचित्र वीर्य की मृत्यु।

आदि पर्व में लिखा है कि अपने मनसा पाप के प्रायश्चित करने के लिए काशी में जाकर विचित्रवीर्य ने स्वयं अग्निदाह करके मृत्यु को प्राप्त हुआ। उद्योग पर्व में इसी बात को श्री कृष्ण ने बतलाया कि विचित्रवीर्य राजयक्ष्मा रोग से पीड़ित होकर मृत्यु को प्राप्त हुआ। दोनों कथनों में कौन सा कथन सत्य है? स्पष्ट नहीं होता है।

3. पाण्डु, धृतराष्ट्र और विदुर का जन्म।

आदि पर्व में चित्रांगद और विचित्रवीर्य शीर्षक के अंतर्गत बतलाया गया है कि अंबिके, अंबालिके और शूद्रा तीनों एक-एक करके नग्नावस्था में व्यास के सामने गई। अंबिके शर्म के मारे आँख मूँद कर गई। इसलिए उसका पुत्र धृतराष्ट्र अंधा हुआ। अंबालिके पीली पड़ गई। इसलिए उसका पुत्र पाण्डु (पीलिया रोग से ग्रसित) हुआ। शूद्रा व्यास के सामने हँसते हुए, प्रसन्नचित्त होकर गई। इसलिए उसका पुत्र विदुर स्वस्थ हुआ।

उद्योग पर्व में इसी बात को पुनः श्री कृष्ण ने बतलाया कि वेद व्यास ने एक-एक करके तीनों से मैथुन क्रिया करके पुत्रों को उत्पन्न किया। मैथुन क्रिया करते समय अंबिका ने आँखें बंद कर ली थी। इसलिए उसका पुत्र अंधा हुआ। अंबालिके का शरीर वेद व्यास के शरीर के तेज से, पीला पड़ गया। इसलिए पाण्डु पीले रंग का हुआ। दासी का पुत्र स्वस्थ हुआ क्योंकि मैथुन क्रिया के समय दासी बड़ी प्रसन्न थी।

आदि पर्व में व्यास के आँख के तेज से पुत्र होने की बात कही गई है और उद्योग पर्व में मैथुन क्रिया द्वारा पुत्रों का उत्पन्न होना बतलाया गया है। दोनों मे कौन-सा कथन सत्य है? पता नहीं चलता।

4. पाण्डु को ऋषि का शाप।

आदि पर्व में बतलाया गया है कि राजा पाण्डु एक दिन अकेले शिकार करने गए। वहाँ एक ऋषि सपत्नी दिन के समय मृग और मृगी बनकर रमण कर रहे थे। तब मृग समझ कर राजा ने बाण मार दिया। जिससे दोनों पति-पत्नि बाण से बिंध गए। तब ऋषि ने क्रोधित

होकर राजा को शाप दिया कि जिस समय तू स्त्री भोग करेगा। तेरे प्राण भी नष्ट हो जाएँगे।

इसी बात को उद्योग पर्व में कुंती ने बतलाया कि मेरे पति, मैं और माद्री भीष्म से आज्ञा लेकर देशाटन के लिए गए थे। पाण्डु दक्षिण, पूर्व और पश्चिम के राजाओं को जीतकर दण्ड लिया और उन्हें स्वतंत्र कर दिया। जीत की वस्तुएँ धृतराष्ट्र को अर्पित कर दिया फिर उत्तर दिशा के राजाओं को जीतकर दण्ड लिया। हिमालय की तलछठी में एक उपवन में पहुँचे। जहाँ एक सरोवर के पास दिन में एक महर्षि काम विवश होकर सपत्नी मृग और मृगी बनकर संभोग कर रहे थे। इसी समय मेरे पति पाण्डु ने मृग को बाणों से मार दिया। पति के मरने पर ऋषि पत्नी ने शाप दिया। संभोग करते समय तूने मेरे पति को मारा है। इसलिए जब तू अपनी पत्नी के साथ संभोग करेगा तो संभोग करते ही मर जाएगा।

उपरोक्त कथा पूर्णतः काल्पनिक है क्योंकि मनुष्य मृग का रूप नहीं धारण कर सकता। कुछ करतब जादूगर दिखाते हैं पर मनुष्य को हरिण बना दें। यह संभव नहीं है। पहले कथन में बतलाया गया है ऋषि ने शाप दिया तथा दूसरे कथन में बतलाया है कि ऋषि पत्नी ने शाप दिया। पहले कथन में राजा अकेला वन गया था तथा दूसरे कथन में माद्री और कुंती भी साथ में थीं। दोनों कथन एक दूसरे की विरोधाभाषी हैं। पता नहीं चलता कि सत्य क्या है?

5. ययाति के पुत्रों की संख्या।

उद्योग पर्व में कृष्ण ने कहा कि ययाति के यदु, तुर्वस, द्रुह्यु और कुरु नाम के पुत्र हुए। यहाँ चार पुत्रों का नाम दिया है। आदि पर्व में ययाति के वंश वर्णन में कहा गया है, ययाति के यदु, तुर्वश, द्रुह्यु, अनु और पुरु नामक पाँच पुत्र हुए। उपरोक्त दोनों कथनों में कौन सा कथन सत्य है? पता नहीं चलता।

उद्योग पर्व में कुरु लिखा है और आदि पर्व में कुरु के स्थान में पुरु लिखा है दोनों में सत्य क्या है।

6. कर्ण का जन्म।

उद्योग पर्व में श्री कृष्ण ने कर्ण से कहा-तुम सूर्य पुत्र हो। दुर्वासा, ऋषि के द्वारा प्रदत्त देवाकर्षण मंत्र की सत्यता की जाँच करने के लिए, कुँवारेपन में कुन्ती ने सूर्य का ध्यान करके, देवाकर्षण मंत्र से सूर्य को बुलाया। सूर्य देवता और कुंती के रमण से तुम्हारा जन्म हुआ। सूर्य ने कुंती को आशीर्वाद दिया कि मेरे संभोग से तुम्हारे शरीर में कोई विकृति नहीं आएगी। कुँवारेपन में पैदा होने कारण हे कर्ण! कुंती ने तुम्हें सरिता में बहा दिया। जब तुम बहते जा रहे थे, दुर्योधन ने तुम्हें देखा और उठा लिया।

इसी कथा को आदिपर्व धृतराष्ट्र आदि के विवाह शीर्षक के अंतर्गत लिखा है, कि सूर्य ने संभोग के बाद कुंती से कहा-तुम्हारा पुत्र, कर्ण मार्ग से पैदा होगा। जब कर्ण पैदा हुआ तो कुंती ने उसे गंगा में बहा दिया। तब अधिरथ ने उसे देखा और उठा लिया।

पहले कथन के लिखा है कर्ण कुंती के गर्भ से पैदा हुआ और बहते समय, उसे दुर्योधन ने देखा और उठाया। दूसरे कथन में लिखा है कर्ण का जन्म कुंती के कान से हुआ और बहते समय, उसे अधिरथ ने देखा और उठा लिया।

दोनों कथनों में कौन सा कथन सत्य है? पता नहीं चलता।

7. शान्तनु का राजा बनना।

उद्योग पर्व भीष्म जन्म शीर्षक के अंतर्गत, श्री कृष्ण ने कहा-देवापि शान्तनु का बड़ा भाई था। पर कुष्ठ रोग से पीड़ित था। इसलिए, राजगद्दी पर न बैठाकर अयोग्य समझकर शान्तनु को राजा बनाया गया है।

आदि पर्व में बतलाया गया है कि शान्तनु का बड़ा भाई देवापि, यति हो गया था। इसलिए शान्तनु को राज्य सिंहासन पर बिठाया गया।

संक्षिप्त ब्रह्मपुराण पृष्ठ 29 में बतलाया है देवापि देवताओं के उपाध्याय और मुनि हुए।

उपरोक्त कथनों में सत्य क्या है? पता नहीं चलता। देवापि कोढ़ी था या यति हो गया था पता नहीं चलता?

8. दुर्योधन के जन्म के समय अपशकुन होना।

उद्योगपर्व में बिदुर ने धृतराष्ट्र और गांधारी से कहा कि जब दुर्योधन पैदा हुआ था। ज्योतिषियों ने स्पष्ट बता दिया था कि यह पुत्र त्याज्य है। इसे तुरंत गड़वा दिया जाए। अन्यथा यह वंश को ध्वस्थ कर देगा।

आदिपर्व में लिखा है, गांधारी के पेट से मांस का एक पिंड पैदा हुआ था जिसे वेद व्यास ने सौ टुकड़ों मे काटकर घी से भरे सौ धड़ों में अलग-अलग रखवा दिया था। जिससे सौ पुत्र और एक पुत्री हुई। उस समय अपशकुन हुआ और ज्योतिषियों ने भविष्य वाणी की। इसका उल्लेख नहीं है, फिर बिदुर का कथन सत्य है या असत्य है पता नहीं चलता।

9. पाण्डवों को लाक्षा गृह में भस्म करने की चेष्ठा।

आदि पर्व में पाण्डवों को भस्म करने की चेष्ठा के अंतर्गत बतलाया गया है कि पाण्डव और कुंती लाक्षा गृह में रहते थे। तब एक दिन एक भिक्षुणी अपने पाँच पुत्रों के साथ वहाँ आई और रात होने के कारण लाक्षा गृह में सोई। उसी रात में पाण्डवों ने, अपनी गुप्त सुरंग में प्रवेश करके, लाक्षा गृह में आग लगा दी। यहाँ आग पाण्डवों ने लगाई लिखा है।

इसी बात को उद्योग पर्व पाण्डवों का विचार विमर्श शीर्षक के अंतर्गत बतलाया गया है कि भीम कहता है कि लाक्षा गृह में जब हम सो रहे थे तब दुर्योधन ने हमें भस्म करने के लिए महल मे आग लगवा दी। यहाँ भीम झूठ बोल रहा है, प्रतीत होता है क्योंकि आदि पर्व में लिखा पाण्डवों ने सुरंग में प्रवेश करके आग लगा थी। सत्य का पता नहीं चलता कि सत्य क्या है ?

10. अंबिके, अंबालिका का विवाह।

आदि पर्व मे लिखा है कि भीष्म ने अंबिके का विवाह चित्रांगद और अम्बालिका का विवाह विचित्र वीर्य से कराया तथा अम्बा जलकर मर गई।

उद्योग पर्व में श्री कृष्ण ने कहा कि चित्रांगद के मरने के बाद विचित्रवीर्य राजा बना। तब सत्यवती के कहने पर भीष्म पितामह ने काशीराज की कन्या अंबिका और अंबालिका को लाकर विचित्र वीर्य से विवाह किया।

संक्षिप्त ब्रह्म पुराण पृष्ठ 29 में लिखा है कि काली (सत्यवती) का विचित्र वीर्य नाम का एक ही पुत्र हुआ।

तीनों कथनों में कौन सा कथन सत्य है? इसका पता नहीं चलता है। यजुर्वेद के अनुसार इड़ा पृथ्वी की देवी है, सरस्वती अंतरिक्ष की देवी है, भारती द्युलोक की देवी है। इन्हीं को अंबे, अंबिके और अम्बालिका कहा गया है।

महाभारत की कुछ अन्य कथाएँ

कुछ कथाएँ महाभारत की कपोल कल्पित लगती हैं। इन्ही का वर्णन इस खण्ड में किया गया है। जैसे -

1. शकुन्तला का जन्म।

उद्योग पर्व दुष्यंत शकुन्तला तथा कुरू वंशोत्पति कथा शीर्षक के अंतर्गत श्री कृष्ण ने कहा कि जब विश्वामित्र ने पचास हजार वर्ष तक तपस्या किया तब इंद्र डर गया और मेनका को तपस्या भंग करने को भेजा। मेनका ने चतुराई से, विश्वामित्र को अपने जाल में फँसा लिया और रमण किया। रमण करने के बाद विश्वामित्र चले गए और मेनका भी समय आने पर एक कन्या को जन्म देकर चली गई। तब कण्व ऋषि ने उसे पाला-पोसा और बड़ा किया तथा शिक्षित किया।

विश्वामित्र ऋग्वेद के तीसरे मण्डल के ऋषि हैं। सूक्त 36 के 10 वें ऋचा में स्वयं इंद्र से सौ साल जीने के लिए समय की माँग करते हैं फिर पचास हजार वर्ष तक तपस्या करने की बात पूर्णतः असत्य है। कृष्ण के मुख से महाभारत कार असत्य का भाषण करा रहा है। वेद की बात पूर्णतः सत्य है।

वर्तमान समय में भी कुछ व्यक्ति ही सौ साल तक जीवित रहते हैं, बाकी लोग केवल सौ साल जीने की कामना करते हैं।

2. तापती का जन्म।

महाभारत उद्योग पर्व "हस्तिनापुर में श्रीकृष्ण" शीर्षक के अंतर्गत बतलाया गया है कि सूर्य के साथ चलने वाली अप्सराओं में से एक इंद्र की अतिप्रिय अप्सरा के ऊपर सूर्य भगवान आसक्त हो गए। अतः इंद्र ने क्रोध करके उसे मानुषी हो जाने का शाप दे दिया। एक साल तक वह मानुषी बन सूर्य के साथ रमण करती रही। शाप की अवधि भी समाप्त हो गई थी। अतः कन्या उत्पन्न करके वह कन्या को छोड़कर इंद्र लोक चली गई। इस कन्या का पालन पोषण कर्दम ऋषि ने किया।

इस कथा में यह बतलाया गया है कि अप्सरा मानुषी बन गई थी। तब सूर्य से रमण कैसे की होगी? सूर्य तो आकाश में तपते हैं और मानुषी रूप प्राप्त अप्सरा पृथ्वी पर थी। इसका अर्थ तो यह हुआ कि सूर्य स्वयं पृथ्वी पर उसके साथ रमण करने आते रहे होंगे। यह केवल काल्पनिक कथा है। शकुन्तला और ताप्ती के जन्म की कहानी एक समान है। केवल पात्रों के नाम अलग-अलग हैं।

3. अर्जुन का स्वर्ग पहुँचना।

महाभारत वन पर्व अर्जुन की तपस्या और शंकर जी के युद्ध शीर्षक के अंतर्गत पृष्ठ 104 मे लिखा है - देव राज इरंद्र मातलि युक्त रथ में बैठा कर विद्या पढ़ाने के लिए अर्जुन को अपने लोक स्वर्गलोक ले गए और वहाँ पाँच वर्ष तक अपने पास रखकर विद्याध्ययन

कराया और अनेक सुख दिया।

यदि इंद्र अर्जुन से इतना अधिक स्नेह करते थे तब अंतिम समय में महायात्रा के समय अर्जुन को क्यों हिमालय में मरने दिया। उसे उस समय भी रथ में बैठा कर सशरीर स्वर्ग में ले जाना था।

सब को मालूम है कि जीवित रहते हुए मनुष्य का स्वर्ग में पहुँचना असंभव है।

इसी प्रकार की कहानी श्री ठाकुर प्रसाद पुस्तक भंडार कचौड़ी गली वाराणसी बम्बई प्रेस में छपी असली बड़ा आल्ह खण्ड संपूर्ण में लिखा है-चंदेरी के राजा फूल सिंह का बेटा चंदेला एक बार जंगल में गया। वहाँ इंद्र लोक की परियाँ नदी में नग्न होकर नहा रही थीं। उनके वस्त्र को चंदेला ने छिपा दिया। तब परियाँ वस्त्र पाने के लिए उससे बहुत बिनती करी। राजा चंदेले ने कहा- मै तुममें से सबसे छोटी परी से शादी करना चाहता हूँ। परियों ने कहा- आप हमारे साथ इंद्र लोक चलो। हम लोग इंद्र लोक की परियाँ हैं। आप इंद्र से छोटी परी को माँग लेना। ऐसा कहकर उड़न खटोले में बिठाकर राजा को इंद्र के पास ले गए। राजा वहाँ से परी, पारस पत्थर, बिजली नामक तलवार, पीली चादर और मनिया देव को इंद्र से माँग कर लाया।

क्या इसी प्रकार की काल्पनिक कथा अर्जुन वाली भी तो नहीं है? इतिहासकार चंदेला राजा के इस पराक्रम को क्यों नहीं बतलाते ? जबकि आल्तखंड की पुस्तक 10 वीं शताब्दी के बाद की लिखी हुई है।

पारस पत्थर आज कहाँ है? और किसके पास है? यदि पारस पत्थर होता तो, सोने का भाव आज कम हो जाता। भारतवर्ष में लोहे को सोना बनाकर निर्यात करने से अपार धन की प्राप्ति होती।

4. सहदेव द्वारा विभीषण को जीतना।

महाभारत के उद्योग पर्व में बतलाया गया है कि सहदेव ने लंका जाकर विभीषण को भी जीता और दण्ड लिया। वाल्मीकीय रामायण के अनुसार ब्रह्मा ने विभीषण को अमरत्व का वरदान प्रदान किया था।

24 वें त्रेता से 28 वें द्वापर तक लगभग मानवीय गणना के अनुसार एक सौ इक्यासी लाख आठ हजार वर्ष से भी अधिक समय का अंतर है और इस बीच विभीषण लंका में राज्य करता रहा, तो वर्तमान समय में लंका में क्यों राज्य नहीं कर रहा है? केवल पुस्तकों में ही विभीषण था, कि वास्तविक रूप में विभीषण था। यदि वर्तमान समय में भी विभीषण लंका में होता, तो रामायण और महाभारत की कथा की सत्यता पर प्रकाश पड़ता, पर ऐसा नहीं है। इससे यह पता नहीं चलता कि सत्य क्या है?

5. देवदानवों का अंशावतार।

1. वाल्मीकीय रामायण के बालकाण्ड के 17 वें सर्ग में बतलाया गया है।

ब्रह्मा की जम्हाई से जामवन्त का जन्म हुआ। इंद्र का पुत्र बाली हुआ। सूर्यपुत्र सुग्रीव हुआ। बृहस्पति ने तार नामक बंदर का जन्म लिया। कुबेर ने गंधमादन का अवतार धारण किया। विश्वकर्मा-नलनामक वानर हुआ। अग्निदेव-नील हुए। अश्विनी कुमार- द्विविध

और मैंद हुए। वरूण- शुषेण नामक बन्दर हुए। पर्जन्य-शरभ हुए। वायु-हनुमान हुए। विष्णु स्वयं राम हुए।

2. महाभारत के आदिपर्व में देवदानवों का अंशावतार शीर्षक के अंतर्गत बतलाया गया है।

दानव राज विप्रचिति-जरासंध हुआ। हिरण्यकश्यप-शिशुपाल हुआ। अनुह्लाद-धृष्टकेतु हुआ। सहलाद-शल्य बना। शिवि-द्रम हुआ। वाष्कल-भगदत्त, हुए कालनेमि-कंस हुए। वृहस्पति-द्रोण बने। महादेव, काल, यम और क्रोध के अंश से अश्वत्थामा हुए। आठों वसु-गंगाजी के पुत्र हुए। रूद्र- कृप हुए। द्वापर-शकुनि, मरूदगण-सात्यकी, दुपद, कृत वर्मा और विराट हुए। अरिष्टापुत्र-धृतराष्ट्र और पाण्डु हुए। यम-विदुर, कलियुग-दुर्योधन एवं पुलस्त्यवंशी राक्षस-दुर्योधन के सौ भाईयों के रूप में जन्म लिये। धर्म-युधिष्ठर, वायु-भीम, इंद्र-अर्जुन तथा अश्विनी कुमार नकुल व सहदेव हुए। चन्द्र पुत्र वर्चा-अभिमन्यु, अग्नि-धृष्टद्युम्न, राक्षस-शिखण्डी हुए। विश्वदेवगण द्रोपदी के पांच पुत्र हुए। सूर्य-कर्ण, भगवान श्रीहरि- कृष्ण, शेषजी-बलभद्र, सनत्कुमार-प्रद्युम्न हुए। स्वर्ग की देवी लक्ष्मी-रूक्मणी, अप्सराएँ-सोलह हजार बालाएँ हुईं। इंद्राणी-द्रोपदी, सिद्धि-कुन्ती, धृति-माद्री और मति-गांधारी रूपों में जन्मी। अन्य सभी देव दानव अपने-अपने मतानुसार विभिन्न अंशों में उत्तीर्ण हुए।

यहाँ कलियुग और द्वापर युग (समय) को भी अवतार लेने वाला बतलाया है। जो अतिशयोक्ति है। महाभारत की कथा द्वापर युग की है। तब कलियुग दुर्योधन के रूप में कैसे जन्म ले सकता है?

3. भविष्य पुराण के अनुसार।

संक्षिप्त भविष्य पुराण पृष्ठ 320 के अनुसार -

राम-आल्हा, कृष्ण-ऊदल, युधिष्ठिर-वत्सराज का पुत्र मलखान, भीम-वीरण, अर्जुन-परिमल पुत्र ब्रह्मानंद, नकुल-रत्नभानुका का पुत्र लक्षण, सहदेव-भीमसिंह का पुत्र देव सिंह, धृतराष्ट्र-पृथ्वीराज चैहान, द्रोपदी पृथ्वीराज की पुत्री बेला, कर्ण-तारक, शंकर का अंश-रक्तबीज, देशराज का पुत्र, बैकुण्ठांश-आह्लाद गुरू हुए।

4. आल्हखण्ड संपूर्ण के अनुसार।

दुर्योधन-पिथौरा हुआ, युधिष्ठिर-आल्हा हुआ, भीमसेन-ऊदल हुआ, अर्जुन-ब्रह्मानंद हुआ, सहदेव-ढेबा हुआ, कर्ण-धाँधू हुआ, नकुल-सुलखान हुआ, द्रोणाचार्य-गुरूद्याल हुए, शकुनी-माहिल हुए और अभिमन्यु-इंदल हुआ। बभ्रुवाहन-समरसिंह, कृष्ण-अमरगुरू हुए।

आल्हखण्ड पुस्तक दसवी शताब्दी के बाद की लिखी हुई है, पर इतिहास में आल्हा ऊदल का वर्णन कहीं नहीं मिलता है। क्या इसी प्रकार का वाल्मीकीय रामायण और महाभारत की कहानी भी तो नहीं है?

पुस्तक तो है पर इतिहास में इनका नाम इसलिए नहीं है कि इनके जन्म की कथा त्रेता युग, द्वापर युग (काल्पनिक समय) में बतलाया गया है। सन् या संवत का उल्लेख नहीं

है। आल्हखण्ड में पात्रों का जन्म जिस प्रकार बतलाया गया है। भविष्य पुराण के पात्रों के अवतार से भिन्न है।

राम और कृष्ण को पुनः आल्हा और ऊदल के रूप में अवतार लेने की बात भविष्य पुराण में बतलाई गई है परंतु इतिहास में आल्हा, ऊदल का उल्लेख नहीं मिलता है। तो कैसे माने की अवतार वाद की कथा सत्य है?

ऐसा लगता है कि जिसके मन मे जो आया लिख दिया है। स्वामी श्री अड़गड़ा नन्द जी "यथार्थ गीता" पुस्तक में प्रत्येक मनुष्य के शरीर के भीतर सद्गुणों और अवगुणों के बीच होने वाले युद्ध को महाभारत का युद्ध कहा है। महाभारत के विभिन्न लेखकों ने महाभारत के घटनाओं को अपने-अपने मत से अलग-अलग लिखा है। इससे पता नहीं चलता है कि किस लेखक का कथन सत्य है?

4

चतुर्थ भाग (उपनिषद, श्रीमद् भगवद्गीता एवं वेद-खण्ड)

1. माण्डुक्योपनिषद वैतथ्य प्रकरण में मूल तत्व से संबंधी विभिन्न मतवाद का वर्णन-

1) प्राणों पासक कहते हैं, प्राण ही जगत का कारण है।

2) भूतज्ञों (चार्वाकादि) का कथन है, पृथ्वी आदि चार भूत ही परमार्थ हैं।

3) गुणों को जानने वाले (सांख्यवादी) कहते है, गुण ही सृष्टि के कारण हैं।

4) तत्वज्ञ (शैव) कहते हैं आत्मा, अविद्या और शिव ये तीन ही तत्व जगत के प्रवर्तक हैं।

5) पाद वेत्ता कहते हैं, विश्व आदि पाद ही संपूर्ण व्यवहार के हेतु हैं।

6) (वात्सायनादि) विशेषज्ञ कहते हैं, शब्दादि विषय ही सत्य है।

7) लोक वेत्ताओं (पौराणिकों) का मत है, लोक ही सत्य है।

8) देवोपासक कहते हैं, इन्द्रादिदेवता ही सृष्टि के संचालक हैं।

9) वेदज्ञ कहते हैं, चार वेद ही परमार्थ हैं।

10) याज्ञिक कहते हैं, यज्ञ ही संसार के आदिकारण हैं।

11) भोक्ता को जानने वाले, भोक्ता की प्रधानता बतलाते हैं।

12) भोज्य के मर्मज्ञ (सूपकारादि) भोज्य पदार्थ की ही सारवत्ता का प्रतिपादन करते हैं।

13) सूक्ष्म वेत्ता कहते हैं, आत्मा सूक्ष्म है।

14) स्थूल वादी (चार्वाकादि) कहते हैं ब्रह्म स्थूल है।

15) मूर्तवादी (साकारोपासक) कहते हैं, परमार्थ वस्तु मूर्तिमान है।

16) अमूर्तवादी (शून्यवादी) का कथन है। वह मूर्ति हीन है।

17) कालज्ञ (ज्योतिषी) कहते हैं काल ही परमार्थ है।

18) दिक्वेत्ता (स्वरोदयशास्त्री) कहते हैं, दिशाएँ ही सत्य हैं।

19) वादवेत्ता कहते हैं, धातुवाद, मंत्रवाद आदि वाद ही सत्य हैं।

20) भुवन कोष के ज्ञाता कहते हैं, भुवन ही परमार्थ हैं।

21) मनोविद् कहते हैं, मन ही आत्मा है।

22) धर्माधर्म वेत्ता (मीमांसक) धर्माधर्म को ही परमार्थ मानते हैं।

23) बौद्धों का कथन है, बुद्धि ही आत्मा है।

24) चित्तज्ञों का कथन है, चित्त ही सत्य वस्तु है।

25) पतंजल मतावलम्बी छब्बीस तत्व को सत्य मानते हैं।

26) सांख्यवादी पच्चीस तत्वों को सत्य मानते हैं।

27) पाशुपत मत-वाले 25 तत्व के अलावा राग, अविद्या, नियति, काल, कला और माया इन 6 तत्वों को मिलाकर 31 तत्व को परमार्थ बतलाते हैं।

28) अन्य मतावलम्बी परमार्थ को अनन्त भेदों वाला मानते हैं।

29) लौकिक पुरूष लोक रंजन को प्रधान कहते हैं।

30) आश्रमवादी आश्रमों को प्रधान कहते हैं।

31) लिंगवादी पुलिंग, स्त्रीलिंग नपुंसकलिंगों को प्रधान बतलाते हैं।

32) दूसरे लोग पर और अपर ब्रह्म को परमार्थ कहते हैं।

33) सृष्टिवेत्ता सृष्टि को ही सत्य मानते हैं।

34) लयवादी लय को ही परमार्थ कहते हैं।

35) स्थित वेत्ता कहते हैं, स्थिति ही सत्य है।

उपरोक्त विभिन्न वादों से यह पता नहीं चलता कि सत्य क्या हैं? ये सभी वाद आत्म तत्व में सर्वदा कल्पित हैं।

2. वृहदारण्यक उपनिषद के अनुसार देव और असुर।

प्रथम अध्याय तृतीय ब्राह्मण देव एवं असुरों की स्पर्धा प्रसंग में लिखा है-

प्रजापति के दो प्रकार के पुत्र थे। देव और असुर। उनमें देव थोड़े ही थे और असुर अधिक थे। इन लोकों में परस्पर डाह-स्पर्धा करने लगे। उनमें से देवताओं ने कहा- ''हम यज्ञ में उदगीथ के द्वारा असुरों का अतिक्रमण करेंगे''।

अर्थात् प्रजापति के शरीर में रहने वाले वे देव और असुर स्वाभाविक और अस्वाभाविक (शास्त्र जनित) कर्म और ज्ञान से साध्य लोकों के निमित्त स्पर्धा (डाह) करने लगे। दैवीय और आसुरी वृत्तियों का उठना और दबना ही देवता और असुरों की स्पर्धा है। कभी तो प्राणों की शास्त्र जनित कर्म ज्ञान भावना रूप (दैवीय) वृत्ति उठती है। उसी समय उन्हीं प्राणों की दृष्ट प्रयोजन वाली प्रत्यक्ष एवं अनुमान जनित कर्म ज्ञान भावना रूपी (आसुरी) वृत्ति दब जाती है। यही देवताओं का जय और असुरों का पराजय है। तथा कभी इसके विपरीत देवताओं की वृत्ति दब जाती है और आसुरी वृत्ति का उत्थान होता है। वह असुरों का विजय और देवों का पराजय होता है। इस प्रकार देवताओं का विजय होने पर धर्म बढ़ता है और असुरों का विजय

होने पर अधर्म बढ़ता है।

यहाँ प्रजापति के शरीर में रहने वाले सद्गुणों को देव और अवगुणों को असुर कहा गया है।

3. छान्दोग्य उपनिषद के अनुसार देव और असुर।

छान्दोग्य उपनिषद अध्याय एक, द्वितीय खण्ड में लिखा है- प्रसिद्ध है, (पूर्वकाल में) प्रजापति के पुत्र देवता और असुर किसी कारण वश परस्पर युद्ध करने लगे।

उनमें देवताओं ने ये सोच कर कि, इसके द्वारा इसका पराभव करेंगे, उद्गीथ (ओ3म्) का अनुष्ठान किया। देव शब्द द्योतनार्थक (प्रकाशमय) दिवधातु से सिद्ध हुआ है। इसका अभिप्राय शास्त्रोलोकित इंद्रिय वृत्तियाँ हैं, तथा उसके विपरीत जो अपने ही असुओं (प्राणों) में यानि विविध विषयों में जाने वाली प्राणन क्रिया में ही रमण करने वाली होने के कारण, स्वभाव से ही तनोमयी इंद्रिय वृत्तियाँ हैं, वे ही असुर कहलाती हैं। शास्त्रीय प्रकाश वृत्ति का पराभव करने के लिए प्रवृति हुई स्वभाव से ही तमोरूप इंद्रिय वृत्तियाँ असुर हैं, तथा इसके विपरीत शास्त्र विषयक विवेक ज्योति: स्वरूप देवगण स्वाभाविक तमो रूप असुरों का पराभव करने के लिए प्रवृत है। इस प्रकार परस्पर की वृत्तियों का अभिभव, उद्भव संग्राम के समान अनादिकाल से संपूर्ण प्राणियों के प्रत्येक देह में होता चला आ रहा है। यही देवासुर संग्राम है।

उपरोक्त कथन का तात्पर्य यह है प्रत्येक मनुष्य के शरीर में सद्गुण (देवता) और अवगुण (असुर) होते हैं। इन्हीं की परस्पर स्पर्धा, देवासुर संग्राम है। जब सद्गुण की विजय होती है, तब धर्म बढ़ता है तथा जब अवगुण की विजय होती है, तब अधर्म बढ़ता है।

4. श्रीमद् भगवद् गीता के अनुसार देव और असुर।

भगवद् गीता के अध्याय 16 श्लोक नम्बर छः में लिखा है।

द्वौ भूत सर्गो लोके अस्मिन्, दैवः आसुरः एव च।

हे अर्जुन इस लोक में भूतों की सृष्टि यानि मनुष्य समुदाय दो ही प्रकार का है। एक तो दैवीय प्रकृति वाला और दूसरा आसुरी प्रकृति वाला।

यहाँ भी सद्गुणों को देव और अवगुणों को असुर कहा गया है। सद्गुणी मनुष्य ही देवता और अवगुणी मनुष्य असुर कहलाता है। सद्गुणों को दैवीय संपदा और अवगुणों को आसुरी संपदा कहा गया है।

5. श्रीमद् भगवद् गीता के अनुसार दैवीय संपदा आसुरी संपदा प्राप्त व्यक्तियों के गुणों का वर्णन।

श्रीमद् भगवद् गीता अध्याय 16 के श्लोक 1 से लेकर 7-8 तक में बतलाया गया है।

कृष्ण ने अर्जुन से कहा- दैवीय संपदा और आसुरी संपदा जिनको प्राप्त है, उनके लक्षण पृथक-पृथक कहता हूँ, सुनो! भय का सर्वथा अभाव, अंतः करण की पूर्ण निर्मलता, तत्व ज्ञान के लिए ध्यान योग में दृढ़ स्थिति, सात्विक दान, इंद्रियों का दमन, भगवान, देवता और गुरूजनों की पूजा तथा अग्नि होत्रादि उत्तम कर्मों का आचरण, वेद शास्त्रों का पठन-पाठन,

भगवान के नाम गुणों का कीर्तन, स्वधर्म पालन के लिए कष्ट सहना, शरीर तथा इन्द्रियों के सहित अंतः करण की सरलता, मन, वाणी और शरीर से किसी प्रकार भी किसी को कष्ट न देना, यथार्थ और प्रिय भाषण, अपना अपकार करने वाले पर भी क्रोध न करना, कर्मों में कर्तापन के अभिमान का अभाव, चित्त की चंचलता का अभाव, किसी की भी निन्दा न करना, सब प्राणियों में हेतु रहित दया, इंद्रियों पर आशक्ति न हो होना, कोमलता, लोक और शास्त्र विरूद्ध आचरण में लज्जा, व्यर्थ चेष्ठाओं का अभाव, तेज, क्षमा, धैर्य, बाहर की शुद्धि एवं किसी में भी शत्रु भाव का अभाव, अपने में पूज्यता के अभिमान का अभाव, दैवीय संपदा को लेकर उत्पन्न हुए पुरूष के लक्षण हैं।

दम्भ, पाखण्ड, घमण्ड, अभिमान, क्रोध, कठोरता और अभिमान ये आसुरी संपदा को लेकर उत्पन्न हुए पुरूषों के लक्षण हैं। हे अर्जुन दैवीय संपदा मुक्ति के लिए और आसुरी संपदा बाँधने के लिए मानी गई है।

अध्याय 13 में लिखा है-

इदम् शरीरम्, कौन्तेय, क्षेत्रम इति अभिधीयते।

एतत् यः वेत्ति, तम, प्राहुः, क्षेत्रज्ञः इति, तद्विदः।।

कृष्ण ने अर्जुन से कहा- हे पार्थ! यह शरीर ही क्षेत्र कहलाता है और इसको जो जानता है वह क्षेत्रज्ञ कहलाता है। शरीर रूपी इस क्षेत्र में सदगुणों और अवगुणों का युद्ध होता है।

एक ही शरीर के अंतराल में अंतः करण की दो प्रवृतियाँ पुरातन हैं। एक तो परमधर्म परमात्मा में प्रवेश दिलाने वाली पुण्य मयी प्रवृति दैवीय संपदा है और दूसरी आसुरी संपदा। जब आसुरी संपदा का बाहुल्य होता है तब यह शरीर कुरूक्षेत्र बन जाता है तथा जब दैवीय संपदा का बाहुल्य होता है तब यही शरीर धर्म क्षेत्र बन जाता है।

स्वामी श्री अड़गड़ानंद जी श्री परमहंस आश्रम द्वारा प्रकाशित, यथार्थ गीता में श्री अड़गड़ानंद जी ने बतलाया है कि महाभारत का युद्ध दैवीय और आसुरी संपदाओं का संघर्ष युद्ध है। ये अन्तः करण की दो प्रवितियाँ हैं। इन दोनों का मिटना परिणाम है। महाभारत का युद्ध स्थान यह मानव शरीर है और मन सहित इंद्रियों का समूह है। देवता और असुर मनुष्य के गुण के अनुसार बनते हैं। देवताओं का अवतार व्यक्ति के हृदय में होता है, बाहर नहीं। योगी के हृदय में ईश्वर के द्वारा दी गयी अनुभूति है। मनुष्य के द्वारा प्राप्त पुण्य को पांडव और कर्तव्य को कुंती कहा गया है। विजातीय कर्म को कर्ण कहा है। पुण्य जागृत होने पर धर्म रूपी युधिष्ठिर, अनुराग रूपी अर्जुन, भाव रूपी भीम, नियम रूपी नकुल, सत्संग रूपी सहदेव, सात्विकता रूपी सात्यकि, काया में सामर्थ रूपी काशीराज, कर्तव्य द्वारा भव पर विजय कुंती भोज इत्यादि इष्टोन्मुखी मानसिक प्रवितियों का उत्कर्ष होता है। जिनकी गणना सात अक्षौहिणी है। अक्ष दृष्टि को कहते हैं। सत्यमयी दृष्टिकोण से जिनका गठन है, वह दैवीय संपदा, परमधर्म परमात्मा तक की दूरी तय कराने वाली, ये सात सीढ़ियाँ 'सात भूमिकाएँ' हैं, न की कोई गणना विशेष।

दूसरी ओर है कुरुक्षेत्र, जिसमे दस इंद्रियाँ और एक मन ग्यारह अक्षौहिणी सेना है। मन सहित इंद्रियमयी दृष्टिकोण से जिसका गठन हुआ है, वह है आसुरी संपदा। जिसमे अज्ञान रूपी धृतराष्ट्र जो सत्य जानते हुए भी अंधा है। सहचारिणी इंद्रिय आधार वाली गांधारी, मोहरूपी दुर्योधन, दुर्बुद्धि रूपी दुःशासन, भ्रम रूपी भीष्म, विजाति कर्म रूपी कर्ण, द्वैत का आचरण रूपी द्रोणाचार्य, आसक्ति रूपी अश्वत्थामा, विकल्प रूपी विकर्ण, अधूरी साधना में कृपा के आचरण रूपी कृपाचार्य और इन सबके बीच जीव रूपी बिदुर है, जो रहता है अज्ञान में किन्तु दृष्टि सदैव पांडवों पर है, पुण्य से प्रवाहित प्रवृत्ति पर है, क्योंकि आत्मा-परमात्मा का सुद्ध अंश है।

उपरोक्त कथन से यह सिद्ध होता है की महाभारत का युद्ध आध्यात्मिक युद्ध है।

वाल्मीकि रामायण अरण्यकाण्ड के नवम सर्ग में अधर्म के तीन व्यसन बतलाया गया है: 1. मिथ्या भाषण 2. परस्त्री गमन और 3. बिना बैर के ही दूसरों के प्रति क्रूरता का व्यवहार। शिकार करना तीसरे नंबर के व्यसन के अंतर्गत आता है।

रामायण, महाभारत में दैवीय संपदा प्राप्त व्यक्ति जब आसुरी संपदा (अवगुण) को प्राप्त करते हैं, तब किस प्रकार कष्ट सहतें हैं, बतलाया गया है।

राजा दशरथ दैवीय संपदा प्राप्त व्यक्ति था। शिकार खेलने (आसुरी वृत्ति का आश्रय लेकर) वन में जाता है। तब पानी में टबटब की आवाज सुनकर, पशु की पानी मे प्रवेश करने की आवाज समझकर, शब्द भेदी बाण, आवाज को लक्ष्य करके मारता है। बाण श्रवणकुमार को लगता है, जो अपने माता पिता की प्यास बुझाने के लिए, पानी लेने सरयू नदी में आया था। श्रवण कुमार की दशरथ के द्वारा मृत्यु हुआ, यह जानकर उसके माता-पिता ने, राजा दशरथ को भी पुत्र वियोग में मरने का शाप दिया। इसी शाप के कारण राम को वनवास जाना पड़ा और पुत्र वियोग में दशरथ की मृत्यु हुई। इसीलिए कहा गया है "बाढ़ै पुत्र पिता के धर्मा।"

इसी प्रकार राम दैवीय संपदा प्राप्त व्यक्ति थे, पर सीता के कहने पर सुनहरे हिरण को पकड़ने के लिए "आसुरीवृति" का आश्रय लेकर हिरण के पीछे-पीछे भागे। जब हिरण पकड़ में नहीं आया, तब उन्होंने उसे बाण से मार दिया। इसी के फलस्वरूप राम को सीता का वियोग हुआ। यदि राम सीधे, हिरण को बिना मारे लौटकर कुटी में आ जाते तो सीता हरण नहीं होता। मारीच भी छल करने (आसुरीवृत्ति) के कारण मारा गया। रावण भी पराई स्त्री के प्रति दुर्भावना रखने के कारण मारा गया।

महाभारत में भी शिकार करना, जुआ खेलने को और दिन में ऋषि एवं ऋषि पत्नी के द्वारा मैथुन क्रिया को करना आसुरीवृति बतलाया गया है, और इसके दुष्परिणामों को बतलाया गया है।

राजा पाण्डु दैवीय संपदा प्राप्त व्यक्ति थे। वन में शिकार खेलने गए और मैथुन करते हुए मृग को मारा। तब मृगी ने पाण्डु को शाप दिया जब तू भी पत्नी के साथ संभोग करेगा तब तेरी मृत्यु हो जाएगी। मृग और मृगी एक महा तेजस्वी ऋषि और ऋषिपत्नि थे जो मृग और मृगी का रूप धारण कर दिन में मैथुन क्रिया कर रहे थे। इस आसुरी वृति को प्राप्त करने

के कारण ऋषि की मृत्यु हुई। राजा पाण्डु ऋषिपत्नी के शाप के कारण हस्तिना पुर के राज्य को अपने बड़े भाई धृतराष्ट्र को सौपकर वन चले गए। पुत्र पाने के लिए कुंती और माद्री को देवों से संभोग करना पड़ा और दैवीय संपदा प्राप्त पाँच पुत्रों को प्राप्त किया, पर माद्री के रूप सौदर्य से मोहित हो एक दिन राजा पाण्डु कामासक्त हो मैथुन करने लगे। तभी उनकी मृत्यु हो गई। पाण्डु के पाँचों पुत्र दैवीय संपदा प्राप्त व्यक्ति थे, पर जब युधिष्ठिर ने जुआ खेला आसुरीवृत्ति को अपनाया तब पत्नी को भी हारा। पत्नी द्रोपदी को उस आसुरीवृति के कारण भरी सभा में नग्न करने का प्रयास किया गया। दुबारा जब युधिष्ठिर ने जुआ खेला, आसुरीवृत्ति अपनाया तब राज्य को हारकर 12 वर्षों के लिए वनवास और तेरहवें वर्ष का अज्ञात वास का कष्ट भोगना पड़ा।

चित्रांगद भी वन में शिकार खेलने गया था और वन में चित्रांगद नामक गंधर्व या बलिष्ठ सिंह के द्वारा मारा गया।

6. अथर्ववेद में अयोध्या का वर्णन।

अथर्ववेद में अयोध्या का वर्णन है जो निम्नानुसार है-

अष्ट चक्रा, नौद्वारा देवानां पुरऽयोध्या।तस्यां हिरण्यमयः कोषा, स्वर्गोज्योर्तिषा ऽऽ
वृतः ।।

जिसके आठ चक्र नौ द्वार, जो देवों की पुरी अयोध्या है। उसमें बहुत ऊँचा बहुत सुन्दर प्रकाशपुंज से आच्छादित, (हिरण्यमय कोश) स्वर्ण मय मण्डप है।

आठ चक्र-

1) मूलाधार चक्र (गुदा)

2) स्वाधिष्ठान चक्र (लिंग)

3) मणिपूरक चक्र (नाभि)

4) अनाहत चक्र (हृदय)

5) विशुद्ध चक्र (कंठ)

6) आज्ञा चक्र (भ्रूमध्य)

7) सोम चक्र (ललाट के ऊपर)

8) सहस्त्रार चक्र (ब्रह्म का निवास) जो सत, चित आनंद है।

नौ द्वार -

2 कान, 2 नाक, 2 आंख, मुंह, गुदा, और लिंग

पुरं यो ब्रह्मणो वेति यस्यां पुरूष उच्यते।

यो वै तां ब्रह्मणो वेता मृतेना वृतां पुरम्।।

तस्मै ब्रह्म च ब्राह्माच चक्षुं प्राणं प्रजा ददौ।

जिस पुरी का स्वामी पुरुष कहा जाता है अर्थात् जिसका नाम प्रति दिन लिया जाता है। उस पुरुष की पूरी को जानने वाला ब्राह्मण कहलाता है। उसे ब्रह्म या ब्रह्मा नेत्र प्राण और प्रजा देते हैं।

इस शरीर रूपीपुर में 5 प्राण 10 इंद्रियाँ और मन मिलाकर 16 कलाएँ होती हैं। इसी बात को 1972 में प्रकाशित कल्याण पत्रिका "भगवान रामचन्द्र विशेषांक" में ब्रह्म और ब्रह्मा के बदले राम कहा गया है, और शरीर की सोलह कलाओं के बदले हनुमान, सुग्रीव, अंगद, मैंद, सुषेण, द्विवीध, दरिमुख, कुमुद, नील, नल, गवाक्ष, पनस, गंधमादन, विभीषण जाम्बान् और दधिमुख को राम के सोलह प्रधान पार्षद कहा है, जो उत्तम दर्शन शक्ति, उत्तम प्राण, बल तथा संतान देते हैं।

अयोध्या को देवताओं की अयोध्या नगरी कही गई है। दैवीय संपदा प्राप्त व्यक्ति देवता कहलाता है, अतः जो व्यक्ति दैवीय संपदा से युक्त होता है, उसीका शरीर ही अयोध्या है। राम यदि वास्तव में संसार में थे तो दैवीय संपदा प्राप्त व्यक्ति थे। उनका शरीर ही अयोध्या नगरी है। यही महाभारत का धर्म क्षेत्र भी है।

आसुरी संपदा प्राप्त व्यक्ति असुर कहलाता है और उसके शरीर को ही लंका या कुरूक्षेत्र कहते हैं।

7. शिव पुराण में अयोध्या के सात नाम।

गीता प्रेस गोरखपुर से प्रकाशित, शिवपुराण अध्याय 20 में अयोध्या के सात नाम दिए हैं।

अयोध्या, नंदिनी, सत्यनामा, साकेत इत्यपि।

कोशला राजधानी च ब्रह्मपुर अपराजिता।।

अष्टचक्रा नौ द्वारा, नगरी धर्म सम्पदाम्।

दृष्टैवं ज्ञान नेत्रेण, ध्यातव्यां सरयुस्तथा।।

अयोध्या, नंदिनी, सत्यनाम, साकेत, कोशल, राजधानी और ब्रह्मपुर ये सात नाम अयोध्या के ही हैं जिसका वर्णन अथर्ववेद में किया गया है।

केवल भजन पूजन से मोक्ष की प्राप्ति नहीं हो सकती। मोक्ष पाने के लिए अपने शरीर में स्थित दैवीय सम्पदा को बढ़ाना होगा और आसुरी सम्पदा को हटाना होगा। दैवीय सम्पदा को बढ़ाने पर आसुरी सम्पदा की हार होगी। सच्ची ईश्वर भक्ति सदगुणों को शरीर में बढ़ाना और अवगुणों को दूर करना है। मानवता ही सबसे बड़ी ईश्वर भक्ति है। दैवीय सम्पदा (सदगुण) के बढ़ने पर मनुष्य दैवत्व को प्राप्त करता है। परमात्मा शब्द भी आत्मा का रूप है, जो परम श्रेष्ठ हो वही आत्मा परमात्मा है।

8. वेदों के विषय में वर्णन।

हमारा धर्म वेदों से निकला है अतः मूल धर्म वैदिक धर्म है। आज से लगभग 5000 वर्ष पूर्व वेदों की रचना हुई ऐसा माना जाता है। वेदों में प्राकृतिक शक्तियों को ईश्वरीय शक्ति मानकर उनकी विभिन्न ऋषियों द्वारा उपासना की गई है।

ऋग्वेद में दस हजार पाँच सौ इक्कीस (10521) ऋचाएँ अथवा मंत्र हैं। एक हजार अठ्ठाईस (1028)सूक्तों में बाँधा गया है। वेद चार प्रकार के है। ऋग्वेद, यजुर्वेद, सामवेद और अथर्वेद। ऋग्वेद में प्रायः अग्नि, वायु, सूर्य, सविता, विष्णु और रूद्र आदि देवताओं की

स्तुति की गई है। प्रत्येक देवता के लिए अलग-अलग सूक्तों में थोड़ी-थोड़ी ऋचाएँ निश्चित की गई हैं। ऋग्वेद में इन सूक्तों को मिलाकर मण्डल बनाए गए हैं। सभी सूक्त दस मण्डलों में विभक्त हैं। इन मण्डलों को पिचासी (85) अनुवाक में विभक्त किया गया है।

ऋग्वेद का एक अन्य विभाजन भी प्राप्त हुआ है। इस विभाजन के अनुसार ऋग्वेद को आठ अष्टकों में बाँटा गया है। ये अष्टक कुछ ऋचाओं के समूहों में विभाजित हैं। उन्हें वर्ग नाम दिया गया है। ये वर्ग संख्या में (2024) हैं।

ऋग्वेद के द्वितीय मण्डल से सप्तम मण्डल तक के मंत्रो में एक अदभुत एक रूपता लक्षित होती है। उसमें प्रत्येक मण्डल का एक-एक ऋषि वंश से संबंध दिखाई पड़ता है। इन्हें वंशज मंडल कहना ठीक होगा। ये मंडल क्रमशः गृत्समद, विश्वामित्र, वामदेव अत्रि, भारद्वाज और वसिष्ठ के वंशजो से संबंधित हैं। प्रत्येक मंडल का प्रथम सूक्त अग्नि को अर्पित है। आठवें मंडल का संबंध भी कण्व ऋषि के वंशजो से संबंधित है। नौवाँ मंडल सोम को समर्पित है। प्रथम मंडल और दशम मंडल में ऋषि, देवता, छंद सभी में विविधता के दर्शन होते हैं।

ईश्वर तो एक है पर उसे विविध नामों से पुकारते हैं। जैसे इंद्र, मित्र, वरुण, अग्नि, पृथ्वी, आकाश आदि। सूर्य और वायु द्वारा समस्त ऋतुओं का संरक्षण होता है। इसलिए सूर्य और वायु की उपासना की गई है। चारों वेदों में अथर्ववेद बहुत बाद की रचना है। पहले वेद त्रयी ही थी। वेद यथार्थ का दर्शन कराते हैं। फिर भी इनका प्रसार एवं प्रचार नहीं हो पाया। इसका मुख्य कारण कर्मकाण्डों की अधिकता है।

कठ उपनिषद में लिखा है-

ज्ञान काण्डं तु कौशिल्या, सुमित्रोपासना क्रिया।

कर्म काण्डं तु कैकेयी, वेदो दशरथो नृपः।।

अर्थात वेद के तीन काण्ड हैं। ज्ञान काण्ड,(ऋग्वेद) उपासना काण्ड, (सामवेद) और कर्म काण्ड (यजुर्वेद)। ज्ञान काण्ड कौशिल्या, उपासना काण्ड सुमित्रा और कर्म काण्ड कैकेयी तथा राजा दशरथ स्वयं वेद हैं।

राजा दशरथ रूपी वेद की मृत्यु का कारण कर्मकाण्ड रूपी कैकयी है। वेदों के ह्रास का मुख्य कारण कर्मकाण्ड की अधिकता एवं बलि देना है। बौद्ध धर्म और जैन धर्म के द्वारा वेदों के कर्म काण्ड का विरोध एवं तत्कालीन राजाओं द्वारा बौद्ध धर्म को अपनाकर उसका प्रसार-प्रचार करना वेदों के लोप होने के कारण हैं।

श्रीमद् भागवत पुराण के लेखक ने प्रथम स्कंध के 4 थे अध्याय के 25 वें श्लोक में लिखा है कि स्त्री, शूद्र और पतित द्विजाति तीनों ही वेद श्रवण के अधिकारी नहीं हैं। इसलिए वे कल्याण कारी शास्त्रोक्त कर्मो के आचरण करने में भूलकर बैठते हैं। अब इसके द्वारा उनका भी कल्याण हो जाय यह सोचकर, महामुनि व्यास जी ने कृपा करके, महाभारत इतिहास की रचना की।

भागवत पुराण के रचियता के अनुसार, पता चलता है कि स्त्रियों को, शूद्रों को तथा समाज से पतित ब्राह्मण एवं क्षत्रियों को वेद सुनने का अधिकार नहीं था। इससे यह स्पष्ट होता है कि देश की लगभग आधी से अधिक जनसंख्या (स्त्री, शूद्र मिलाकर) वेदों के ज्ञान से अनभिज्ञ था। जब देश के लोगों को ही वेद सुनने के अधिकार से वंचित किया गया था, तब वेदों का प्रचार कैसे संभव हो सकता है। वेदों को ब्राह्मण, क्षत्रिय, वैश्य वर्ग के केवल पुरूषों को ही पढ़ने, सुनने का अधिकार था। दूसरे धर्म के लोगों ने अपने धर्म के प्रचार के लिए भरसक प्रयास किया और यह कहा हमारे धर्म ग्रंथ को रोज पढ़ना-सुनना चाहिए तथा उसके अनुसार व्यवहार करना चाहिए। परन्तु हमारे देश के पुरोहितों ने वेदों के ज्ञान को अपने देश वासियों (स्त्री, शूद्र और पतित द्विजाति) के लिए भी गुप्त रखा। इस प्रकार हमारे वेदों का प्रचार-प्रसार नहीं के बराबर हुआ। वेदों में कहानियाँ नहीं हैं, केवल प्राकृतिक देवताओं के उपासना के मंत्र भर हैं। इसलिए पढ़ने में लोगों का मन नहीं लगता। उसको पढ़ना भी भारतवासी पसंद नहीं करते हैं। यही कारण है वेदों का प्रचार-प्रसार कुराण और बाइबल के समान नहीं हो पाया। प्रत्येक धार्मिक मुसलमान अपना यह धर्म समझता है कि कुरान को नित्य पढ़े, पर भारत का नागरिक वेदों के बदले अवतारवाद की कथाओं को पढ़ने में अधिक अच्छा समझता है। रामायण में राम के अवतार की कथा लिखी है। उसमें स्त्रियों के साथ और शूद्रों के साथ अच्छा व्यवहार नहीं किया गया है। महाभारत में कृष्ण को ईश्वर का अवतार बतलाया गया है। इसमें भी स्त्रियों को जुए में हारने की बात लिखी है। रामायण में तपस्या करने वाले शूद्र को राम ने प्राण दंड दिया। इन सब बातों से पता चलता है कि भागवत पुराण के लेखक ने जो लिखा है वह सत्य है।

हमारा भारत देश गणतंत्र देश है तथा धर्म निरपेक्ष देश भी है। वैदिक धर्म भी धर्म निरपेक्ष है क्योंकि वेद प्राकृतिक शक्तियों की उपासना करता है और प्रकृति सभी देश के लिए सभी धर्म के मानने वाले लोगों के लिए हितकारी है। सभी जीव-जन्तु और सम्पूर्ण विश्व प्रकृति पर ही निर्भर है। वेद किसी धर्म-विशेष, देश-विशेष या जातीय-विशेष की हित की कामना नहीं करता है, बल्कि संपूर्ण विश्व की हित की कामना करता है। हमारे देश के विद्वान वेदों का प्रचार-प्रसार न करके, यज्ञों द्वारा और पूजा तथा कर्म काण्डों के द्वारा जीविकोपार्जन को ज्यादा महत्व दिया, तथा शास्त्रार्थ करके अपने विद्वता को प्रदर्शित करके धन कमाने में अधिक जोर दिया। वेदों के ज्ञान का प्रसार न होने का एक कारण यह भी है।

आज संपूर्ण भारत एक राष्ट्र के रूप में है। छोटे-छोटे राज्यों का अस्तित्व खत्म हो गया है। यहाँ हिन्दू, मुस्लिम, सिक्ख, इसाई एवं अन्य धर्म के मानने वाले सभी को ''भारतीय'' होने की नागरिकता प्राप्त है। ऐसे में वैदिक धर्म ही ऐसा धर्म है जो सभी को मान्य होगा। इसलिए वर्तमान समय वैदिक धर्म एवं वैदिक ईश्वर की प्रचार-प्रसार करने की बड़ी आवश्यकता है ताकि देश में एकता की भावना जागृत हो सके। प्रशासनिक स्तर पर इसका प्रचार-प्रसार करने की आवश्यकता है। पर्यावरण प्रदूषण रोकने के लिए भी यह आवश्यक है कि प्रकृति का संरक्षण हो।

प्राकृतिक शक्तियों से संपूर्ण विश्व के लोग परिचित हैं और प्राकृतिक शक्तियों से इंकार नहीं कर सकते हैं। हमारे देश में प्राकृतिक स्थलों को ही धार्मिक स्थलों के रूप में मान्यता प्राप्त हुई थी। बाद में वहाँ मन्दिरों का निर्माण करके उसके महत्व को बढ़ाने और पुरोहित वर्ग द्वारा अपनी आय को बढ़ाने का प्रयास किया गया है। गंगा सागर, नर नारायण पर्वत, अमरनाथ के शिव जी, अमरकंटक का नर्मदा कुण्ड, प्रयाग में गंगा, यमुना, सरस्वती नदियों का संगम, राजिम में तीन नदियो का संगम आदि प्राकृतिक रूप से बने तीर्थो के उदाहरण हैं। तुलसी, बरगद, पीपल, आँवला आदि पेड़ों की पूजा प्रकृति पूजा के उदाहरण हैं। पर इनके साथ जो विभिन्न कहानियाँ बनाई गई है, क्या वे सब सत्य हैं?

9. वेदों के अनुसार ब्रह्मा।

यजुर्वेद के अध्याय 13 में लिखा है-

"इस सूर्य रूपी ब्रह्मा ने पूर्व दिशा से प्रथम उदित होकर, भूगोल-मध्य से आरम्भ करके श्रेष्ठ रमणीय इन लोकों को अपने प्रकाश से प्रकाशित किया और उन्होंने अत्यंत मेधावी आकाश युक्त अंतरिक्ष में होने वाली दिशाओं और घट-पट आदि वायु के स्थान को प्रकाशित किया। सर्वप्रथम हिरण्य गर्भ रूप प्रजापति उत्पन्न होते ही वे इस सारे संसार के स्वामी हुए। उन्होंने स्वर्ग, अंतरिक्ष और पृथ्वी इन तीनों लोकों की रचना की।"

यहाँ सूर्य को ही ब्रह्मा या प्रजापति कहा है। जिससे तीनों लोकों की उत्पत्ति हुई है।

विज्ञान के अनुसार भी पृथ्वी एवं अन्य ग्रहों की उत्पत्ति होना, सूर्य से बतलाया गया है। सभी नवग्रह सूर्य से टूटकर अलग हुए हैं और सूर्य का चक्कर लगाते हैं। हमारे संपूर्ण सौर मंडल का निर्माण सूर्य से हुआ है। यही सत्य है।

10. वेदों के अनुसार विष्णु।

यजुर्वेद के अध्याय 5 में लिखा है-

"सर्व व्यापक विष्णु ने इस चराचर जगत को विभक्त कर प्रथम पृथ्वी, दूसरा अंतरिक्ष और तीसरा स्वर्ग में बाँट दिया है। इस विष्णु के पद में विश्व अंतर्भूत है। विष्णु के किन-किन पराक्रमों (उपकारों) का वर्णन करूँ। उनकी महिमा अपरम्पार है। उन्होंने पृथ्वी, अंतरिक्ष, स्वर्ग एवं सब प्राणियों और परमाणुओं की रचना की है। वे तीनों लोकों में अग्नि, वायु और सूर्य रूप में विद्यमान होकर उत्तम पुरुषों से वन्दनीय हैं। वह पराक्रमी पवित्र करने वाली पृथ्वी में रमे हुए, अंतर्यामी, सर्व व्यापी विष्णु, स्तुतियों को प्राप्त करते हैं।"

ऋग्वेद मण्डल 2, शूक्त 27, ऋचा 9 में लिखा है-

जगत के निमित आदित्यगण अग्नि, वायु और सूर्य का रूप धारण करते हैं।

उपरोक्त कथन के अनुसार विष्णु, "पृथ्वी में वे अग्नि रूप से, अंतरिक्ष में वे वायु रूप से तथा स्वर्ग में वे सूर्य रूप से" विद्यमान रहते हैं। अग्नि, वायु और सूर्य को यहाँ विष्णु कहा गया है। यही विश्व का पालन करते हैं। यही सत्य है।

11. वेदों के अनुसार भगवान शिव।

पुराणों के अनुसार शिव को प्रायः भारत के सभी लोग जानते हैं। हिमालय की पुत्री पार्वती जी से शिव जी का विवाह हुआ और गणेशजी एवं कार्तिकेय जी उनके पुत्र हैं।

हिमालय पर्वत बर्फ का पहाड़ है। उसमें बर्फ पिघल कर जल के रूप में बहता है। वही पार्वती है। मैनाक आदि पुत्र हैं तथा ज्वाला मुखी पर्वत ही शिव का रूप है। ऐसा कहकर अवतार वादियों ने शिव का रूप सीमित कर दिया है। पर्वत के पुत्र-पुत्री मनुष्य जैसे बात करने वाले कैसे हो सकते हैं? पर आस्था से संबंधित है, इसलिए कुछ नहीं कहा जा सकता।

यजुर्वेद के चौदहवें अध्याय में लिखा है-

एक यास्तुवत प्रजा अधीयन्त, प्रजापर्तिरधियति रासीन्ति सुमिरस्तुवत ब्रहमसृन्यत्।

ब्रहमण्स्पातरधि पति रासीः त्पंचभिरस्तुवत भूतान्य सृजयन्त भूतानां पतिरधिपति।

रासीत्स प्रभिरस्तुवत सप्तऽऋषियोऽसृजयन्त दृयाताधिपतिरासीत्।

अर्थात् प्रजापति ने एक वाणी से आत्मा को स्तव (उत्पत्ति) किया, जिससे इस सब अचेतन प्रजा की सृष्टि हुई और प्रजापति ही प्रजा का अधिपति हुआ। उसने प्राण, उदान और व्यान के द्वारा स्तुति की जिससे ब्रह्मा की सृष्टि हुई तथा उस सृष्टि के अधिपति बृहस्पति या ब्रह्मण्स्पति हुआ।

पाँचों प्राणों (प्राण, अपान, ब्यान, उदान और समान) द्वारा स्तुति की और उसने पंच भूतों की रचना की। प्रस्तुत पंच भूतों के अधिपति भूत भावन महादेव हुए। श्रोत्र नासिका जिह्वा एवं नेत्र द्वारा स्तुति करने पर सप्तर्षि प्रकट हुए। उसके अधिपति जगत को धारण करने वाले परमेश्वर धाता हुए।

उपरोक्त कथन में पंच भूतों के अधिपति देवता शिव (महादेव) को कहा गया है।

पंचभूतो का अर्थ पंचतत्वों से है। पृथ्वी, जल, वायु, अग्नि और आकाश को ही पंच तत्व कहा गया है। भगवान शब्द में पांच अक्षर हैं: भ, ग, व, अ और न है इन पांच अक्षरों से मिलकर भगवान शब्द बना है।

भगवान शब्द का पहला अक्षर भ-भूमि का संक्षिप्त रूप है। दूसरा अक्षर ग-गगन का संक्षिप्त रूप है। तीसरा अक्षर व-वायु का संक्षिप्त रूप हैं। व में जो आ की मात्रा है वह आग (अग्नि) का संक्षिप्त रूप है। अंतिम अक्षर न-नार, या नीर का संक्षिप्त रूप है, जिसका अर्थ जल है। भगवान का अर्थ भूमि, गगन, वायु, अग्नि और जल है। भगवान शब्द का यह सबसे सरल आडम्बरहीन रूप है।

पृथ्वी-

भगवान शब्द का पहला वर्ण भ, भूमि का संक्षिप्त रूप है। भूमि का अर्थ पृथ्वी है। जिस पर पूरा विश्व निवास करता है। यह पूरे विश्व की माता के समान है। इस पर निवास करने वाले सभी इसके पुत्र के समान हैं। अर्थात विश्व के सभी निवासी एक ही माँ के संतान के समान हैं। सभी निवासी भाई-बहिन के समान हैं। इसीलिए कहा गया है (वसुधैव कुटुम्बकम) अर्थात संपूर्ण पृथ्वी के निवासी एक ही परिवार के निवासी हैं। पृथ्वी ही परिवार है।

हिन्दू, मुस्लिम, सिक्ख, इसाई या अन्य किसी भी धर्म का मानने वाला हो, ब्राह्मण, क्षत्रिय, वैश्य, शूद्र, निषाद तथा पृथ्वी पर जितनी भी जातियाँ हैं, सबको पृथ्वी समान रूप से पालती है। धर्म अलग-अलग हैं। धर्मों के अनुसार सृष्टि कर्ता भी अलग-अलग हैं। पर किसी भी सृष्टिकर्ता ने अपने धर्म के मानने वालों के लिए अलग से पृथ्वी का निर्माण नहीं किया है। सभी धर्म के मानने वाले एक ही पृथ्वी में हैं। सभी सृष्टिकर्ता एक ही पृथ्वी का निर्माण किए हैं। अपने धर्म के मानने वालों के लिए दूसरी पृथ्वी का निर्माण नहीं किया है। ईश्वर का सबसे बड़ा गुण समदर्शिता है। वह गुण पृथ्वी में है। पृथ्वी में क्षेत्रवाद के कारण अलग-अलग धर्म के मानने वाले अलग-अलग भाषा-भाषी तथा अलग-अलग जातियों का विकास हुआ है। पर सभी इसी पृथ्वी के पुत्र हैं और हम सभी इसके पुत्र हैं। यही सत्य है।

आकाश-

भगवान शब्द का दूसरा वर्ण "ग" है, "ग", गगन का संक्षिप्त रूप है। जिसका अर्थ आकाश है। आकाश में सूर्य, चंद्रमा, तारे रहते हैं। सूर्य जो समस्त उर्जा का श्रोत है। सभी लोगों को समान रूप से ताप और प्रकाश देता है। वर्षा कराने में भी सूर्य का ही हाथ है। समुद्र के, नदी तालाब के, पानी का वाष्पीकरण कर, बादल का निर्माण करना और वर्षा कराना सूर्य का ही कार्य है। वर्षा से पृथ्वी पर जीव जन्तुओं की उत्पत्ति होती है। सूर्य ही विश्वात्मा है, सूर्य ही विष्णु है। दुनिया के सभी देशों में सूर्य दिखता है और विश्व के हर कोने में वर्षा कराकर स्थावर और जंगम सभी प्राणियों को जीवन देता है। जलकी वृष्टि आकाश से ही होती है। बादल ऊपर से बरसते हैं। आकाश सबके पिता के सामन ऊपर रहकर, अपनी छत्र-छाया जीवों पर बनाए रखता है। यह आकाश रूपी परमेश्वर प्रत्यक्ष और यथार्थ है। सभी धर्म को मानने वाले एक ही आकाश के नीचे रहते हैं। एक ही सूर्य, चन्द्र और नक्षत्रों को देखते हैं। सबके लिए एक ही सूर्य और एक ही चंद्रमा है। सृष्टिकताओं ने अलग-अलग धर्म के मानने वालों के लिए अलग-अलग सूर्य, और अलग-अलग चंद्रमा की सृष्टि नहीं की है। यही सत्य है।

वायु -

भगवान शब्द का तीसरा वर्ण ''व'' है जो वायु का संक्षिप्त रूप है। वायु के महत्व को विश्व के सभी लोग जानते हैं। वायु के बिना जीवों का जीवित रहना संभव नहीं है। जीव-जन्तु वायु से ही आक्सीजन ग्रहण करके जीवित रहते हैं। पेड़-पौधे वायु से ही कार्बन डाइआक्साइड लेकर भोजन का निर्माण प्रकाश संश्लेषण की क्रिया द्वारा करते हैं। यह वायु भारत भर मे नहीं है, पूरे विश्व में है। संपूर्ण संसार के मनुष्य चाहे पापी हो या पुन्यात्मा, ब्राह्मण, क्षत्रिय, वैश्य, शूद्र, निषाद, चाहे किसी भी जाति का हो, किसी भी धर्म का मानने वाला हो, श्वास के द्वारा वायु लेने और छोड़ने की क्रिया करके ही जीवित रहता है। वायु से सभी मनुष्यों का जीवन संभव है। वायु यदि बंद जो जाए तो सभी धर्म के मानने वाले, सभी जाति के लोग और जीव जन्तु मर जाएँगे। ऐसे प्रत्यक्ष और यथार्थ रूप में उपस्थित, ईश्वर के रूप को जानकर भी न मानना ही, नास्तिकता है। आक्सीजन को ही प्राण वायु कहते हैं। अस्पतालों में जब रोगी ज्यादा गंभीर स्थिति में आ जाता है तब इसी प्राण वायु (आक्सीजन) को देकर

चिकित्सक रोगी के प्राणों की रक्षा करते हैं। वायु अदृश्य रहता है पर उसकी उपस्थिति का अनुभव हमें स्पर्श द्वारा, पेड़ पौधों के पत्तों के हिलने के द्वारा होता है। संसार का कोई स्थान ऐसा नहीं है, जहाँ वायु की उपस्थिति न हो, ऐसे वायु की उपयोगिता को देखते हुए भी, ईश्वर के रूप में न मानना सर्वथा गलत है। वायु ही ईश्वर या प्राण है। यही सत्य है।

सब लोग प्रति दिन बढ़ें, चलें, फिरें, शक्ति का उपार्जन करें, अक्षरों का उच्चारण कर सकें, जीवन कायम रहे और अनेक प्रकार के आमोद-प्रमोद की सृष्टि हो, इसलिए शिव ने वायु रूप को धारण किया है।

वाल्मीकीय रामायण, उत्तरकाण्ड, सर्ग 35 में लिखा है- वायुदेव स्वयं शरीर धारण न करके समस्त शरीरों में उनकी रक्षा करते हुए विचरते हैं। वायु के बिना यह शरीर सूखे काठ के समान हो जाता है। वायु ही सबका प्राण है। वायु ही सुख है। वायु ही संपूर्ण जगत है। वायु से परित्यक्त होकर जगत कभी भी सुख नहीं पा सकता। वायु ही जगत की आयु है।

अग्नि -

भगवान शब्द का चौथा वर्ण "अ" है जो अग्नि का संक्षिप्त रूप है। प्रकृति में अग्नि के चार रूप हैं। पृथ्वी में अग्नि, अंतरिक्ष में विद्युत (बिजली), आकाश में सूर्य तथा पाताल में ज्वालामुखी अग्नि के चार रूप हैं। आकाशीय सूर्य का वर्णन तो आकाश शीर्षक के अंतर्गत किया जा चुका है। पृथ्वी में अग्नि के उपयोग के विषय में सभी लोग जानते हैं। रात्रि में प्रकाश प्राप्त करना, भोजन बनाना अग्नि के द्वारा संभव है। ठंड में आग तापकर ठंड दूर करते हैं। कारखानों में धातुओं को पिघलाकर विभिन्न मशीनों को तैयार किया जाता है। सबसे पहले रेल इंजिन में भाप की शक्ति का उपयोग किया जाता था। भाप बनाने के लिए अग्नि का ही प्रयोग किया जाता था। वर्तमान समय में बिजली बनाने के लिए, विद्युत तापीय केन्द्रों में ताप उत्पन्न करने के लिए, अग्नि का उपयोग होता है। हमारे वेदों में इंद्र के बाद अग्नि के उपासना के लिए अधिक सूक्त हैं। अग्नि को इंद्र के बाद दूसरा स्थान दिया गया है। आकाशीय अग्नि का रूप ''सूर्य'' है। सूर्य सम्पूर्ण ग्रहों को अपने चारों ओर घुमाता है। पृथ्वी भी सूर्य की परिक्रमा करती है। सूर्य के किरणों में कुछ बिमारियों को दूर करने की क्षमता होती है। सूर्य संपूर्ण विश्व को प्रकाश देता है। सूर्य के प्रकाश में पेड़ पौधे अपना भोजन बनाते हैं। सूर्य वर्षा कराने में सहायक होता हैं। वेदों में बारह महीनों के 12 सूर्यों को अदिति के बारह पुत्र कहा गया है। उनमें इंद्र प्रधान देवता है जिसे वर्षा के देवता के रूप जाना जाता है। सूर्य हिन्दू, मुस्लिम, सिक्ख, ईसाई तथा सभी धर्म के मानने वालों को समान प्रकाश देता है। किसी धर्म विशेष के प्रति भेदभाव नहीं करता है। पापी हो या पुण्यात्मा सबको समान ताप और प्रकाश देता है। उसके सामने छोटे, बड़े, पापी, पुण्यात्मा, ब्राह्मण, शूद्र, धर्मी, अधर्मी सब समान हैं। अग्नि, सूर्य और विद्युत ईश्वर के प्रत्यक्ष रूप हैं और यथार्थ हैं। कुछ मरीजों को थर्मल थैरेपी दी जाती है। वह भी अग्नि या विद्युत द्वारा होता है। यदि सूर्य का उगना बंद हो जाए तो संपूर्ण संसार अंधकार में डूब जाएगा। फिर जीवन कैसे संभव होगा? उसकी कल्पना भी नहीं की जा सकती है।

ऐसे प्रत्यक्ष ईश्वर के रूप को "न" मानना ही गलत है। सूर्य, अग्नि विद्युत ही सत्य हैं।

जल-

भगवान शब्द का अंतिम अक्षर न है, जो नार या नीर शब्द का संक्षिप्त रूप है। नार या नीर का अर्थ जल है। जल को पानी भी कहते हैं। जल का हमारे जीवन में कितना महत्व है सभी लोग जानते हैं। 'जल ही जीवन है' कहा गया है। जल से ही पृथ्वी में पेड़-पौधे और जीव-जन्तु उत्पन्न होते हैं। वीर्य भी जल का ही रूप है, जिससे बच्चे पैदा होते हैं। जल के बिना खेती नहीं हो सकती। यदि खेती बंद हो जाए तो संपूर्ण संसार भूखों मरने लगेगा। पीने के लिए जल का उपयोग होता है। नहाने, कपड़ा धोने, गंदगी साफ करने आदि में जल का उपयोग होता है। हिन्दु, मुस्लिम, सिक्ख, इसाई या किसी भी धर्म का मानने वाला हो, किसी भी जाति का हो, पापी हो, पुण्यात्मा हो, सबकी प्यास जल बुझाती है। पानी यह नहीं देखता कि यह पापी है या पुण्यात्मा, ब्राह्मण है या शुद्र, पुरुष है या स्त्री, मूर्ख है या विद्वान, हिन्दु धर्म का है या किसी अन्य धर्म का है, सबकी प्यास समान रूप से बुझाता है। जल भी पृथ्वी, आकाश, वायु, अग्नि के समान ईश्वर का समदर्शी रूप है। जैसे मानव शरीर में एक हाथ में पाँच अलग-अलग नाम की ऊँगलियाँ होती हैं पर मुठ्ठी बाँधने में एक हो जाती हैं, उसी प्रकार प्रकृति में ये पाँच तत्व अलग-अलग हैं, पर मनुष्य एवं जीव जंतुओं की सभी आवश्यकताओं की पूर्ती करने वाले प्रत्यक्ष और यथार्थ रूप में उपस्थित ईश्वर हैं। यही सत्य है।

भगवान शिव पंच तत्वों का सम्मिलित रूप हैं। यह कल्याण कारी रूप है। पर वेदों में इनको रूद्र के रूप में भी वर्णित किया गया है। रूद्र का अर्थ रूलाने वाला होता है। बाढ़ आना, आग लगना, भूकंप होना, बादल फटना, ज्वाला मुखी पहाड़ का फूटना, तूफान आना इत्यादि को शिव का उग्र रूप कहा गया है। इसे ही रूद्र कहा गया है। ये सब शिव की विनाशकारी शक्तियाँ है, इसीलिए पुराणकारों ने शिव को विनाश कर्ता या संहारकर्ता कहा गया है। वैदिक भगवान के अनुसार पूरे सौर मण्डल में (ब्रह्माण्ड में) जहाँ तक पृथ्वी, जल, वायु, आकाश और अग्नि है वहाँ तक शिव का वास है। केवल भारत भर में नहीं।

गीता प्रेस गोरखपुर से प्रकाशित संक्षिप्त ब्रह्मपुराण पृष्ठ 143 में लिखा है- महेश्वर का जो पृथ्वी मय शरीर है वह अपने विषयों द्वारा, सुख पहुँचाने समस्त चराचर जगत का भरण-पोषण करने, उसकी संपत्ति बढ़ाने तथा सबका अभ्युदय करने के लिए है। शान्ति मय शरीर वाले भगवान शिव जगत की सृष्टि, पालन और संहार करने के लिए पृथ्वी के आधारभूत जल का स्वरूप धारण किया। उनका वह लोक-प्रतिष्ठत रूप सब लोगों को सुख पहुँचाने तथा धर्म की सिद्धि करने का भी हेतु है। महेश्वर शिव ने समय की व्यवस्था करने, अमृत का स्त्रोत बहाने, जीवों की सृष्टि पालन और संहार करने के लिए तथा प्रजा को सुख एवं उन्नति का अवसर देने के लिए सूर्य, चंद्रमा और अग्नि का शरीर धारण किया है।

शिव केवल कैलाश में रहने वाले हिमालय के दामाद और पार्वती के पति नहीं हैं। पुराणकारों ने अवतारवाद का सहारा लेकर वैदिक भगवान को केवल भारत का भगवान बना दिया है। उसे छोटे से घर (मंदिर) में रहने वाला बना दिया है। हम लोगों ने अपने महान

वैदिक भगवान की महत्ता को स्वयं ही सीमित कर दिया है। सुनने में आता है कि शिव को मक्का में कैदकर लिया गया है, केवल एक पत्थर के टुकड़े को जो लिंग के आकार का है, उसको उठाकर कहीं रख देने से शिव कैद में कैसे हो सकते है? क्या कोई पृथ्वी, जल, वायु, अग्नि और आकाश को कैद में रख सकता है? हाँ इनका उपयोग विभिन्न रूपों में किया जाता है। कोई गुब्बारा में वायु को भरकर यह कहे कि मैंने वायु को कैदकर लिया है, तो क्या सत्य होगा ?

पृथ्वी, जल, वायु, अग्नि और आकाश यही भगवान का रूप है। यही सृष्टिकर्ता, पालनकर्ता और संहारकर्ता है। स्वयं-भू हैं। ये ही संपूर्ण विश्व के पालनकर्ता हैं।

तुलसीदास ने लिखा है-

क्षिति जल पावक गगन समीरा।

पंच रचित अति अधम शरीरा।।

पाँच तत्वों से इस अधम शरीर का निर्माण हुआ है। शरीर तो मरने के बाद नष्ट हो जाता है इसीलिए इसे अधम कहा गया है, पर पाँच तत्व जब संगठित होकर मनुष्य रूप में पैदा होते ही आवाज करने लगते हैं, जिसके कारण शरीर चैतन्य हो जाता है। वही आत्मा शिव का रूप है। आत्मा अमर है। वह कभी नहीं मरता। इसीलिए पंच तत्वों का अभिमानी देवता आत्मा को योग शास्त्री लोग शिव मानते हैं और लिखा भी है -

शिवोऽहम्, शिवोऽहम्, शिवोऽहम्, शिवोऽहम् ।

शिवोऽहम्, शिवोऽहम्, शिवोऽहम्, शिवोऽहम् ।।

वही आत्मा सच्चिदानंद मैं हूँ।

अमर आत्मानंद सच्चिदानंद मैं हूँ।

अखिल विश्व का जो परम आत्मा है ।

वही आत्मा सच्चिदानंद मैं हूँ।1।। शिवोऽहम् ....

अमर आत्मा है मरणशील काया।

सभी प्राणियों के जो भीतर समाया।

वही आत्मा सच्चिदानंद मैं हूँ ।। 2 ।। शिवोऽहम् ....

जिसे शस्त्र न काटे न अग्नि जलावे।

बुझावे न पानी न मृत्यु मिटावे।

वही आत्मा सच्चिदानंद मैं हूँ। ।। 3 ।। शिवोऽहम् ....

है तारों सितारों में आलोक जिसका।

है चंदा व सूरज में आभास जिसका।

वहीं आत्मा सच्चिदानंद मैं हूँ। ।। 4 ।। शिवोऽहम् ....

जो व्यापक है, कण-कण में है वास जिसका ।

नहीं तीनों कालों में हो नाश जिसका।

वही आत्मा सच्चिदानंद मैं हूँ ।। 5 ।। शिवोऽहम् ....

अजर और अमर जिसको वेदों ने गाया।
वही ज्ञान अर्जुन को हरि ने सुनाया।
वही आत्मा सच्चिदानंद मैं हूँ ।। 6 ।। शिवोऽहम् ....
शिवोऽहम्, शिवोऽहम्, शिवोऽहम्, शिवोऽहम् ।
शिवोऽहम्, शिवोऽहम्, शिवोऽहम्, शिवोऽहम् ।।

इस प्रकार विश्व के सभी जीव धारियों की आत्मा शिव रूप है। शिव पुराण में भी लिखा है - शिव के दो रूप है। स्थावर और जंगम। स्थावर पेड़ पौधो को कहा गया है और जंगम जीव जंतुओं को कहा गया है। स्थावर शिव की पूजा पेड़ पौधों को पानी देकर उनकी रक्षा करना है तथा जीव-जंतुओं की पूजा उनकी आवश्यकताओं की पूर्ति करके, उनकी सुरक्षा करना है। अर्थात जीवों की पूजा ही शिव पूजा है। यही भगवान की पूजा है। यही सत्य है।

जीवों का शरीर नाशवान है पर आत्मा अजर-अमर है। शरीर (क्षर) है, आत्मा (अक्षर), शरीर (असत्) है, और आत्मा सत (सत्य) है। प्रकृति के पाँच तत्व अक्षर है और पाँच तत्वों से बना शरीर क्षर है। वेदों के अनुसार पूरा विश्व ही शिवमय है। अखिल ब्रह्माण्ड शिवरूप है।

सम्पूर्ण संसार में जीव-जंतुओं की उत्पत्ति पुरुष (नर) और स्त्री (मादा) से ही होता है। इसी लिए शिव पुराण में सभी पुरुषों को शिव और सभी स्त्रियों को शिवा कहा गया है।

केचुए के समान जीव जिसमें नर जनन अंग और मादा जनन अंग एक शरीर में पाये जाते हैं, एक ही फूल में स्त्री केशर और पुरुष केशर पाये जाते हैं तथा बीज में नर-मादा दोनों के जननांग पाये जाते हैं, उन्हे ही अर्धनारीश्वर शिव कहा गया है। जिसमें आधा अंग शिव का तथा आधा अंग शिवा का होता है।

वैदिक ऋषि मुनियों ने प्रकृति के शक्तियों को ही भगवान के रूप में देखा है और हमेशा प्रकृति के विनाश को रोकने का प्रयास किया। उनके लिए प्रकृति ही सब कुछ था। बाद में अवतार वादियों ने कहानियाँ बनाकर भारतीय समाज को बतलाई। उससे वैदिक भगवान से ध्यान हटकर वास्तविक विश्वास "अंधविश्वास" में परिणित हो गया। मूर्ति पूजा, लिंग पूजा प्रचलित हो गया। वैदिक भगवान पृथ्वी, जल, अग्नि, वायु और आकाश ही सत्य है।

गीता प्रेस गोरखपुर से प्रकाशित संक्षिप्त शिव पुराण वायुवीय संहिता अध्याय 3 में लिखा है कि शिव की पाँच मूर्तियाँ है जो निम्नानुसार है-

ईशान - श्रवणेन्द्रिय, वाणी, शब्द, और आकाश तत्व का स्वामी है।

तत्पुरुष - त्वचा, हाथ, स्पर्श और वायु तत्व का स्वामी है।

अघोर - नेत्र, पैर, रूप अग्नि तत्व की अधिष्ठात्री है।

वामदेव - रसना, पायु, रस और जल तत्व की स्वामिनी है।

सद्योजात - घ्राणेन्द्रिय, उपस्थ, गंध, पृथ्वी तत्व की अधिष्ठात्री है।

ब्रह्मा, विष्णु, रूद्र, महेशान तथा सदाशिव ये पाँव मूर्तियाँ भी शिव की है। शर्व, भव, रूद्र, उग्र, भीम, पशुपति, ईशान, तथा महादेव ये शिव की आठ मूर्तियाँ हैं। इन शर्वादि आठ मूर्तियों से भूमि, जल, अग्नि, वायु, आकाश, क्षेत्रज्ञ, सूर्य और चंद्र अधिष्ठित होते हैं।

शिव का सद्योजात रूप 'पृथ्वी' स्वरूप है जो संपूर्ण चराचर को धारण करता है, सृष्टि का कार्य करता है। वामदेव रूप 'जल' का स्वरूप है जो जीवन दायिनी है जिसका कार्य पालन करना है। अघोर रूप 'अग्नि' रूप है जो विश्व के भीतर-बाहर व्याप्त होकर, संहार का कार्य करता है। शिव का तत्पुरुष रूप 'वायु' है जो संसार को गतिशील बनाकर, भरण पोषण करके तिरोभाव का कार्य करता है तथा शिव का ईशान रूप 'आकाश' है, जिसका कार्य अनुग्रह करना है।

गीता प्रेस गोरखपुर श्रीमद् भागवत पुराण द्वितीय स्कंध के चौथे अध्याय के श्लोक 23 में लिखा है-

भूतैर्महभ्दिर्य इमाः पुरो विभुर्निर्माय शेते यदमूषु पुरूषः
भूङ्क्ते गुणान् षोडश षोडशात्मकः
सोऽलंकृषीष्ट भगवान वचांसि मे।

अर्थात् भगवान ही पंच महाभूतों से इन शरीरों का निर्माण करके इनमें जीव रूप से शयन करते हैं और पाँच ज्ञानेन्द्रिय, पाँच कर्मेन्द्रिय, पाँच प्राण और एक मन- इन सोलह कलाओं से युक्त होकर इनके द्वारा सोलह विषयों का भोग करते हैं। वे सर्वभूत मय भगवान मेरी वाणी को अपने गुणों से अलंकृत कर दें।

कबीर दास ने कहा है-

तेरा साँई तुझमें ज्यों पुहपन में वास ।
कस्तूरी के मिरग, ज्यों फिरि-फिरि ढूंढै घास ।।

अर्थात् फूलों में जैसे सुगंध रहता है उसी प्रकार अपने शरीर में ईश्वर का वास होता है। जैसे कस्तूरी मृग के नाभि में कस्तूरी होती है पर गंध सूंघकर वह घासों में घूम-घूमकर ढूँढता फिरता है। उसी प्रकार हम लोग अपने ही शरीर स्थित आत्मा रूप ईश्वर को मंदिर, मस्जिद, गिरजा घर और गुरूद्वारा में ढूँढते हैं।

गीता के आठवें अध्याय श्लोक 4 में लिखा है -

अधिभूतम् क्षरः भावः पुरुषः च अधिदैवतम्।
अधियज्ञः अहम् एव अत्र, देहे, देह भृताम् वर ।।

उत्पत्ति विनाश धर्म वाले सभी पदार्थ अभिभूत हैं। हिरण्यमय पुरुष अधिदैव हैं और देह धारियों में श्रेष्ठ अर्जुन! इस शरीर में मैं वासुदेव ही अन्तर्यामी रूप से अधियज्ञ हूँ। अर्थात् शरीर जो नाशवान है, वह अधिभूत है, इसमें जो हिरण्यमय पुरुष आत्मा है, वही अधिदैव है, और वही आत्मा वायु देव रूप से अधियज्ञ है। अर्थात् शरीर में स्थित आत्मा ही श्री कृष्ण (वासुदेव) है।

गीता अध्याय 13 श्लोक नं. 23 में लिखा है-

उपद्रष्टा, अनुमन्ता, च भर्ता, भोक्ता, महेश्वरः।
परमात्मा इति, च अपि, उक्तः, देहे अस्मिन, पुरुषः, परः।

इस देह में स्थित यह आत्मा वास्तव में परमात्मा ही है, वही साक्षी होने से उपद्रष्टा और यथार्थ सम्मति देने वाला होने से अनुमन्ता, सबका धारण-पोषण करने वाला होने से भर्ता, जीव रूप से भोक्ता, ब्रह्मा आदि का भी स्वामी होने से महेश्वर और शुद्ध सच्चिदानन्दघन होने से परमात्मा ऐसा कहा गया है।

इसी अध्याय के श्लोक 25 में लिखा है-

ध्यानेन, आत्मनि, पश्यन्ति, केचित्, आत्मानम्, आत्मना।

अन्ये, सांख्येन, योगेन, कर्मयोगेन, च, अपरे।25।

परमात्मा को कितने ही मनुष्य तो शुद्ध हुई सूक्ष्म बुद्धि से ध्यान के द्वारा हृदय में देखते हैं। अन्य कितने ही ज्ञान योग के द्वारा और दूसरे कितने ही कर्मयोग द्वारा देखते हैं, अर्थात् प्राप्त करते हैं।

अन्ये, तु एवम्, अजानन्तः, श्रृत्वा, अन्येभ्यः, उपासते।

ते, अपि, च, अति तरन्ति, एव, मृत्युम्, श्रुतिपरायणः।26।

परंतु इनसे दूसरे अर्थात् मन्द बुद्धि वाले पुरूष हैं, इस प्रकार न जानते हुए दूसरों से अर्थात तत्व जानने वाले पुरूषों से सुनकर ही तद्नुसार उपासना करते हैं।

अध्याय 15 के श्लोक 16 में लिखा है -

द्वौ, इमौ, पुरूषौ, लोके, क्षरः, च अक्षरः, एव, च।

क्षरः, सर्वाणि, भूतानि, कूटस्थः, अक्षरः, उच्यते।16।

इस संसार में नाशवान और अविनाशी भी ये, दो प्रकार के पुरूष हैं। इनमें सम्पूर्ण भूत प्राणियों के शरीर तो नाशवान और जीवात्मा अविनाशी कहा गया है।

उत्तमः पुरूषः, तु अन्यः, परमात्मा इति उदाहृतः।

यः लोकत्रयम आविश्य बिभर्ति अव्ययः ईश्वरः।17।

उत्तम पुरूष तो अन्य ही है जो तीनों लोकों में प्रवेश करके सबका धारण-पोषण करता है। और अविनाशी परमेश्वर और परमात्मा इस प्रकार कहा गया है।

यहाँ तीनों लोकों मे प्रवेश करके सब का धारण-पोषण करने वाले (सूर्य वायु अग्नि) रूपी विष्णु की ओर संकेत किया गया है। जिसे पुरूषोत्तम के नाम से जाना जाता है। जो मनुष्य सभी जीवों में ईश्वर को देखता है, सबका भरण पोषण करता है, वही श्रेष्ठ है। अपने लिए तो सब कोई जीता है, पर जो सबके हित मी कामना करें वही पुरूष पुरूषोत्तम है।

अध्याय 15 श्लोक 15 में लिखा है -

सर्वस्य च अहम् हृदि सन्निविष्टः मतः स्मृतिः

ज्ञानम् अपोहनम् च।

वेदैः च सर्वैः अहम् एव वेद्यः

वेदान्तकृत वेदवित् एव च अहम्।।

श्री कृष्ण कहते है मैं, ही सब प्राणियों के हृदय में अंतर्यामी रूप से स्थित हूँ तथा मुझसे ही स्मृति, ज्ञान और अपोहन होता है। सब वेदों द्वारा मैं ही जानने योग्य हूँ, तथा वेदान्त का

कर्ता और वेदों को जानने वाला भी मैं ही हूँ।

ईश्वर सब प्राणियों के शरीर में जीव रूप से निवास करता है, इस बात को ऋग्वेद के दशम मण्डल के ८२ सूक्त के ऋचा सात में लिखा है:-

"सम्पूर्ण ब्रह्मांड की रचना जिस परमात्मा (विश्वकर्मा) ने की है, हे मनुष्यों! उसका तुम्हें ज्ञान नहीं है। सबसे भिन्न होकर भी वह परमतत्व सभी के भीतर अवस्थित है जो मनुष्य अपने प्राणो की सुरक्षा या पोषण की चिंता में लिप्त हो कर रहते हैं। वे उस परमात्मा को प्राप्त नहीं होते।

इस कथन से सिद्ध होता है की जिस परमात्मा ने सम्पूर्ण ब्रह्मांड की रचना की है वह प्रत्येक प्राणियों के शरीर में जीव रूप से स्थित है अतः अपने प्राणो की ही रक्षा करने की बात न सोच कर सम्पूर्ण प्राणी मात्र (स्थावर-जंगम) की भी रक्षा करने की सोचना चाहिए एवं उनकी सेवा करने से ही परमात्मा की सेवा की जा सकती है और उन्हे प्राप्त किया जा सकता है।

तुलसीदास ने भी इसी बात को "ईश्वर अंश जीव अविनाशी" कहा है जो सभी प्राणियों के शरीर में रहता है।

गीता के अध्याय १५ के सातवे श्लोक में लिखा है-

ममैवांशो जीवलोके जीवभूतः सनातनः।

श्री कृष्ण कहते हैं इस देह में यह जीवात्मा मेरा ही सनातन अंश है।

अर्थात् आत्मा ही श्री कृष्ण है, वही वासुदेव है, पर यह केवल मनुष्यों के लिए ही नहीं है। सभी प्राणियों के अर्थात् कीड़े, मकौड़े गाय, बकरी मछली मुर्गी की आत्मा भी श्री कृष्ण है। उनका बलि देना, यदि अपराध है, तो उनको मारकर उनके माँस को खाना क्या अपराध नहीं है? क्या खाने के लिए मत्स्य पालन उद्योग और कुक्कुट पालन उद्योग सही है?

गीता के अध्याय 9 के श्लोक संख्या 25 में लिखा है-

यान्ति देवव्रताः देवान् पितृन् यान्ति पितृव्रताः।

भूतानि, यान्ति भूतेज्याः यान्ति मद्याजिनः अपि माम्।।

कृष्ण ने अर्जुन से कहा :- देवताओं को पूजने वाले, देवताओं को प्राप्त होते हैं। पितरों को पूजने वाले पितरों को प्राप्त होते हैं। भूतों को पूजने वाल भूतों को प्राप्त होते हैं, और मेरा पूजन करने वाले भक्त मुझको परमात्मा को प्राप्त होते हैं।

आज हम लोग पत्थर को पूजते हैं, तब हम लोगों की क्या गति होगी? क्या हम लोगों को पत्थर या धातु की मूर्तियों की पूजा करने से मोक्ष प्राप्त होगा? क्या मूर्ति में प्राण प्रतिष्ठा के मंत्रों को किसी भी पंडित के पढ़ने से उस मूर्ति में उस देवता के प्राण स्थापित हो सकता है? मरे हुए व्यक्ति के मृत शरीर में उस व्यक्ति के प्राण को प्राण प्रतिष्ठा के मंत्रो से स्थापित करके, क्या उसे जीवित किया जा सकता है?

12. भगवान नीलकंठ एवं भगवान त्रिनेत्र।

हरिवंश पुराण भविष्य पर्व अध्याय 32 में बतलाया गया है कि पूर्व काल में जब भगवान विष्णु दक्ष-यज्ञ की रक्षा कर रहे थे, तब रूद्र और विष्णु के बीच युद्ध हुआ। रूद्र ने सबसे पहले अपने बाण से विष्णु पर आघात किया पर उस आघात से विष्णु न तो कंपित हुए न रोष में आए। तत्पश्चात् विष्णु ने बाण संधान कर, रूद्र की हसली पर छोड़ा, पर महादेव विचलित नहीं हुए। तब नीलवर्ण भगवान विष्णु हठात् उछलकर सनातन देव रूद्र के गले से जा लगे। इससे महादेवजी का गला नीला दिखने लगा और नीलकंठ नाम से प्रसिद्ध हो गए।

अन्य पुराणों में बतलाया गया है कि समुद्र-मंथन के समय निकले हुए विष को, शंकर जी ने पिया था। वही विष भगवान शंकर जी के गले में जाकर रूक गया था, इसके कारण भगवान शिव का कंठ नीला पड़ गया था। इसीलिए भगवान शंकर को नीलकंठ कहते है

उपरोक्त दोनों कहानियों में कौन सी कहानी सत्य हैं? पता नहीं चलता है।

वास्तव में वेद के अनुसार भगवान शिव को पंच तत्वों का अभिमानी देवता कहा गया है। पाँच तत्वों में से एक तत्व आकाश है, जिसका रंग नीला है। वही आकाश तत्व भगवान शिव का गला है, इसीलिए भगवान शिव को नीलकंठ कहते हैं। यही सत्य है।

गले के ऊपर शिव का सिर है जो जो आकाश से ऊपर द्युलोक में है। हम उस भाग को नहीं देख पाते। यजुर्वेद अध्याय 31 श्लोक नं. 1 में लिखा है-

ॐ सहस्त्र शीर्षा पुरूषः सहस्त्राक्षः सहस्त्रपात्।
स भूमिं सर्वतस्पृत्वात्य तिष्ठद् दशांगुलम् ।।

अर्थात् सर्वान्तर्यामी परमात्मा इस समस्त ब्रह्मण्ड की भूमि को सब ओर से व्याप्त करके स्थित हैं और इससे दस अंगुल ऊपर भी है। अर्थात ब्रह्मण्ड में व्यापक होते हुए भी वे इससे परे भी हैं। उन परमात्मा के मस्तक, नेत्र आदि ज्ञानेंदियाँ और हस्तपाद आदि कर्मेन्द्रियाँ हजारों हैं-असंख्य हैं।

उपरोक्त श्लोक से यह सिद्ध होता है विश्वात्मा, शिव का सिर आकाश से दस अंगुल ऊपर है। पाठक गण अपने गले से ऊपर सिर को मापेंगे तो वह भी दस अंगुल ही ऊपर उठा हुआ है।

शिव जी को त्रिनेत्र कहा गया है और उनका तीसरा नेत्र कभी-कभी खुलता है। और जब तीसरा नेत्र खुलता है तब सामने में जो भी होता है वह जलकर कामदेव की तरह भस्म हो जाता है।

प्रकृति रूपी परमात्मा शिव की भी तीन आँखे हैं। पहला सूर्य, दूसरा चंद्रमा और तीसरा नेत्र अग्नि है जो, कभी-कभी खुलता है। पृथ्वी पर आकाशीय बिजली का गिरना, ज्वालामुखी पहाड़ से आग निकलना तथा वनों में अपने आप आग लगना ही शिव का तीसरा नेत्र खुलना है, जिससे जीव-जंतु, पेड-पौधे एवं हरियाली नष्ट हो जाती है।

संपूर्ण विश्व के जीव जंतुओं एवं पेड-पौधे को भी परमात्मा शिव का रूप माना गया है। इनके मस्तक, हाथ पैर और नेत्र असंख्य हैं। संपूर्ण संसार ही शिव रूप है। संपूर्ण जीव-जन्तु, सूर्य, चंद्र और अग्नि के प्रकाश में ही देख पाते हैं। अतः सभी जीव-जन्तुओं और पेड-पौधे के

आत्माओं का समूह ही विश्वात्मा शिव रूप है। यही सत्य है।

13. पत्थर के सिल-लोढ़े की पूजा।

ऋग्वेद के दसम मण्डल के सूक्त 94 के देवता ग्रावाण (पाषाण) या पत्थर हैं तथा ऋषि अर्बुद आदि सिल-लोढ़े की उपासना उनके गुणों के कारण करते हुए कहते हैं-

"पत्थर मांसाहारी व्यक्ति के समान लालवर्ण के सोम की शाखाओं को कूटने-पीसने का कार्य करता है। दस उंगलियों के बंधन में बँधकर पत्थररूपी लोढ़ा सोम को कूटने-पीसने का कार्य शीघ्रता से सम्पन्न करता है। पाषाणों की प्रार्थना करते हुए कहते हैं - मृत्यु, जीर्णता, तृष्णा, श्रम तथा शिथिलता आदि हे पाषाणों ! तुम्हें कभी सन्तप्त नहीं करते। दूसरों को निराशा प्रदान करने वाले होकर भी निराशा रहित हो। तुम समेटने और फेंकने में प्रवीण हो। हे पाषाणों! तुम्हारे पूर्वज कभी अपने स्थान से न हटने वाले पर्वत हैं। वे जीर्णता रहित सोम लताओं से युक्त, हरित वर्ण होकर आकाश-पृथ्वी को अपने अभिषव शब्द से परिपूर्ण करते हैं। अभिषवण काल (कूटने-पीसने तथा सोम से सोमरस निकालने का समय) में ये पाषाण वेगवान रथों के समान ध्वनि करते हैं। वे पाषाण यज्ञ के भार को धारण कर, सोम रस की वृद्धि करते हैं। यज्ञ हेतु लाए गए सोम का भक्षण, पाषाण ही पहले करते हैं। इन पाषाणों की स्तुति करो।"

उपरोक्त कथन से ज्ञात होता है कि पत्थर का लोढ़ा यज्ञ के समय सोम को कूटने-पीसने का कार्य करता है। यहाँ पत्थर की उपयोगिता को देखकर उपासना किया गया है। सिल-लोढ़ा साधारण मशीन का सरल रूप है, जो कार्य को आसान बना देता है। पत्थर दूसरों को निराशा प्रदान करने वाला कहलाता है। पर जब मनुष्य उनको अपने हाथ की दसों उँगलियों से लोढ़ा को पकड़कर कार्य करता है, तभी पत्थर शीघ्रता पूर्वक कार्य करता है। केवल सोम को पीस दो ऐसा कहने मात्र से वह कार्य नहीं करता। आप को निराशा ही प्रदान करेगा। आज कल हम लोग पत्थर की एक मूर्ति बनाकर उससे प्रार्थना करें कि हमारा अमुक काम कर दो तो क्या वह करेगा? कालान्तर में सिल-लोढ़ा को ही जलहरी और शिव लिंग की आकृति बना कर पूजा की जाने लगी। क्या यह सत्य है? शिव लिंग की पूजा का अर्थ यह है कि सृष्टि का निर्माण योनि और लिंग (मादा-नर) से ही संभव है।

यहाँ पर्वतों को पत्थर का पूर्वज कहा गया है, इसीलिए कृष्ण ने गोवर्धन पर्वत की पूजा की थी। तभी से पर्वतों की पूजा करना प्रारंभ हुआ है। आगे चलकर पुराणकारों ने मैथुन क्रिया से सृष्टी की उत्पत्ति होती है, इस बात को समझाने के लिए सिल-लोढ़े एवं पर्वत की पूजा को लिंग पूजा के रूप से परिवर्तित कर दिया। सीधे खड़े चोटी वाले पहाड़ों को शिव लिंग और पृथ्वी को दक्ष पुत्री सती बतलाकर लिंग पूजा प्रारंभ की गई। अर्थात् शिव की प्रथम पत्नी सती (पृथ्वी) को बतलाया गया है। जैसे चित्रकूट में कामदगिरि, हिमालय की चोटी कैलाश पर्वत आदि।

जहाँ पहाड़ नहीं है और घर पर पूजा करनी है, उसके लिए सिल के ऊपर लोढ़ा को खड़ा करके, शिव लिंग और जलहरी के रूप में शिव की पूजा प्रारंभ की गई।

सिल-लोढ़ा प्रारंभिक सरल मशीन का रूप है जो कूटने-पीसने का काम करता है। तकनीकी विकास न करके हमारे देश के लोगों ने मात्र पूजा को ज्यादा महत्व दिया। यह बड़े दुर्भाग्य की बात है।

शायद इसी सूक्त की बात को पढ़कर शिव पुराण कार ने शालिग्राम पत्थर जो आकार में बहुत छोटा पर लोढ़े के समान गोल होता है पूजा करने की बात प्रचलित किया और कालान्तर में किसी भी पत्थर की मूर्ति बनाकर पूजा करने की प्रथा प्रारंभ हो गई। संक्षिप्त शिव पुराण पृष्ठ ३८२ में बतलाया है कि शंख चूड़ (शंख) एक राक्षस था जो शंकर से कृष्ण कवच पाने के कारण और अपनी पत्नी तुलसी के सतीत्व के कारण देवताओं द्वारा अजेय था। जब उसका युद्ध शंकर भगवान से चल रहा था, भगवान विष्णु साधु बनकर शंख चूड़ से कवच माँग कर दान में ले लिया, तथा शंख चूड़ का रूप धारण कर भगवान विष्णु स्वयं शंख चूड़ की पत्नी का सतीत्व भंग किया, तब शंकर भगवान को विजय मिली और शंख चूड़ को त्रिशूल के प्रहार से मार डाला ।

तुलसी को जब ज्ञात हुआ कि मेरे सतीत्व को विष्णु भगवान ने भंग किया है, तब तुलसी ने विष्णु को शाप देते हुए कहा कि तुम पत्थर के समान निर्दयी हो इसलिए पत्थर हो जाओ। शंकर जी ने तुलसी को वरदान दिया कि तुम गंडकी नदी हो जाओ और तुम्हारे ही गर्भ में भगवान विष्णु शालिग्राम पत्थर के रूप में रहेंगे । तुम भी तुलसी वृक्ष हो जाओ। शखचूड की हड्डियों को शंख बनने का वरदान दिया।

वास्तविकता तो यह है, समुद्र में पाये जाने वाले शंख को ही शंखचूड़ कहकर कहानी लिखी गई है। शंख जलीय जीव है, जिसका शरीर कड़े कवच से ढका रहता है। जीव के मरने के बाद ही उसके कवच से शंख बनता है।

दूसरे पुराणों में शंखचूड़ के स्थान में जलंधर और तुलसी की जगह वृन्दा लिखकर इसी कहानी को बतलाया गया है और यह भी बतलाया गया है कि वृन्दा को विष्णु भगवान ने तुलसी पौधा बनने का वरदान दिया था। यहाँ शिव जी ने वृक्ष होने का वरदान दिया, लिखा है। दोनो मे सत्य क्या है? पता नहीं चलता। तुलसीदास ने जलंधर को ही दूसरे जन्म में रावन होना बतलाया है।

इस कथा से तो भगवान विष्णु जो वेद के अनुसार सूर्य, अग्नि और वायु रूप रहकर संपूर्ण विश्व का पालन करने वाले को भी साधू बनकर ढगने वाला और रूप बदलकर व्यभिचार करने वाला बतलाया है। क्या यह सत्य है? पत्थर जो हृदय रहित होता है, क्या दूसरों पर दया कर सकता है ? यह विचारणीय है।

भक्तिकालीन कवि कबीरदास ने इसका खुलकर विरोध किया है और कहा है-

पाथर पूजै हरि मिलै, तो मैं पूजूँ पहार।

वाते तो चाकी भली, पीस खाय संसार।।

हिन्दू मुस्लिम के बीच के नफरत को दूर करने एवं शांति स्थापित करने के लिए मुसलमानों को भी उन्होंने फटकारते हुए कहा है-

कांकर, पाथर जोड़िके, मजिस्द लिया बनाय।

ता चढ़ि मुल्ला बांग दे, क्या बहिरा भया खुदाय।।

कबीरदास ने दोनों को समझाया कि तुम्हारा ईश्वर तुम्हारे शरीर में है। मंदिर-मजिस्द में ढूढ़ने से नहीं मिलता।

ऋग्वेद दसम मण्डल के सूक्त 168 ऋचा 4 में लिखा है कि "वायु ही प्राण रूप है यह इच्छानुसार विचरण शील होता है। इसे कोई देख नहीं सकता।"

उपरोक्त कथन से भी सिद्ध होता है कि शरीर में रहने वाला प्राण ही आत्मा रूप है।

वेद के अनुसार पत्थर या धातु की मशीन जो मनुष्य को जीविका प्रदान करता है उपयोगिता के आधार पर स्तुति करना ठीक है। शस्त्रों से रक्षा होती है। हल से कृषि कार्य किया जाता है। पत्थर से निर्मित आवासादि की पूजा करना ठीक है। इसीलिए शादी करते समय सील-लोढ़े, एवं सब्बल को मंडप के नीचे रखा जाता है। यही सत्य है।

बंदर की (हनुमान की) मूर्ति की तो लोग पूजा करते हैं पर वास्तव में यदि बंदर घरों के छत पर आ जाए, दूकानों में घुसकर कुछ खाने लगे, किसान के खेत में घुसकर फसल को खाने लगे, किसी के बगीचे में घुसकर फलो को खाने लगे तो उसे लोग डंडा लेकर या गुलेल से मारते हैं। यह कहाँ तक सही है? यदि पत्थर की हनुमान की मूर्ति भी बंदरो की तरह कार्य करना शुरू कर दे तो क्या उसकी पूजा लोग करेंगे? पत्थर के बने नागों की पूजा तो सब लोग करते हैं पर घर में सांप घुसने पर उसे क्यों मारते या भगाते हैं? जीवित प्राणी से ज्यादा महत्व पत्थर को दिया जाता है, क्यों?

संक्षिप्त शिव पुराण पृष्ठ 29 में लिखा है कि स्थावर और जंगम भेद से शिव लिंग दो प्रकार का है। वृक्ष -लता को स्थावर लिंग कहते हैं और कृमि-कीटादि तथा अन्य जीवों को जंगम लिंग कहते हैं। स्थावर लिंग को सींचना, जंगम जीव को आहारादि देकर तृप्त करना ही उनकी पूजा है। प्रत्यक्ष शिव के लिंग की पूजा न करके पत्थर के शिवलिंग की पूजा करना क्या उचित है?

14. शिव द्वारा सती का मानसिक त्याग तथा पुनः पार्वती से विवाह।

शिव पुराण में लिखा है कि शिवजी ने दण्डकारण्य में पत्नि के वियोग में घूमते हुए राम को विष्णु समझकर प्रणाम किया। तब सती को राम ही विष्णु है इस बात पर विश्वास नहीं हुआ। वे सीता का रूप धारण करके राम के सामने उपस्थित हुई। राम ने उन्हें पहचान लिया और सती समझ कर प्रणाम किया तथा शिवजी के संबंध में पूछा- शिव जी कहाँ हैं? आप इस वन में क्यों घूम रही हैं? आपने सीता का यह नवीनतम रूप किस लिए धारण किया है?

रामचंद्र की उपरोक्त बातें सुनकर सती बहुत लज्जित हुई और बोली- शिवजी यहीं कुछ दूर में वट वृक्ष के नीचे बैठे हैं। आप विष्णु रूप हैं। इस बात को जानने के लिए तथा अपने मन के संदेह को दूर करने के लिए, मैंने सीता का रूप धारण किया है। अब मुझे पूरा ज्ञान प्राप्त हो गया कि आप ही विष्णु रूप राम हो।

जब शिवजी के पास सती गईं तब शिव ने सती से पूछा कि तुमने राम की परीक्षा कैसे ली। पर सती ने सीता के रूप धारण करने वाली बात को गुप्त रखा परन्तु शिवजी ने जब ध्यान किया तब उन्हें मालूम हो गया कि सती ने सीता का रूप धारण किया था। उसीदिन से शिवजी ने उनका मानसिक रूप से परित्याग कर दिया था। इसलिए सती ने अपने शरीर का त्याग अपने पिता के द्वारा किए जाने वाले यज्ञ के समय पिता के घर पहुँचकर कर दिया।

शिवजी का दूसरा विवाह हिमालय की पुत्री पार्वती से हुआ। पार्वती का शाब्दिक अर्थ पर्वत से निकलने वाली होता है। हिमालय बर्फ का पहाड़ है। बर्फ पिघलकर जल रूप में हिमालय से निकलता है। वही पार्वती का रूप है अर्थात जल ही पार्वती का रूप है। इसीलिए हिमालय से निकलने वाली नदियों को हिमालय की बेटियाँ कहा गया है।

वर्तमान समय में दूरदर्शन में परशुराम धारावाहिक चल रहा है जिसमें बतलाया गया है भगवान परशुराम और रावण दोनों शिव से उनका आत्म-लिंग माँगने गए थे, तब शंकर के साथ पार्वती थीं। परशुराम जब शिव के पास गए थे तब राम का जन्म भी नहीं हुआ था, तब सती ने राम को कैसे देखा? क्या यह सत्य कथा है?

कूर्म पुराण में बतलाया गया है कि जनक की तपस्या से प्रसन्न हो कर पार्वती जी ने सीता को जनक राजा को दिया था। जब पार्वती शंकर की पत्नी थी उन्होने सीता को दिया तब सती जी राम को कैसे देखी होंगी? क्योंकि वे योग अग्नि से भस्म हो चुकी थी।

पुराणों में लिखा है कि आकाशीय विष्णु (सूर्य) भगवान सबसे पहले जल में उत्पन्न हुए। वे ही नारायण कहलाए जो समुद्र मे शयन करते हैं। उनकी नाभि से कमल की उत्पति होती है और कमल में सृष्टी कर्ता ब्रह्मा की उत्पति हुई। वाल्मीकि जी ने भी उत्तरकाण्ड सर्ग चौथे में लिखा है कि पूर्व काल में जल से प्रकट हुई कमल से उत्पन्न प्रजापति ब्रह्मा ने समुद्र गत जल की सृष्टि करके जल-जंतुओं को उत्पन्न किया। जिन जंतुओं ने जल की रक्षा करने का संकल्प लिया वे राक्षस कहलाए और जिन जलीय जंतुओं ने जल का यजन (पूजन) करने का संकल्प लिया वे यक्ष कहलाए। अर्थात् रावण, कुंभकरण, कुबेर आदि जलीय जीव थे। कुबेर को लंका को छोड़कर, हिमालय के पास अलकापुरी नगरी बसा कर रहने की बात बतलाई गई है। वाल्मीकिजी ने यह भी बतलाया है कि वेदवती दूसरे जन्म में कन्या के रूप में कमल के ऊपर उत्पन्न हुई है, उसे रावण लंका ले गया पर अपनी मृत्यु का कारण समझकर, समुद्र में फेंक दिया था। वही कन्या राजा जनक के यज्ञ के समय पृथ्वी को प्राप्त कर पृथ्वी से प्रकट होकर सीता कहलाई। विष्णु भी जो जल में निवास करने वाले थे, अयोध्या में राम रूप से उत्पन्न हुए।

उपरोक्त कथनों से सिद्ध होता है कि सृष्टी का प्रारंभ जल से हुआ और जल से नारायण, वनस्पति, ब्रह्मा, यक्ष, राक्षस, मनुष्य एवं अन्य जीवों की उत्पति हुई है। आगे चलकर ये जलीय जीव, थल में आए और विभिन्न जीवों का विकास थल से भी होना प्रारंभ हो गया। पुराण कारों ने इस बात को सीधे न बतला कर कहानी बनाकर बतलाने का प्रयास किया है। जिससे लोग कहानी को सत्य मानने लगे वैज्ञानिक सत्य से अनभिज्ञ रहे।

शिव पुराण में लिखा है कि शिवजी पहले दक्ष पुत्री सती के साथ काशी में निवास करते थे। बाद में पार्वती के साथ विवाह होने पर हिमालय में निवास करने लगे।

इसका तात्पर्य यह हुआ कि पहले जो लोग काशी में रहते थे वे पहाड़ों की शरण में रहने लगे। इतिहासकार बतलाते हैं, आर्यों के आने के बाद, आर्यों से हार कर यहाँ के मूल निवासी भागकर पहाड़ों में जा छिपे। शिव जी के स्थान परिवर्तन करने की बात से इतिहास कारों के कथन की पुष्टि होती है।

15. पृथ्वी का आधार के बिना हवा में अधर में लटकना।

ऋग्वेद के दशम मंडल के सूक्त 81 के ऋचा नं. 3 में लिखा है कि "सब ओर नेत्र, मुख और भुजाओं तथा चरणों वाले परमात्मा (विश्वकर्मा) ने गतिशील पृथ्वी-आकाश को आश्रय बिना निर्मित किया। उन सबको संचालित करने वाला अकेला परमात्मा ही है।"

उपरोक्त कथन में परमात्मा विश्वकर्मा ने पृथ्वी-आकाश को बिना किसी सहारे के हवा में अधर में निर्मित किया लिखा है। विश्वकर्मा का अर्थ संसार का निर्माण करने वाला ब्रह्मा को कहा गया है। पूर्व में बतलाया जा चुका है कि सूर्य को ही वेद में ब्रह्मा एवं प्रजापति कहा गया है। ब्रह्मा ही को यहाँ विश्वकर्मा कहा गया है।

इससे यह सिद्ध होता है कि पृथ्वी का निर्माण सूर्य से हुआ है, विज्ञान भी यही बतलाता है। पृथ्वी सूर्य से अलग हुई है और अधर मे लटकी हुई है।

वाल्मीकि ने बतलाया है कि पृथ्वी को चारों दिशाओं से चार हाथी उठाकर रखे हुए हैं। वेद के कथन के अनुसार क्या यह सत्य है? सुना जाता है कि पृथ्वी भी शेष नाग के सिर पर रखी हुई है यह कथन भी वेद के अनुसार क्या यह सत्य है? जब शेष नाग ही नहीं है। तब शेषावतार लक्ष्मण और शेषावतार बलराम की कथा भी क्या सत्य है? मेरे इस कथन का पाठक गण विश्वास भले न करें परन्तु वैदिक सत्य यही है। आज लोगों के मन में अंधविश्वास इतना फैल चुका है कि इस बात पर विश्वास करना मुश्किल है।

16. चंद्रग्रहण और सूर्यग्रहण।

पुराणों के अनुसार समुद्र मंथन से निकले अमृत को पिलाने के लिए, मोहनी रूप धारी विष्णु ने देवताओं और असुरों की दो अलग-अलग कतार बनाकर, देवताओं को सबसे पहले अमृत पिलाना प्रारंभ किया। राहू नामक दैत्य देवताओं की कतार में, देवता का वेष बनाकर बैठ गया था और देवताओं के साथ अमृत पी लिया परन्तु तत्क्षण चंद्रमा और सूर्य ने उसकी पोल खोल दी। अमृत पिलाते-पिलाते ही भगवान् ने अपने चक्र से उसका सिर काट डाला। परन्तु सिर अमर हो गया और ब्रह्मा जी ने उसे ग्रह बना दिया। वही राहू पर्व के दिन (पूर्णिमा और अमावस्या) बैर भाव से बदला लेने के लिए चंद्रमा और सूर्य पर आक्रमण करता है। चंद्रमा तथा सूर्य को निगल जाता है। जब चंद्रमा को निगलता है तब चंद्रग्रहण होता है तथा जब सूर्य को निगलता है, तब सूर्य ग्रहण होता है।

उपरोक्त कहानी काल्पनिक कथा है। वर्तमान समय में हम जान चुके हैं कि पृथ्वी सूर्य का चक्कर लगाती है। तथा चंद्रमा पृथ्वी का चक्कर लगाता है। कभी-कभी जब तीनों एक

सीध में आ जाते हैं। तब ग्रहण की स्थिति बनती है। जब पृथ्वी और सूर्य के बीच चंद्रमा अमावस्या के दिन आ जाता है तब चंद्रमा की छाया पृथ्वी पर पड़ती है। छाया वाले भाग में रहने वाले लोगों को सूर्य नहीं दिखाई देता है। इसी को सूर्यग्रहण कहते हैं। पूर्णिमा के दिन कभी-कभी पृथ्वी बीच में आ जाती है। तब पृथ्वी की छाया चंद्रमा पर पड़ती है जिससे चंद्रमा नहीं दिखाई देता है। इसी को चंद्रग्रहण कहते हैं। इस प्रकार प्रच्छाया-उपछाया पड़ने के कारण पूर्ण या आंशिक सूर्य ग्रहण और चंद्रग्रहण होता है, न कि राहू दैत्य के निगलने के कारण। यही सत्य है।

पृथ्वी एवं चंद्रमा की गति का गणतीय हिसाब कर के यह बतलाया जाता है कि कब सूर्यग्रहण पड़ेगा और कब चंद्रग्रहण पड़ेगा।

17. वेदों के अनुसार असुर या राक्षस।

वेदों में बादलों को पानी को रोककर (चुरा कर) रखने वाला असुर या राक्षस कहा गया है, जिसे मारकर इन्द्र वर्षा कराता है। काले घने बादलों को वृत्रासुर कहा गया है, जो जल को अपने पेट में छिपाकर (चुराकर) रखता है। इंद्र के मारने से, वृत्रासुर के मर जाने पर, पानी उसके शरीर से निकल कर, वर्षा के रूप में पृथ्वी पर आता है। कई प्रकार के बादलों में काले घने बादलों (वृत्रासुर) को ही प्रमुख असुर बतलाया गया है। दूसरा असुर शम्बरासुर को कहा गया है, जो पृथ्वी पर बड़े-बड़े जलाशयों, नदियों, सागरों में छिपकर रहता है और पानी को रोककर रखता है। उसे भी इंद्र मारता है और वास्पीकरण करता है। जल की वाष्प को वायु ही ऊपर ले जाता है, इसीलिए वायु को ''पतित पावन'' कहा गया है अर्थात् नीचे गिरे हुए को ऊपर उठाने वाला कहा गया है, क्योंकि जल वाष्प से बादलो का निर्माण होता है और उनको ऊपर ले जाने वाला वायु होता है। इन्हीं दो असुरों को शायद विष्णु के द्वारपाल जय-विजय कहा गया है, उन्हे ही पुराणों में हिरण्याक्ष और हिरण्यकश्यप कहा गया है, रामायण में रावण और कुंभकरण कहा गया है, अहि नामक दैत्य को अहिरावण कहा गया है। तथा महाभारत में शिशुपाल और दंतवक्र कहा गया है।

वेदों के अनुसार वृत्रासुर और शम्बरासुर का उदाहरण-

1. ऋग्वेद द्वितीय मण्डल सूक्त 12 में गृत्समद ऋषि कहते हैं- इंद्र ने काँपती हुई पृथ्वी को दृढ़ता प्रदान की। भड़कते हुए पर्वतों को शांत किया। वृत्रवध करके सप्त नदियों को बहाया। पृथ्वी में छिपे शम्बर नामक दैत्य तथा सोते हुए अहि को मारा।

2. ऋग्वेद प्रथम मण्डल सूक्त 32 में ऋषि हिरण्य स्तूप आंगिरस कहते हैं- पूर्व काल में जो इंद्र ने पराक्रम किया, उसे मैं कहता हूँ। पहिले उन्होंने मेघ (बादल) को मारा फिर वर्षा की। इन्द्र तुमने मेघों में उत्पन्न प्रथम मेघ (वृत्र) का वध किया है। इंद्र ने घोर अंधकार करने वाले वृत्रासुर को भीषण बज्र से, वृक्षों के तनों के समान काट डाला। वह पृथ्वी पर गिर पड़ा। मिथ्याभिमानी, वृत्र ने महाबली, शत्रुनाशक अत्यंत बेग वाले इंद्र को और बहते हुए वृत्र ने नदियों को पीस डाला। हाथ पाँव से हीन वृत्र ने इंद्र से लड़ने की इच्छा प्रकट

की। इंद्र ने उसके कंधे पर प्रहार किया। तब वह क्षत-विक्षत होकर धराशायी हो गया। वृत्रासुर द्वारा छोड़ी गई बिजली, मेघ की गर्जना, जल वर्षा, भीषण बज्र प्रहार भी इन्द्र का स्पर्श न कर सके।

3. ऋग्वेद दशम मंडल सूक्त 111 ऋचा 6 में लिखा है- अपने बज्र द्वारा वृत्र का संहार करने वाले है इंद्र ! जिस समय यज्ञ विरोधी वृत्र बढ़ता जा रहा था, उस समय उसकी कुटिल माया को तूने अपने बज्र द्वारा समाप्त किया।

यहाँ पर वृत्रासुर (बादल) को यज्ञ का विरोध करने वाला बतलाया गया है क्योंकि यज्ञ का आयोजन खुली जगहों पर होता था और पानी गिरने पर, यज्ञ कार्य में बाधा उपस्थित हो जाता था। बादल के साथ आँधी या तेज हवा भी चलती है, जो यज्ञ कार्य में बाधक होता है। बादल या वृत्रासुर अपने रूप को बदल-बदल कर अंतरिक्ष में घूमता है, इसीलिए उसे मायावी कहा गया है।

18. वेदों के अनुसार विश्व के माता और पिता।

1. ऋग्वेद प्रथम मण्डल सूक्त 191 ऋचा 6 में अगस्त्य मुनि कहते हैं- हे विषैले जंतुओं! आकाश तुम्हारा पिता और पृथ्वी माता है। सोम (चंद्र) तुम्हारा भाई है और अदिति तुम्हारी बहिन है।

2. ऋग्वेद तृतीय मण्डल प्रथम सूक्त के ऋचा 10 में विश्वामित्र ने लिखा है- समान रूप से पति-पत्नि रूप आकाश-पृथ्वी अग्नि! का पालन कर्ता हैं। हे अग्ने तुम आकाश पृथ्वी की रक्षा करो।

3. ऋग्वेद प्रथम मंडल सुक्त 185 में ऋषि अगस्त्य कहते हैं - वह न चलने वाली, बिना पैरों की आकाश-पृथ्वी, पाँव वाले शरीर धारियों को पिता और माता के समान गोद में धारण करते हैं। हे आकाश-पृथ्वी! हमारी भय से रक्षा करो। हे पिता-माता स्वरूप आकाश-पृथ्वी! मैंनें जो कुछ कहा सब सत्य हो जाए। हम अन्न, बल और दान स्वभाव को प्राप्त करें। साथ चलने वाली सदा तरूण समान सोमयुक्त भगिनी-भूत आकाश-पृथ्वी, पिता-माता गोद रूप है। हे आकाश-पृथ्वी! महान भय से हमारी रक्षा करो। यह सौभाग्यवती पृथ्वी समस्त पदार्थ और समस्त प्राणियों को धारण करती हैं।

4. ऋग्वेद प्रथम मंडल सूक्त 164 ऋषि दीर्घतमा 8 वें और 9 वें ऋचा में कहते है- पृथ्वी माता आकाशस्थ सूर्य को वृष्टि के लिए पूजती है। यह गर्भेच्छा से वर्षा रूप गर्भ से सींची गई, तब मनुष्यों ने अन्न प्राप्त की तथा स्तुति की। प्रदक्षिणा करती हुई पृथ्वी गर्भभूत जल राशि के लिए ठहरी, तब वृष्टि रूप वत्स ने शब्द किया और विश्व रूप वाली गौ (पृथ्वी) शस्य श्यामला हुई। इसी सूक्त के 33 वें ऋचा में लिखा है- आकाश मेरा पालनकर्ता पिता है, विस्तीर्ण पृथ्वी मेरी माता है। आकाश-पृथ्वी के मध्य अंतरिक्ष योनि

रूप है, वहाँ पिता गर्भ स्थापन करता है।

उपरोक्त ऋग्वेद के उदाहरणों के अनुसार पृथ्वी को विश्व की माता और आकाश को विश्व का पिता कहा गया है तथा वर्षा को सूर्य का वीर्य कहा गया है। सूर्य को आकाश की आत्मा विष्णु माना गया है।

जैसे नर, मादा के ऊपर रहकर वीर्य से बच्चे पैदा करते हैं। उसी प्रकार आकाश रूपी पिता (नर) पृथ्वी रूपी माता (मादा) के ऊपर रहकर अंतरिक्ष रूप योनि में वर्षा रूप वीर्य डालकर पृथ्वी पर जीव जन्तुओं की उत्पत्ति करता है। इसीलिए आकाश को पिता और पृथ्वी को माता कहा गया है। ये केवल भारत वासियों के पिता और माता नहीं है। संपूर्ण विश्व के जीवों के पिता माता के रूप में स्थित हैं, क्योंकि संपूर्ण विश्व आकाश और पृथ्वी के बीच ही बसा हुआ है। पूरे विश्व में विश्व बंधुत्व की भावना यहाँ व्यक्त की गई है।

धरती मेरी माता, पिता आसमान।

मुझको तो अपना सा लागे, सारा जहान।।

"गीत गाता चल" फिल्म का यह गाना इसी का उदाहरण है।

19. धर्म और सनातन धर्म।

धर्म का तात्पर्य धारण करने से है, बनाए रखने से है और जिससे सभी बने रहें, संयमित रहें, सुव्यवस्थित रहें वही धर्म है। व्यक्तिगत और सामाजिक जीवन का आधार धर्म है। यह जीवन का शास्वत सत्य है जो कुछ श्रेष्ठ है उसकी आदर्श अभिव्यक्ति ही धर्म है। सामान्य धर्म मानव धर्म है जिसमें नैतिक नियम आते हैं जिसका पालन करना प्रत्येक नागरिक का परम दायित्व है। जैसे-

माता-पिता और गुरु की सेवा करना सर्वोत्तम धर्म है। सद्गुणों को अपनाना एवं अवगुणों का त्याग करना, सबसे अच्छा धर्म है। सत्य बोलना, क्रोध न करना, धन को बाँटकर उसका प्रयोग करना क्षमा करना शौच करना, किसी से बैर न करना, मन वाणी और शरीर से किसी को कष्ट न देना, जीवों पर दया करना इंद्रियों पर संयम रखना, अपना अपकार करने वाले का भी उपकार करना इत्यादि मानवीय धर्म है।

जिस धर्म का पालन, समय, परिस्थिति और स्थान विशेष को देख कर किया जाता है उसे विशिष्ट धर्म या स्वधर्म कहा जाता है। जैसे- वर्ण धर्म, कुलधर्म, राजधर्म, युगधर्म, मित्रधर्म, गुरुधर्म आदि।

आपत्ति के समय जिस धर्म को अपनाया जाता है उसे आपद्धर्म कहते हैं जैसे किसी के प्राण की रक्षा के लिए झूठ बोलना, महाभारत में बड़े भाई के द्वारा छोटे भाई के पत्नी से संतान उत्पन्न करना आदि।

वाजसेनेयि शुक्त यजुर्वेद संहिता (मिश्रभाष्य) के अध्याय 31 कंडिका 14 मंत्र के विस्तार में लिखा है-

जो जगत को धारण करे उसको धर्म कहते हैं।

सत्य, तप, दम, शम, दान, विधि पूर्वक संतानोत्पादन, ग्राहपत्यादि तीन अग्नि, त्रयी विद्या, अग्निहोत्र, यज्ञ, मानसयज्ञ और सन्यास ये धर्म के 12 अवयव हैं।

सनातन धर्म। सनातन का अर्थ सदा एक समान रहने वाला होता है। पृथ्वी, जल, वायु, अग्नि, आकाश, सूर्य, चंद्र, तारे तथा जीवात्मा, ये सब सदा एक समान रहने वाले हैं इसीलिए इनको सनातन कहा जाता है।

वाल्मीकीय रामायाण प्रक्षिप्त सर्ग 2 श्लोक नं. 36 में लिखा है -

त्रैलोक्यस्य भवांशास्ता देवो विष्णुः सनातनः ।।36।।

अर्थात् हे राम! तीनों लोकों पर शासन करने वाले सनातन देवता विष्णु आप हैं।

उत्तरकाण्ड सप्तदश सर्ग श्लोक 40 में लिखा है-

सैषा जनक राजस्य प्रसूता तनया प्रभो।

तव भार्या महाबाहो विष्णुस्त्वं सनातनः।

यहाँ ऋषि अगस्त्य राम से कहते है- प्रभो! वही यह वेदवती महाराज जनक की पुत्री के रूप में प्रादुर्भूत होकर आपकी पत्नी हुई है। आप ही सनातन विष्णु हैं।

वेद में तीनों लोकों मे स्थित सूर्य, अग्नि और वायु को विष्णु कहा गया। है बाल्मीकि जी ने विष्णु को ही सनातन देवता कहा है, अतः प्राकृतिक शक्ति'' सूर्य अग्नि और वायु को ईश्वर रूप में मानना ही सनातन धर्म है।

गीता के दूसरे अध्याय के 24वें श्लोक मे बतलाया गया है- "यह आत्मा सर्व व्यापक, अचल, स्थिर रहने वाला और सनातन है। आत्मा ही सत्य है।" इसी प्रकार अध्याय 18 के 61वें श्लोक मे बतलाया गया है, "ईश्वर सभी भूत प्राणियों के हृदय मे निवास करता है।"

गीता के उपरोक्त दोनों कथनों से यह सिद्ध होता है कि सभी भूत प्राणियों के शरीर में स्थित आत्मा रूप ईश्वर को मानना ही सनातन धर्म है। सभी जीवों के शरीर में स्थित आत्मा को ही ईश्वर मान कर उनकी सेवा सत्कार करने से ही ईश्वर की प्राप्ति हो सकती है। यही सनातन धर्म है।

श्री कृष्ण ने कहा है की "ममैवंशों जीवलोके जीवभूतः सनातनः" अर्थात संपूर्ण प्राणियों के शरीर में स्थित जीव ही सनातन रूप है। अर्थात जीवों की सेवा करना ही सनातन धर्म है।

20. कृष्ण पत्नी पद्मिनी (पद्मावती) की उत्पत्ति।

गीता प्रेस गोरखपुर से प्रकाशित, संक्षिप्त स्कंध पुराण पृष्ठ 267 में लिखा है- एक समय की बात है, मित्र वर्मा की मनोरमा नामक धर्म पत्नी के गर्भ से, आकाश नामक पुत्र हुआ, जो अपने कुल का आभूषण था। बड़े होने पर शाक वंश में उत्पन्न धरणी नाम वाली कन्या, राज कुमार आकाश की धर्म पत्नी हुई। राजा आकाश एक पत्नी व्रती थे। एक दिन उन्होंने यज्ञ के लिए आरणी नदी किनारे भूमि का शोधन कराया। जब सोने के हल से पृथ्वी जोती गई तब बीज की मुठ्ठी बिखरते समय राजा ने देखा, पृथ्वी से एक कन्या प्रकट हुई है, जो कमल की शय्या पर सोई हुई है। उसे देखकर राजा के नेत्र आश्चर्य से खिल उठे। उन्होंने

उसे गोद में उठा लिया और यह मेरी पुत्री है-मेरी पुत्री है कहने लगे। तब आकाश वाणी हुई, वास्तव में यह तुम्हारी पुत्री है। इसका तुम पालन पोषण करो। राजा ने उस कन्या का नाम "पद्मिनी" (पद्मावती, पद्मा लया आदि) रखा और बड़े होने पर उसकी शादी वेंकटाचल स्वामी नारायण श्री कृष्ण से की। पृथ्वी से निकलने के कारण पृथ्वी ही पद्मिनी है जो आकाश रूपी कृष्ण की पत्नी बनी।

21. राम पत्नी सीता की उत्पत्ति।

गीता प्रेस गोरखपुर से प्रकाशित वाल्मीकीय रामायण बालकाण्ड 66 वें सर्ग में राजा जनक ने बतलाया कि निमि के पुत्र देवरात के हाथ में शंकर जी के धनुष को देवताओं ने धरोहर के रूप में रख दिया था। एक दिन मैं यज्ञ के लिए भूमि शोधन करते समय खेत में हल चला रहा था। उसी समय हल के अग्रभाग से जोती गई भूमि (हराई या सीता) से एक कन्या प्रकट हुई सीता (हल द्वारा खीचीं गई रेखा) से उत्पन्न होने के कारण उसका नाम सीता रखा गया। पृथ्वी से प्रकट हुई वह मेरी कन्या क्रमश: बढ़कर सयानी हुई। अपनी इस आयोनिजा कन्या के विषय में निश्चय किया कि जो अपने पराक्रम से इस धनुष को चढ़ा देगा, उसके साथ ही मैं इसका ब्याह करूँगा। राम ने धनुष तोड़ा और राम का विवाह सीता से हुआ। पृथ्वी से निकलने के कारण पृथ्वी ही सीता है जो राम की पत्नी बनी।

उपरोक्त दोनों कहानी पद्मिनी की उत्पत्ति और सीता की उत्पत्ति एक समान है। केवल नाम में अंतर है। माता रूप पृथ्वी ही सीता और पद्मिनी है तथा राम और कृष्ण ही वेदों के अनुसार जगत के पिता रूप आकाश हैं।

22. वेदों के अनुसार राम।

वाल्मीकीय रामायण उत्तरकाण्ड के प्रथम सर्ग के श्लोक ५ में लिखा है उत्तर दिशा के नित्य निवासी वसिष्ठ, कश्यप, अत्री, विश्वामित्र, गौतम, जमदग्नि और भारद्वाज, ये सात ऋषि जो सप्तऋषि कहलाते हैं, वे अयोध्या पुरी में पधारे।

यहाँ वाल्मीकि जी ने इसके तात्पर्य को समझाते हुए कहते हैं कि वसिष्ठ ऋषि एक शरीर से अयोध्या में रहते हुए भी, दूसरे शरीर से सप्तऋषि मण्डल में रहते थे।

इस कथन से यह सिद्ध होता है, आकाशीय तारों को ही पृथ्वी पर अवतार लेकर रहने वाला बतलाया है।

उत्तरकाण्ड के सर्ग ११० में बतलाया गया है जब रामचंद्र जी परमधाम जाने के लिए, सरयू के जल में प्रवेश करने के लिए, दोनों पैरों से आगे बढ़ने लगे तब ब्रह्मा जी आकाश से ही बोले- श्री विष्णु स्वरूप रघुनन्दन! आइये, आपका कल्याण हो। हमारा बड़ा सौभाग्य है जो आप अपने परमधाम को पधार रहे हैं। महाबाहो! आप देवतुल्य तेजस्वी भाइयों के साथ अपने स्वरूप भूत लोक में प्रवेश करें। आप जिस स्वरूप में प्रवेश करना चाहें, अपने उसी स्वरूप में प्रवेश करें। महातेजस्वी परमेश्वर! आप की इच्छा हो तो चतुर्भुज विष्णु रूप में ही प्रवेश करें अथवा अपने सनातन आकाशमय अव्यक्त ब्रह्मरूप में ही विराजमान हों। देव! आप ही सम्पूर्ण लोकों के आश्रय हैं।

यहाँ वाल्मीकि जी ने राम को सनातन आकाशमय अव्यक्त रूप कहा है तथा विष्णु भी कहा है अर्थात राम नीले आकाश में स्थित सूर्य ही हैं।

वेदो में आकाश को पति और पृथ्वी को पत्नि कहा गया है। दिन में सूर्य आकाश के आत्मा के रूप में रहता है। आकाश का रंग दिन में नीला होता है। अवतारवाद की कथा में आकाश में स्थित सूर्य (विष्णु) का ही राम रूप में अवतार लेना बतलाया गया है। वाल्मीकीय रामायण में राम को ही विष्णु कहा गया है। वेद में विष्णु सूर्य, अग्नि और वायु को कहा गया है।

राम शब्द में तीन अक्षर हैं। पहला अक्षर 'र', दूसरा अक्षर 'अ' और तीसरा अक्षर 'म' है। 'र' अक्षर रवि का संक्षिप्त रूप है, जिसका अर्थ सूर्य है। दूसरा अक्षर 'अ' आग का या अग्नि का संक्षिप्त रूप है तथा तीसरा अक्षर 'म' मरूत या मारूत का संक्षिप्त है, जिसका अर्थ वायु है। राम शब्द का अर्थ सूर्य, अग्नि और वायु है।

वाल्मीकीय रामायण सर्ग 4 में राक्षसों के पूर्वज हेति, विद्युत केश एवं सुकेश की उत्पत्ति के संबंध में बतलाते हुए वाल्मीकि जी कहते हैं कि हेति और प्रहेति जल से उत्पन्न राक्षसों के अधिपति थे। हेति का पुत्र विद्युत केश था जो सूर्य के समान प्रकाशित होता था। विद्युत केश की पत्नी सालकटंकटा कुछ समय बाद उसी तरह गर्भ धारण किया जैसे मेघों की पंक्ति समुद्र से जल ग्रहण करती है। उसने मंद्राचल पर्वत पर जा कर विद्युत के समान कांतिमान बालक को जन्म दिया। वह बालक मेघ की गंभीर गर्जना के समान शब्द करने लगा। विद्युत केश का वह पुत्र सुकेश के नाम से प्रसिद्ध हुआ। सुकेश के ही पुत्र माल्यवान, माली और सुमाली हुए। सुमाली की पुत्री कैकशी ही रावण कुंभकरण और विभीषण की माता हुई।

उपरोक्त कथन में हेति के पुत्र विद्युत केश को सूर्य के समान प्रकाशित होने वाला कहा गया है। विद्युत केश की पत्नी को समुद्र से बादल के समान जल ग्रहण करने वाला कहा गया है तथा सुकेश को बादल के समान गंभीर गर्जना करने वाला बतलाया गया है। इसका तात्पर्य यह है की हेति स्वयं बादल है, बादल से विद्युत उत्पन्न होती है और विद्युत उत्पन्न होने के बाद गर्जन सुनाई देता है। हेति के पुत्र को विद्युत केश कहा गया है जो सूर्य के समान चमकने वाला है, अर्थात बादल से उत्पन्न होने वाला विद्युत ही विद्युत केश है। विद्युत केश का पुत्र सुकेश को बादल के समान गर्जना करने वाला कहा गया है, अर्थात मेघ का गर्जन ही सुकेश है। विज्ञान के अनुसार आज हम जान चुके हैं कि बादल से विद्युत उत्पन्न होता है और विद्युत से गर्जन उत्पन्न होता है।

शम्बरासुर को पृथ्वी पर समुद्र में रहने वाला बतलाया गया है, जो समुद्र के पानी को रोककर सुप्तावस्था के समान रहता है। वह बादलों के समान हमेशा इधर-उधर घूमकर अपनी माया नहीं दिखलाता। समुद्र में मिलने वाली नदियों के जल एवं जलीय जीव-जंतु को समुद्र निगल जाता है। समुद्र में रहने वाले शम्बरासुर को ही कुंभकरण कहा गया है, जो हमेशा सोया रहता है परन्तु जब समुद्री तूफान के रूप में समुद्र (शंबरासुर) अपना विकराल रूप दिखलाता है। तब समुद्र तटीय लाखों मनुष्यों को निगल जाता है। इसी को कुंभकरण का जागना कहा गया है। शंबरासुर (समुद्र) हमेशा सोया रहता है। पर जब जागता है तब

हजारों जीवों को खा जाता है उसी प्रकार कुंभकरण की भी आदतों का वर्णन रामायण में दिया गया है। वाल्मीकीय ने इसीलिए उत्तरकांड में राक्षसों को जलीय जीव बतलाया है। रावण-कुंभकरण को जलचर प्राणी कहा गया है, जो वेदों के अनुसार वृत्रासुर (बादल में रहने वाले) तथा शम्बरासुर (समुद्र में निवास करने वाला) है।

यजुर्वेद अध्याय 3 में लिखा है "सभी को प्रेरणा देने वाले सूर्य रूप परमात्मा के साथ समान प्रेम करने वाले जिस रात्रि देवता के देवता इन्द्र हैं वह रात्रि देवता और हम पर अनुग्रह करने वाले अग्नि इनको भी पहचाने। यह आहूति इन अग्नि के लिए देता हूँ।"

यहाँ इन्द्र को रात्रि का देवता एवं सूर्य से समान प्रेम करने वाला बतलाया है। बाल्मीकिजी ने इन्द्र को ही शायद विभीषण कह करके बतलाया है, जो राम का मित्र बना था।

आकाश में स्थित सूर्य रूप विष्णु की ही तुलसीदास ने इस प्रकार उपासना की है।

नील सरोरूह श्याम, तरूण अरूण बारिज नयन।

करहु सो मम उर धाम सदा क्षीर सागर सयन।।

अर्थात् जो नील कमल के सामन श्याम वर्ण हैं, पूर्ण खिले हुए लाल कमल के समान जिनके नेत्र हैं और जो सदा क्षीर सागर में शयन करते हैं, वे भगवान विष्णु मेरे हृदय में निवास करें। यहाँ नारायण का रूप नीलकमल के समान नीला बतलाया गया है। वही आकाश है। राम सूर्यवंशीय राजा हैं अर्थात् सूर्य ही थे। राम का रूप भी नीला बतलाया गया है। राम का जन्म भी दिन में हुआ। राम का रूप नीला है जैसे-

नीलाम्बुज श्यामल कोमलांगम।

सीता समारोपित बाम भागम्।।

पाणौ महासायक चारु चापम्।

नमामि रामम् रघुवंश नाथम्।।

अर्थात् राम का रूप नीले कमल के समान कोमल और नीला है। आकाश का रूप भी नीला होता है। ऋग्वेद मे वैश्वानर अग्नि को आकाश-पृथ्वी सब लोकों मे व्याप्त होते हुए जीव मात्र मे रमने वाला बताया गया है। इसीलिए राम को सब में रमण करने वाला बतलाया गया है या रमाने वाला बतलाया गया है। ऋग्वेद के दशम मण्डल शूक्त 37 ऋचा 4 मे लिखा है- "अपनी रश्मियों द्वारा संसार को प्रकाशित करने वाले हे सूर्य! तेरा तेज अंधकार को नष्ट कर देने वाला है। तेरी यह तेजस्विता पापों का समन करे।"

तुलसीकृत, रामचरितमानस बालकाण्ड में राम को विश्व को प्रकाश देने वाला कहा है। जो सूर्य है।

बालकाण्ड में लिखा है-

पुरूष प्रसिद्ध प्रकाश निधि, प्रकट परावर नाथ।

शिवजी ने पार्वती से कहा कि भगवान राम प्रकाश के भण्डार हैं, और सब रूपों में प्रकट हैं। अर्थात सूर्य ही है जो सब में प्रकट हैं।

आगे लिखा है-

राम सच्चिदानंद दिनेसा।

नहिं तहँ मोह निसालवलेसा।।

सब कर परम, प्रकाशक जोई।

राम अनादि, अवधपति सोई।।

जगत प्रकाश्य, प्रकाशक रामू।

माया धीश, ग्यान गुन धामू।।

अर्थात राम सतचिदानंद सूर्य हैं, सूर्य के सामने मोह रूपी रात्रि का नामो निशान नहीं हो सकता है। राम को जगत का प्रकाशक बतलाया गया है, जगत को प्रकाश देने वाले दिन में सूर्य ही होते हैं। वही अनादि अवध के स्वामी राम हैं। जगत जिसके प्रकाश से प्रकाशित है वह सूर्य रूपी राम ही मायाधीश हैं तथा ज्ञान और गुणो के धाम हैं।

आदि अंत कोउ जासु न पावा।

मति अनुमान निगम अस गावा।।

आकाशीय सूर्य का आदि और अंत किसी ने नही जान पाया है। वेदों ने अपनी बुद्धि से अनुमान करके इस प्रकार गाया है-

बिन पग चलै, सुनै बिनु काना।

कर बिन करम, करै विधिनाना।।

आननरहित, सकल रस भोगी

बिन वाणी, वक्ता बड़ जोगी।।

तन बिन परस, नयन बिन देखा ।

ग्रहइ घ्रान बिन, बास अनेका।।

असि सब भाँति, अलौकिक करनी।

महिमा जासु, जाइ नहिं बरनी।।

अर्थात ये आकाशीय सूर्य एवं पृथ्वी बिना पैर के चलते हैं, बिना हाथ के सभी काम करते हैं, बिना कान के सभी कुछ सुनते हैं, मुख नही है, फिर भी सभी रसों का भोग करते हैं, बिना वाणी के बोलते हैं, शरीर के बिना सबको स्पर्श करते हैं, बिना आँख के सबको देखते हैं, बिना नाक के सब गंधो को सूँघते हैं, जितनी भी इनकी अलौकिक कार्य एवं महिमा है, उसका वर्णन नहीं किया जा सकता है। इसी भगवान को निराकार कहा जाता है। निराकार का अर्थ होता है, जिसकी कोई निश्चित आकार न हो।

तुलसीदास ने रावण कुंभकरण मेधनाद आदि को निसिचर अर्थात् रात्रि में विचरण करने वाला कहा है।

तुलसीदास ने जय-विजय को शाप वश हिरण्यकश्यप और हिरण्याक्ष के रूप में जन्म लेने वाला बतलाया है तथा वे ही अगले जन्म में रावण और कुंभकरण हुए। लिखा भी है-

भए निशाचार जाई तेइ, महावीर बलवान।

कुंभकरन रावन सुभट, सुर विजई जग जान।।

वे ही दोनों (हिरण्यकश्यप-हिरण्याक्ष) देवताओं को (दिन के देवता आदित्यों को) जीतने वाले तथा बड़े योद्धा रात्रि में विचरण करने वाले रावण और कुंभकरण हुए जिन्हें सारा संसार जानता है। यहाँ रावण, कुंभकरण को निशाचर कहा गया है अर्थात रात्रि में चलने वाले प्राणी कहा गया है। अन्य उदारण भी निम्नलिखित है-

नारद ने शिव दूतों को शाप दिया और कहा-

होहु निशाचर जाइ तुम, कपटी पापी दोउ।

हँसे हमहि सो लेहु फल, बहुरि हँसेहु मुनि कोउ।।

यहाँ शिव दूतों को भी नारद ने निशाचर होने का शाप दिया है। वे ही रावण और कुंभकरण हुए।

राजा प्रताप भानू और उसके भाई अरिमर्दन को भी ब्राह्मणों ने शाप दिया और कहा-

बोले विप्र सकोप तब, नहिं कछु कीन्ह विचार।

जाइ निशाचर होहु नृप, मूढ़ सहित परिवार।।

अर्थात् ब्राह्मणों ने राजा प्रतापभानू को परिवार सहित निशाचर होने का शाप दिया। निशाचर शब्द का अर्थ रात में चलने वाले होता है। दोनों भाई ही रावण और कुंभकरण हुए।

सचिव जो रहा, धरम रूचि जासू।

भयउ विमात्र, बंधु लघु तासू।।

नाम विभीषण, जेहि जग जाना।

विष्णु भगत, विज्ञान निधाना।।

प्रतापभानू का धर्मरूचि नाम का सचिव विभीषण नाम का निशाचर हुआ जो रावण का सौतेला भाई हुआ वह विष्णु का भक्त भी था तथा विज्ञान का भंडार था।

ऋग्वेद द्वितीय मण्डल शूक्त 17 के ऋचा 4 मे कहा गया है- "बहुत अन्न वाले इन्द्र संसार के स्वामी हैं। उन्होने आकाश-पृथ्वी को व्याप्त किया है। उन्होने अंधकार को सर्वत्र प्रेरित करते हुए विश्व को ढक दिया।"

यजुर्वेद के अध्याय 3 के अनुसार इंद्र को रात्रि का देवता बतलाया है।

ऋग्वेद के दसममंडल के ऋचा 5 में लिखा है-

जैसे हारने वाला जुआरी जीतने वाले जुआरी को खोज कर उसे परास्त करता है वैसे ही वृष्टि को रोकने वाले सूर्य को परास्त कर, इंद्र उसे जल वृष्टि के लिए प्रेरित करता है।

ऋग्वेद प्रथम मण्डल शूक्त 50 ऋचा 2 मे लिखा है- "सर्वदर्शी सूर्य के प्रकट होते ही नक्षत्र आदि प्रसिद्ध चोर के समान छिप जाते हैं।"

उपरोक्त कथनों में सूर्य को परास्त करने वाला इंद्र है अर्थात् जब रात्रि आती है तब सूर्यास्त हो जाता है इसका मतलब है कि इंद्र विजयी होता है और सूर्यादय के होने से इंद्र, रात्रि, चंद्रमा और तारे परास्त हो जाते हैं। इसी कारण शायद इंद्र को रावण रात्रि के रात्रि को कुंभकरण (जो रात्रि भर निद्रा में लीन रहता है) तथा चंद्रमा को विभीषण कहा गया है। चंद्रमा संसार को प्रकाश देकर सूर्य (विष्णु) की भक्ति करता है और सूर्य रूपी राम की सहायता

करने वाला होता है। सूर्य के उदय होने के बाद भी चंद्रमा आकाश में दिखाई देता है, लुप्त नही होता है। इसलिए चंद्रमा को (विभीषण) सूर्य (राम) का मित्र बतलाया गया है। तथा तारों को निशाचरों की सेना बतलाया है। सूर्योदय होते ही अंधकार एवं नक्षत्रादि चोर के समान छुप जाते हैं।

सभी के शरीर में समान तापक्रम (राम) के रूप में रमण करने वाली सूर्य की गर्मी विराजमान होती है। राम की पत्नी सीता की उत्पत्ति पृथ्वी से हुई है, अर्थात् पृथ्वी ही सीता है। राम को बारह कलाओं से युक्त बतलाया गया है। सूर्य बारह महीनों में बारह कलाओं से तपता है। इसलिए राम को बारह कला वाला बतलाया गया है। दिन में आकाश में सूर्य अकेला रहता है उसका संपूर्ण ताप पृथ्वी (सीता) को प्राप्त होता है। इसीलिए राम को मर्यादा पुरूषोत्तम कहा गया है। वेदों में विष्णु को मर्यादा पुरुषोत्तम कहा है। आकाश में स्थित सूर्य के द्वारा वर्षा से पृथ्वी में स्थित स्थावर और जंगम दो पुत्र उत्पन्न होते हैं। उसी प्रकार राम के द्वारा सीता से कुश (स्थावर) और लव (जंगम) दो पुत्र हुए। राम स्वयं आकाश और पृथ्वी स्वयं सीता के रूप हैं। यही सत्य है।

अवतार वादियों ने राम के व्यापक रूप को अयोध्या में प्रकट करके संकुचित कर दिया है। आकाश-पृथ्वी केवल भारत के ही नहीं विश्व के पिता-माता के रूप में हैं। आकाशस्थ सूर्य सभी देशों में चमकता है। राम के विशाल क्षेत्र को हमने संकुचित कर दिया। राम और आकाश में स्थित सूर्य में केवल एक ही अंतर है। राम मनुष्य अवतार लेकर मनुष्योचित व्यवहार करते हुए ब्राह्मण और शूद्र में अंतर मानते हैं, ब्राह्मण को श्रेष्ठ और शूद्र को निम्न कोटि का मानते हैं। बुद्ध और बौद्ध मतावलम्बियों और नास्तिक धर्म वाले चार्वाक आदि को चोर की भांति दण्डनीय मानते हैं, पर आकाश में स्थित सूर्य सबको समान रूप से देखता है। बौद्ध हो या जैन, ब्राह्मण हो या शूद्र, भारतीय हो या विदेशी, हिन्दू हो या मुसलमान हो, या इसाई हो या चाहे किसी भी धर्म का मानने वाला हो, सबको समान ताप और प्रकाश देता है। यदि राम-सीता की पूजा करनी है तो आकाश और पृथ्वी समझकर करो। यही सत्य है।

ऋग्वेद के तृतीय मण्डल के प्रथम सुक्त के ऋचा 20-21 में विश्वामित्र ने लिखा है- "हे अग्नि ! तुम पुरातन हो। तुम्हारे प्रति हम प्राचीन और नवीन स्तोत्रों से स्तुति करते हैं। सब प्राणियों में व्याप्त अग्नि मनुष्यों में वास करते हैं। सब मनुष्यों में रमे हुए सभी प्राणियों में व्याप्त अग्नि को विश्वामित्र ने चैतन्य किया है। उन अभिष्ठ वर्षा अग्नि के प्रति ही हमने यह स्तुति की है।"

इसी बात को शायद रामायण में यह कहकर बतलाया है कि जब विश्वामित्र को राक्षसों ने यज्ञ करने से रोका। तब वे राजा दशरथ से राम-लक्ष्मण को माँगकर राक्षसों का वध करने के बहाने ले गये और शिक्षित (चैतन्य) किया।

रामायण के अनुसार राम सूर्यवंशी राजा हैं तथा सुग्रीव सूर्य पुत्र है। इसीलिए दोनों में मित्रता हुई है। सूर्य दिन का देवता है। सूर्य की शक्ति दिन में अधिक होती है। बाली इंद्र पुत्र है, और यजुर्वेद के अध्याय तीन के अनुसार इंद्र रात्रि का देवता है। जिस प्रकार रात्रि और दिन

में दुश्मनी होती है उसी प्रकार सुग्रीव (सूर्य)-बाली (इंद्र) के बीच दुश्मनी की बात लिखी गई है। दिन में रात्रि का आगमन नहीं हो सकता है। इसीलिए बाली को दिन में मारा गया है।

वाल्मीकि ने रावण, कुंभ करण को जलचर प्राणी कहा है तथा तुलसीदास ने उन्हें निशाचर कहा है इसलिए राम की कथा सत्य है कि नहीं कहा नहीं जा सकता पर राम शब्द का अर्थ वेदों के अनुसार सूर्य, अग्नि, वायु है। यही सत्य है। इसीलिए मनुष्य के मरने के बाद जब उसकी शव यात्रा निकाली जाती है। तब ''राम नाम सत्य है''- '' राम नाम सत्य है'' कहते हुए शवयात्रा पूर्ण की जाती है।

तुलसीदास ने भी इसीलिए राम से बड़ा उनके नाम को बतलाते हुए कहते हैं-

अगुन सगुन, दुइ ब्रहम सरूपा।

अकथ अगाध, अनादि अनूपा।।

मोरे मन बड़, नाम दुहूँ तें।

किए जेहि जुग, निज बस निज बूतें।।

निरगुन ते एहि भांति बड़, नाम प्रभाव अपार।

कहउँ नाम बड़ रामते, निज विचार अनुसार।।

ब्रहम राम ते नाम बड, वरदायक वरदानि।

अर्थात् निरगुन और सगुन ब्रहम (ईश्वर)के रूप हैं, जो अकथनीय, अगाध, अनादि और अनुपम हैं। परंतु मेरे विचार से दोनों ब्रहम से नाम बड़ा है जिसने संपूर्ण संसार को अपने बल पर वश में किए हुए है।

इस प्रकार निरगुन ब्रहम से उसके नाम का प्रभाव बड़ा है और नाम का प्रभाव भी अपार है। इसीलिए मै अपने विचार से सगुन ब्रहम (राम) से उनके नाम को बड़ा मानता हूँ। राम से बढ़कर उनका नाम है। राम का नाम ही वरदान देने वाला है।

काले घने बादलों को जो जल को चुरा कर रखता है, वेदों में वृत्रासुर कहा है, उसी को वाल्मीकि जी ने रावण कहा है। सूर्य को राम कहा है। वर्षा ऋतु में सूर्य और बादल के बीच अक्सर युद्ध होते रहता है। कभी सूर्य को बादल ढँक लेता है, कभी सूर्य बादलों को भगाकर प्रकाशित हो जाता है। यही राम, रावण एवं मेघनाद (बादलों का गर्जन) का युद्ध है। वर्षा ऋतु का क्वाँर महीने में अंत हो जाता है और मानसून वापस हो जाता है तथा आकाश में बादलों का आना बंद हो जाता है। सूर्य का प्रकाश अबाध रूप से जीवों को मिलने लगता है इसी को राम की विजय और रावण की मृत्यु होना कहा गया है, और इसीलिए क्वाँर के दसमी तिथि को शायद विजयाशमी (दशहरा) के रूप में मनाया जाता है। अंधकार पर प्रकाश की विजय ही दशहरा पर्व है।

सामवेद आग्नेय काण्ड चतुर्थ दशती श्लोक 7 मे लिखा है- हे! रोम-रोम में बसने वाले अग्ने! तू द्रव्यों का अधिकारी है, हमें भी द्रव्य वाला कर।

उपरोक्त कथना अनुसार सभी मनुष्यों के शरीर में समान ताप क्रम विद्यायमान रहता है तथा हर जीव हवा से ही जीवित रहता है।

राम शब्द वेदों के अनुसार संपूर्ण विश्व में व्यापक है। अन्न से जीवों की उत्पत्ति होती है। अन्न सूर्य के प्रकाश में पकते हैं। हम लोग घरों में भोजन को अग्नि से पकाकर खाते हैं। श्वास द्वारा हवा भी लेते हैं। अर्थात सूर्य, अग्नि, और वायु की उर्जा हमारे शरीर मे हमेशा विद्वमान रहती है। हमारे हर श्वास में राम का वास है।

सामवेद के आग्नेयकाण्ड के शप्तम दशती के ऋचा 3 मे लिखा है- "हे मनुष्य! तू अग्नि और वायु का अंश रूप है।"

इसी को तुलसीदास ने लिखा है-

ईश्वर अंश जीव अविनाशी।

गीता मे इसी को लिखा है-

ममैवांशो जीव लोके जीव भूतः सनातनः।

इस संसार मे सभी जीव धारियों के शरीर मे स्थित आत्मा ईश्वर का अंश है और सनातन है। इसीलिए कहा गया है-

कर ले सब से प्रेम जगत में,

कोई नहीं पराया रे।

तुझमें राम, मुझमें राम,

सब में राम समाया रे।।

तुलसी दास ने भी लिखा है-

सिया राम मय, सब जग जानी।

करहुँ प्रणाम जोरि युग पानी।।

हम लोगों को मालूम है कि वर्षा ऋतु में वर्षा होने के पूर्व काले घने उत्पात सूचक बादल उत्पन्न होते हैं तथा उल्का पात होते हैं। बिजली चमकने के बाद गर्जन होता है फिर वर्षा प्रारंभ होता है। वर्षा ऋतु में यज्ञ कुंड की जलती हुई आग भी बुझ जाती है। वर्षा ऋतु के दौरान इस प्रकार की घटना आए दिन होता रहता है। वर्षा ऋतु के बीत जाने पर आकाश स्वच्छ हो जाता है। मानसूनी बादल पानी के बूंदों के रूप में वर्षा करके धराशायी हो जाते हैं। नदी-नाले पानी से भर कर बहनें लगते हैं।

दुर्गा सप्तसती पुस्तक जो गीता प्रेस गोरखपुर से प्रकाशित हुई है उसमें महिषासुर, मघु-कैटभ, धुम्रलोचन, चंड-मुंड, रक्तबीज, निशुम्भ और शुम्भ आदि राक्षसों के मृत्यु की बात विभिन्न देवियों के द्वारा होना बतलाया गया है। अन्तिम दैत्य शुम्भ के वध के पश्चात सप्तसती पुस्तक में लिखा है:-

"शुम्भ के मरने के बाद सम्पूर्ण जगत प्रसन्न एवं पूर्ण स्वस्थ हो गया तथा आकाश स्वच्छ दिखाई देने लगा। पहले जो उत्पात सूचक मेघ और उल्का पात होते थे। वे सब शान्त हो गए तथा उस दैत्य के मारे जाने पर नदियाँ भी ठीक मार्ग से बहने लगीं। अग्निशाला की आग अपने आप प्रज्वलित हो उठी तथा सम्पूर्ण दिशाओं के भयंकर शब्द शान्त हो गए।"

उपरोक्त कथन से सिद्ध होता है कि शुम्भ दैत्य भी बादल अथवा मेघ (वेदों के अनुसार वृत्रासुर) था। वर्षा ऋतु के समाप्त होने के साथ ही (मानसून के समाप्त होने के साथ ही) इसीलिए नवदुर्गा पक्ष मनाया जाता है। इन्ही नौ दिनों में देवियों का युद्ध राक्षसों से होने की बात दुर्गा सप्तसती में लिखी गई है। अन्तिम दैत्य शुम्भ के मरने के बाद आकाश का स्वच्छ होना, उल्का पात का बन्द होना गर्जन रूपी घोर भयंकर शब्द का बन्द होना, नदियों का भी ठीक मार्ग पर चलना तथा अग्निशाला की आग का अपने आप प्रज्वलित होने आदि बातों से यह सिद्ध होता है कि वर्षा ऋतु के बाद मानसून के लौटने के पश्चात ही उपरोक्त घटनाएँ होती हैं। इसलिए विजयादशमी (दशहरा के दिन ही रात्रि में दुर्गा विसर्जन का कार्यक्रम किया जाता है।

23. वेदों के अनुसार हनुमान ।

रामायण के अनुसार हनुमान केशरी वानर का पुत्र है तथा वह पवन पुत्र एवं शंकर (रूद्र) पुत्र भी कहा गया है।

वेदों में बंदर एवं पक्षियों को पवन पुत्र कहकर इसलिए संबोधित किया गया है कि वे हवा में तेजी से उछल कूद लेते हैं तथा पक्षी हवा में हवा की तरह उड़ लेते हैं। पवन का उग्र रूप आंधी, तूफान और चक्रवात को वेद में रूद्र कहा गया है रूद्र को ही शिव कहा गया है। इसीलिए हनुमान को शंकर सुवन भी कहा गया है। वायु का चक्रवाती रूप घूमता हुआ धूल आदि को उड़ाता हुआ ऊपर की ओर जाता है। जिससे सूर्य धूलादि के कारण छिप जाता है। इसी को हनुमान के द्वारा सूर्य का निगलना कहा गया है।

24. वेदों के अनुसार कृष्ण।

वेदों में आकाश को पति और पृथ्वी को पत्नी कहा गया है। दिन में आकाश नीला (राम) और रात में आकाश काला (कृष्ण) दिखता है। दिन में आकाश में सूर्य अकेला होता है और रात में आकाश में चंद्रमा के साथ तारे होते हैं। कृष्ण चंद्रवंशीय है अर्थात् चंद्रमा हैं। कृष्ण का जन्म कृष्ण पक्ष अष्ठमी की आधी रात को हुआ। अष्ठमी के दिन रात्रि में चंद्रमा, आधीरात को उगता है। कृष्ण को सोलह कला युक्त बतलाया गया है, क्योंकि चंद्रमा की सोलह कलाएँ होती हैं। कृष्ण को चोरी करने वाला बतलाया गया है, क्योंकि रात्रि मे ही चोरियाँ होती हैं। कृष्ण को रात्रि में गोपियों के साथ रास क्रीड़ा करने वाला बतलाया गया है, क्योंकि चंद्रमा के साथ रात्रि में तारे, गोपियों के रूप में रहती हैं। तारे ही गोपियाँ हैं। आकाश रूपी कृष्ण की पत्नी पृथ्वी रूपी पद्मिनी है, जो पृथ्वी से निकली है। जैसे- राम की पत्नी सीता। कृष्ण की पत्नियों की संख्या भी इसीलिए निश्चित नहीं बतलाई गई है। क्योंकि नक्षत्रों (तारों) को चंद्रमा की पत्नियाँ कहा गया है। तारों की संख्या निश्चित नहीं है।

जैसे गाय चराने वाला ग्वाला एक जगह रहता है और गाय फैलकर चरती हैं, उसी प्रकार चंद्रमा ग्वाले की तरह चमकता हुआ एक जगह रहता है और तारे गायों की तरह चंद्रमा के चारों ओर फैली रहती हैं। इसीलिए कृष्ण को यादव कहा गया है। चंद्रमा का रूप कभी स्थिर

नहीं रहता है। इसीलिए कृष्ण को भी रूप बदलने वाला (मायावी) कहा गया है।

हमारे देश में समय (काल) की गणना चंद्र गति और नक्षत्रों के गति के अनुसार होती है, इसीलिए कालचक्र (सुदर्शन चक्र) का कृष्ण के हाथ में होना बतलाया गया है। कृष्ण सुदर्शन चक्र धारण करते हैं। कृष्ण की पूजा रात्रि के आकाश में स्थित चंद्रमा के रूप में करनी चाहिए। कृष्ण की पत्नी के रूप में पृथ्वी की पूजा करनी चाहिए क्योंकि पद्मिनी की उत्पत्ति पृथ्वी से हुई है। यही सत्य है।

कृष्ण चंद्रवंशी है। अर्जुन इंद्र का पुत्र है! चंद्रमा तथा इंद्र दोनों रात्रि के देवता है। इसीलिए कृष्ण और अर्जुन की मित्रता हुई। कर्ण सूर्य पुत्र है। सूर्य दिन का देवता है। इसीलिए सूर्य पुत्र कर्ण और इंद्र पुत्र अर्जुन दुश्मनी हुई। सूर्यास्त के समय जब सूर्य की शक्ति कमजोर हो जाती है तभी कर्ण की मृत्यु होना बतलाया गया है।

वर्तमान समय में भारत के अधिकांश निवासी वाल्मीकीय रामायण को नहीं पढ़े हैं। वे केवल तुलसीदास के रामचरित मानस को ही पढ़ते हैं। पुराणों की कुछ कहानियो से परिचित हैं। वे लोग वेद के ज्ञान से लगभग पूर्णतः अनभिज्ञ हैं। वेदों के अनुसार ब्रह्मा, विष्णु और शिव कौन है, नहीं जानते, इसीलिए उन्हे मेरी बातों पर एकाएक विश्वास नहीं होगा। पर जब ये यजुर्वेद पढ़ेंगे तब उन्हे पता चलेगा कि ब्रह्मा, विष्णु और भगवान शिव वास्तव मे कौन हैं? इस पुस्तक में वेदों के अनुसार विश्व के माता-पिता पृथ्वी और आकाश के अनुसार ही राम और कृष्ण तथा उनकी पत्नी सीता और पद्मिनी का वर्णन किया गया है।

25. चंद्रमा की उत्पत्ति।

मार्कण्डेय पुराण के अनुसार चंद्रमा का जन्म, अत्रिमुनि की पत्नी अनसुइया के गर्भ से होना बतलाया गया है जो सत्य नहीं हैं।

यजुर्वेद के प्रथम अध्याय में बतलाया गया है "प्राचीन काल में देवताओं ने प्राणियों को धारण करने वाली पृथ्वी को ऊँचा उठाकर वेदों के साथ चंद्रलोक में स्थापित कर दिया था। धर्म के मानने वाले उसी पृथ्वी के दर्शन से यज्ञादि क्रिया करते थे।"

उपरोक्त कथन से ये सिद्ध होता है, प्राचीन काल में पृथ्वी और चंद्रमा जुड़े हुए थे। कालान्तर में पृथ्वी और चंद्रमा एक दूसरे अलग हो गए।

विज्ञान भी हमें यह बतलाता है कि चंद्रमा की उत्पत्ति पृथ्वी से टूटकर अलग होने से हुई है। चंद्रमा पृथ्वी का उपग्रह है। 24 घंटे में वह पृथ्वी का एक चक्कर लगाता है। जिससे दिन और रात होता है।

सामवेद चतुर्थ दशती में बतलाया गया है-

"चंद्रमा के मंडल में जो प्रकाश है, (वेग व्याप्त) है वह सूर्य रश्मियों द्वारा ही संभव हुआ है।"

विज्ञान भी हमें यह बतलाता है कि चंद्रमा, सूर्य किरणों के कारण ही प्रकाशित होता है। यही सत्य है।

26. पृथ्वी द्वारा सूर्य की परिक्रमा करना।

सामवेद ऐंद्रकाण्ड प्रथम दशती के ऋचा 7 मे लिखा है-

"सूर्य स्थिर रहता हुआ, पृथ्वी को घूमाता रहता है।"

इसका अर्थ यह हुआ कि पृथ्वी को सूर्य स्वयं स्थिर रहकर अपने चारों ओर घूमाता है।

विज्ञान के द्वारा भी सिद्ध किया जा चुका है कि सूर्य अपने आकर्षण बल के द्वारा अपने चारों ओर पृथ्वी को घूमाता है। पृथ्वी सूर्य की परिक्रमा 365 दिन 6 घंटे मे करती है। इसी को एक वर्ष कहते हैं। वेद की बात विज्ञान के अनुसार पूर्णतः सत्य है।

परंतु भागवत पुराण पंचम स्कन्द के अध्याय 21 मे सूर्य के रथ और उसकी गति का वर्णन करने के संबंध में यह लिखा है कि पृथ्वी के बाहर चारों ओर स्थित मानसोत्तर पर्वत पर सूर्य का रथ, पृथ्वी के बीच मे स्थित सुमेरु पर्वत के चारों ओर परिक्रमा करता है। मानसोत्तर पर्वत पर सूर्य की परिक्रमा का मार्ग नौ करोड़ इंकयावन लाख योजन है। सूर्यदेव पूर्व में स्थित इन्द्र की पुरी देवधानी से परिक्रमा प्रारम्भ कर के दक्षिण में स्थित यमराज की संयमनी नगरी पहुँचते हैं। वहाँ से उनका रथ पश्चिम मे स्थित वरुण की निम्नलोचनी नगरी से होते हुए, उत्तर में स्थित चंद्रमा की विभावरी नगरी पहुँचता है। उत्तर से पुनः उनका रथ पूर्व मे स्थित इन्द्र की नगरी मे पहुँचता है।

उपरोक्त कथन से यह सिद्ध होता है कि सूर्य पृथ्वी की परिक्रमा मानसोत्तर पर्वत पर अपने रथ को रख कर करता है। यह कथन वेद के कथन अनुसार कहाँ तक सत्य है? यह कथन तो वेद और विज्ञान के कथन के पूर्णतः विपरीत है।

गैलीलियो एक वैज्ञानिक थे, जिन्होंने दूरबीन का आविष्कार करके सन 1609 मे यह सिद्ध किया था कि पृथ्वी सूर्य का चक्कर लगाती है, सूर्य पृथ्वी का चक्कर नहीं लगाता। यह बात धर्म के मानने वाले तत्कालीन अंधभक्तों को हजम नहीं हुआ और उन्होने गैलीलियो को धर्म के खिलाफ बोलने वाला कहकर, सजा दिलवाई थी। परंतु आज पूरा विश्व इस बात को मानने लगा है कि पृथ्वी ही सूर्य की परिक्रमा करती है।

27. श्वेत प्रकाश का निर्माण सात रंगों से मिलकर होना।

ऋग्वेद प्रथम मण्डल के शूक्त 146 के ऋचा 1 में लिखा है-

"हे मनुष्य! तीन मस्तक वाले, सात किरणों वाले, पूर्ण रूप वाले आकाश और पृथ्वी के बीच प्रकाशित नक्षत्रों में तेज रूप से व्याप्त इस अग्नि का स्तवन कर।"

ऋग्वेद दशम मण्डल के शूक्त 5 ऋचा 5 मे लिखा है-

"मेधावी अग्नि ने भगिनी रूपिणी सप्तवर्णी ज्वालाओं को सभी पदार्थो को सहजता से देखने के लिए प्रकट किया है।"

उपरोक्त कथन मे अग्नि को तीन सिर वाला कहा है इसका तात्पर्य अग्नि के तीन प्रकार से है। 1. ग्राहपत्य अग्नि 2. आहवनीय अग्नि और 3. दक्षिणाग्नि, ये ही अग्नि के तीन प्रकार हैं।

सात किरणों वाला या सप्तवर्णी ज्वाला वाला कहने का तात्पर्य यह है कि सफ़ेद प्रकाश सात प्रकार के वर्णा (रंगो) का बना हुआ है। यहा सात वर्णा का नाम नहीं दिया है परंतु वैदिक

काल में लोगो को यह मालूम था कि प्रकाश की श्वेत किरण का निर्माण सात रंगो से मिलकर हुआ है।

आज विज्ञान के द्वारा सिद्ध किया जा चुका है कि प्रकाश की श्वेत किरण सात रंगों (बैगनी, आसमानी, नीला, हरा, पीला, नारंगी और लाल) से मिलकर हुआ है। इन्हीं सात किरणों को सूर्य के रथ को खींचने वाले सात अश्व भी कही गया है।

जब सूर्य की किरण बादल में स्थित जल की बूंदों से होकर गुजरता है तब वह सात रंगों में विभक्त हो जाता है। वही हमें इंद्रधनुष के रूप में दिखाई देता है।

28. मनुष्य की आयु से संबंधित वर्णन।

संस्कृत संस्थान बरेली से प्रकाशित ऋग्वेद प्रथम मंडल के सूक्त 89 ऋचा 9 में गौतम ऋषि ने विश्व देवों से प्रार्थना की है:-

शतमिन्नुशरदो अन्तिदेवा यत्रा नश्चक्राजरसंतनुनाम्।

पुत्रासो यत्र पितरो भवन्ति मानो मध्या रीरिषता युगन्तोः।।

हे देवताओ! जब हमको बुढ़ापा देखे तो हम लगभग सौ वर्ष के होते हैं उस समय हमारे पुत्र भी पिता बन जाते हैं। तुम हमको अल्पायु में मृत्यु को प्राप्त न कराओ।

ऋग्वेद के द्वितीय मण्डल के सूक्त 27 ऋचा 10 में ऋषि गृत्समद ने वरूण आदित्य देवताओं से प्रार्थना किया है-

त्वं विश्वेषां वरूणासि राजा ये च देवा असुर ये च मर्ताः।

शतं नो रास्व शरदो विचक्षेऽश्यामायूंषि सुधितानि पूर्वा।।

हे वरूण! तुम देवता हो या मनुष्य सबके स्वामी हो। सौ वर्ष देखने योग्य करो, जिससे हम पूर्वजों की आयु को भोग सकें।

ऋग्वेद के तृतीय मण्डल सूक्त 36 ऋचा 10 में विश्वामित्र इंद्र से प्रार्थना करते हैं:-

अस्मे प्रयन्धि मघवन्नृ जीषिन्निन्द्रायो विश्वव वारस्य भरेः।

अस्मे शतं शरदो जीवसे धा अस्मे वीरांछश्वत इन्द्रशिप्रिनि ।।

हे सरल प्रवृत्ति वाले मघवन! तुम सबके वरण करने योग्य हो। हमको सौ वर्षों तक जीने की सामर्थ्य दो। हमें चिरायुष्व और वीर-पुत्र दो।

ऋग्वेद चतुर्थ मण्डल सूक्त 4 ऋचा 7 में वामदेव ऋषि अग्नि देव से प्रार्थना करते हैं:-

सेदग्ने अस्तु सुभगः सुदानुर्यस्त्वा नित्येन हविषा य उक्थैः।

विप्रीषति स्व आयुषि दुरोणे विश्वेदस्मै सुदिना सासदिष्टिः।।

हे अग्नि! जो नित्य हवि-दान एवं मंत्र रूप स्तुतियाँ प्रेरित करने के उदेश्य से तुम्हारी प्रीति की इच्छा करता है, वह व्यक्ति सौभाग्यशाली एवं दान-शील हो। वह कठिनता से प्राप्त होने वाली अपनी सौ वर्ष की आयु को भोगे, उस यजमान के लिए सभी दिन सौभाग्यशाली हों। वह यज्ञ का पालन करने के साधनों से सम्पन्न हो।

ऋग्वेद के पंचम मण्डल सूक्त 54 ऋचा 16 में शायास्व आत्रेयऋषि मरूत देवता से प्रार्थना करते हैं।

तद्वोयामि द्रविणं सद्यऊतयो येना स्वर्णततनाम नॄरभि।

इदंसुमे मरुतो हर्यता वचो यस्य तरेम तरसा शतं हिमाः।।

हे तुरंत रक्षा करने वाले मरूदगणों! तुमसे हम धन माँगते हैं। जैसे सूर्य अपनी किरणों को दूर तक फैलाते हैं, वैसे ही हम अपनी संतान तथा सेवकों को उसी धन के द्वारा बढ़ावें। हे मरूदगणों! तुम हमारे इस स्तोत्र से प्रसन्न होते हुए हमको चाहो। जिससे हम अपनी आयु के सौ वर्ष सुख पूर्वक निकाल सकें।

ऋग्वेद के षष्ट मण्डल सूक्त 2 ऋचा 5 में भारद्वाज, बृहस्पति ऋषि अग्नि से प्रार्थना करते हैं-

समिधा यस्त आहुतिं निशितिंमर्त्यो नशत्।

वयावन्तं स पुष्यति क्षयमग्ने शतायुषम्।।

हे अग्नि! जो यजमान तुमको मंत्र-युक्त आहुति देता है और पुष्ट करता है, वह संतानवान होकर सौ वर्ष तक जीवित रहता हुआ सुन्दर घर में निवास करता है।

मनोज पब्लिकेशन बुराड़ी दिल्ली से प्रकाशित ऋग्वेद के सातवें मण्डल सूक्त 66 ऋचा 16 में वसिष्ठ ऋषि सूर्य से प्रार्थना करते हैं।

तच्चक्षुर्देवहितं शुक्रमुच्चरत्।

पश्येम शरदः शतं जीवेम शरदः शतं।।

अंधकार को नष्ट करने वाला, सबका चक्षु रूप, संसार का कल्याण करने वाला, सूर्य हमारे सामने प्रकट हो रहा है। हे देवता! सौ वर्ष तक जीवित रहने वाले हम, सौ वर्ष तक उसे देखें।

उपरोक्त ऋग्वेद के ऋषि गृत्समद, गौतम, विश्वामित्र, वामदेव, शायास्व, आत्रेय, भारद्वाज, बृहस्पति और बसिष्ठ आदि ने सौ वर्ष की आयु प्राप्त करने के लिए वैदिक देवताओं से प्रार्थना की है। मनुष्य की आयु 100 वर्ष से कम होती थी इसीलिए ऋषियों ने १०० वर्ष तक जीने के लिए देवताओं से प्रार्थना की है। इसी प्रकार पुराणों में मनुष्य, पितर, देवताओं तथा ब्रह्मा की आयु निम्नानुसार बतलाई गई है।

मनुष्य का एक दिन (दिन-रात) में होता है।

360 दिन का एक वर्ष होता है।

सौ वर्ष में 360 × 100 = 36000 दिन होता है।

पितरों का एक माह में (कृष्ण पक्ष-शुक्ल पक्ष) एक दिन रात होता है।

∴ 1 वर्ष में 12 माह पितरों का 12 दिन

पितरों के 1 वर्ष = 360 दिन = 12 × 30 = 360 माह

1 वर्ष में 12 माह होते हैं।

100 वर्ष में 360 × 100 = 36000 माह होते हैं।

देवताओं का एक वर्ष (उत्तरायण-दक्षिणायण) 1 दिन होता है।

360 वर्ष में देवताओं का एक वर्ष होता है।

देवताओं का सौ वर्ष 360 × 100 = 36000 वर्ष होते है।

कूर्म पुराण के अनुसार -

ब्रह्मा का 360 कल्पों का 1 वर्ष होता है।

ब्रह्मा का 100 वर्ष = 360 × 100 = 36000 कल्प होता है ।

उपरोक्त गणना अनुसार-

मनुष्य की आयु 36000 दिन की होगी।

पितर की आयु 36000 माह होगी।

देवताओं की आयु 36000 वर्ष होगी।

ब्रह्मा की आयु 36000 कल्प होगी ।

वेद के अनुसार युग-

अजुर्वेद अध्याय 27 कंडिका 45 में लिखा है -

हे देव! तुम संवत्सर, परिवत्सर इदावत्सर, इद्वत्सर, वत्सर पंच संवत्सरात्मक युग रूप हो।

विष्णु पुराण संक्षिप्त श्री दुर्गा पुस्तक भंडार (प्रा.) लि. द्वारा बम्बई से प्रकाशित, द्वितीय अंश अध्याय 8 में लिखा है-

सौर, सावन चान्द्र तथा नाक्षत्र, इन चार प्रकार के मासों के अनुसार विविध रूप से कल्पितसंवत्सरादि पांच प्रकार के वर्ष (संवत्सर, परिवसत्सर, इदावत्सर द्वत्सर और वत्सर) युग कहलाते हैं।

बृहदारण्यक उपनिषद और गीता के अनुसार ब्रम्हा की आयु-

वृहदारण्यक उपनिषद के अनुसार प्रजापति का एक अहोरात्रि 2 हजार युग का होता है। देवताओं का अहोरात्रि उत्तरायण और दक्षिणायन है। पितृगण का अहोरात्रि शुक्ल पक्ष और कृष्ण पक्ष है। मनुष्य का अहोरात्रि एक दिन एक रात्रि का है।

श्रीमद् भागवत गीता अध्याय 8 श्लोक नं 17 में लिखा है-

सहस्त्रयुगपर्यन्तम्, अहः, यत्, ब्रह्मणः, विदुः।

रात्रिम् युगसहस्त्रान्ताम्, ते, अहोरात्रविदः, जनाः।।

उपरोक्त बृहदारण्यक उपनिषद और गीता श्लोक के अनुसार ब्रह्मा का दिन एक हजार युग का और रात्रि एक हजार युग का होता है। ब्रह्मा का एक दिन-रात्रि दो हजार युग का होता है।

बृहदारण्यक उपनिषद और श्रीमद् भगवद् गीता के अनुसार

ब्रह्मा का एक दिन - 2 हजार युग

इसलिए तीस दिन (एक माह) = 2 × 30 = 60 हजार युग

एक वर्ष = 60 × 12 = 720 हजार युग

100 वर्ष = 720 × 100 = 72000 हजार युग

=72000000 युग

1 युग = 5 वर्ष इसलिए 72000000 × 5 = 360000000 अर्थात् 36 करोड़ वर्ष होगी।

वाल्मीकीय रामायण में विश्वामित्र को 3000 वर्ष तक तपस्या किया, कहा गया है वेदों के अनुसार क्या सत्य है? वसिष्ठ को भी दशरथ के समय से राम के समय तक गुरू होना बतलाया है, क्या सत्य है? राम मनुष्य थे इसलिए उनकी आयु भी 100 साल होनी थी, पर ग्यारह हजार वर्षो तक राज्य किया लिखा है, क्या सत्य है? इसी प्रकार वाल्मीकीय रामायण उत्तरकाण्ड सर्ग 47 श्लोक 77 में लिखा है, लक्ष्मण ने सीता से कहा कि मेरे पिता राजा दशरथ के मित्र महायशस्वी ब्रह्मर्षि मुनिवर वाल्मीकि रहते हैं। आप उन्हीं महात्मा के चरणों की छाया का आश्रय लेकर सुख पूर्वक रहें। यह बात भी वेदों के अनुसार क्या सत्य है? क्योंकि वाल्मीकि यदि दशरथ के मित्र थे, तो राम के समय तक रहना और सीता के पताल प्रवेश करने तक 70000 वर्षों से भी अधिक का समय हो सकता है, (क्योंकि राजा दशरथ को साठ हजार वर्ष की आयु पूर्ण होने के बाद 4 पुत्रों की प्राप्ति हुई थी, तथा राम ने भी ग्यारह हजार वर्षो तक राज्य किया, रामायण में बतलाया गया है) मनुष्य की आयु 100 वर्ष की होती है, इसलिए वाल्मीकि का उतने समय तक जीवित रहना संभव नहीं है। राजा दशरथ और राम यदि मनुष्य थे तो दशरथ का साठ हजार तक जीना तथा राम का ग्यारह हजार वर्षों तक राज्य करना क्या सत्य है? क्योंकि उनकी आयु भी सौ वर्ष या उसके आस-पास ही होनी चाहिए। हजारों वर्ष नहीं होना चाहिए।

29. उपसंहार।

मैनें भगवान की खोज करने के लिए विष्णु पुराण, स्कंध पुराण, मार्कण्डेय पुराण, श्री भागवत पुराण, हरिवंश पुराण, वामन पुराण, पद्मपुराण, शिव पुराण, देवी भागवत, नारद पुराण, कूर्म पुराण, ब्रह्मपुराण, नरसिंह पुराण, अग्नि पुराण, भविष्य पुराण और मत्स्य पुराण पढ़ी पर संतुष्टि नहीं हुई। एक ही पात्र के विषय में अलग-अलग पुराणों में अलग-अलग कहानियाँ लिखी गई हैं जिससे यह पता नहीं चलता कि सत्य क्या है? वाल्मीकीय रामायण और तुलसीदास कृत रामचरितमानस में एवं पुराणों में भी कई बातों को अलग-अलग ढंग से बतलाया गया है। इससे पता नहीं चलता कि कौन सी बात सही है या काल्पनिक है। महाभारत में तो एक ही बात को दो-दो बार लिखा गया है, और अलग-अलग ढंग से, इससे यह पता नहीं चलता कि सत्य क्या है? सत्यार्थ प्रकाश भी पढ़ा पर उससे भी भगवान क्या है? पता नहीं चला। सत्यार्थ प्रकाश में विभिन्न धर्मों की कमियों को उजाकर किया गया है, पर वेदों के अनुसार भगवान के विषय में स्पष्ट वर्णन नहीं किया गया है। कुराण और बाइबिल पढ़ने पर भी भगवान के विषय में जानकारी स्पष्ट नहीं हुआ। मुसलमानों के मंत्र ''लाइलाह इल्लल्लाह मुहम्म्दर् रसूलल्लाह'' अर्थात जर्रे-जर्रे में व्याप्त खुदा के सिवाय कोई पूज्यनीय नहीं है, मुहम्म्द अल्लाह के संदेश वाहक हैं। यह वाक्य वेदों के भगवान का ही एक रूप है। ऐसा लगा की खुदा का अर्थ स्वयं-भू है, अर्थात स्वयं से उत्पन्न होने वाला। वेदों में सूर्य को, शिव के पाँच तत्व पृथ्वी, जल, वायु, आकाश और अग्नि को भी स्वयं-भू कहा गया है।

GOD शब्द में तीन अक्षर हैं। वह भी हमारे ब्रह्मा, विष्णु और महेश के समान हैं। G का अर्थ जेनरेटर से है अर्थात् सृष्टिकर्ता (ब्रह्मा)। O का मतलब आर्गनाइजर अर्थात पालनकर्ता

(विष्णु)। D का मतलब डिस्ट्रायर अर्थात् संहारकर्ता (शिव)।

संतराम पाल दास महाराज कृत "गीता तेरा ज्ञान अमृत" पुस्तक के दो शब्द शीर्षक के अंतर्गत पृष्ठ दो में लिखा है- "बाइबिल ग्रंथ के उत्पत्ति ग्रंथ प्रारंभ्म में ही लिखा है कि परमेश्वर ने मनुष्यों को अपनी सूरत अर्थात स्वरूप के अनुसार उत्पन्न किया। नर-नारी करके उत्पति की है। छः दिन सृष्टि करके सातवें दिन विश्राम किया"।

कुर्आन शरीफ की सूरति फूर्कानि नं. 25 आयात 52 से 59 में कहा है। "अल्लाह ने ६ दिन में सृष्टि करके फिर ऊपर आकाश में तक्त पर जा विराजा। उस परमेश्वर की खबर किसी बाहरक्बर अर्थात तत्व दर्शी संत से पूछो"। इस बात में सत्यता की झलक नहीं मिलती।

आकाशीय देव पृथ्वी पर आकर सृष्टि करे और पुनः आकाश में चला जावे, इसी प्रकार कहानी चंद्रवंशीय राजाओं के उत्पत्ति के विषय से भारतीय पुराणों में लिखी है।

चंद्रमा पृथ्वी पर आया और बुध को पैदा करके ऊपर आकाश में चला गया, फिर बुध से संपूर्ण चंद्रवंशीय राजाओं की सृष्टि हुई। यह कहानी भी अवतारवाद से जुड़ी है। चंद्रमा-पृथ्वी का एक उपग्रह है। पृथ्वी के समान धरातल है। वैज्ञानिकों के मतानुसार चंद्रमा पृथ्वी से टूटकर अलग हुआ है। पहले वह पृथ्वी से जुड़ा था। वह पुरुष होकर सृष्टि रचना किया लिखा है। काल्पनिक कथा है। इसी प्रकार कुछ प्राकृतिक घटनाओं और ऐतिहासिक बातों की सही जानकारी न देकर काल्पनिक कहानी गढ़कर लोगों के सामने प्रस्तुत करना। इससे केवल मनोरंजन भर होता है, सही जानकारी नहीं मिलती। मोक्ष प्राप्त नहीं होता है।

यीशु मसीह और कृष्ण के जन्म में भी लगभग समानता दिखाई देती है। कृष्ण का जन्म मथुरा के बंदीगृह में हुआ। वसुदेव गाय चराने वाले ग्वाले थे। कंस से बचाने के लिए वसुदेव ने उन्हें गोकुल में नंद (ग्वाले) के घर में छोड़ आए। यीशुमसीह का जन्म युसुफ के पुत्र के रूप में बेतलेहम शहर के गौशाला में हुआ। राजा हेरो देस से बचाने के लिए यीशु को मिश्र ले गए।

सबसे अंत में उपनिषदों, गीता एवं वेदों को पढ़ने से भगवान के विषय में जो ज्ञान प्राप्त किया, उसी को इस पुस्तक के माध्यम से पाठकों के सामने प्रस्तुत कर दिया हूँ। वेद प्रत्यक्ष शक्तियों को ईश्वर के रूप में मानता है।यही सत्य है। इस सत्य को पूरा विश्व जानता है, पर प्रकृति की शक्तियों को ईश्वर के रूप में नहीं देखते। लोग इसे प्रकृति मात्र ही कहते हैं।

निर्जीव पदार्थ में भी पुरुष-स्त्री के समान आकर्षण होता है जैसे युरेनियम से आज कल परमाणु भट्टियों में परमाणु उत्पन्न किया जाता है। परमाणु में प्रोट्रान, न्युट्रान और इलेक्ट्रान होते हैं। प्रोट्रान में धनावेश होता है। न्यूट्रान उदासीन होता है और इलेक्ट्रान में ऋणावेश होता है।

(+) प्रोट्रान और (-) इलेक्ट्रान में आकर्षण होता है तथा प्रोट्रान-प्रोट्रान और इलेक्ट्रान-इलेक्ट्रान के बीच प्रतिकर्षण होता है।

चुम्बक में भी उत्तरी ध्रुव और दक्षिणी ध्रुव के बीच आकर्षण होता है तथा समान ध्रुवों के बीच विकर्षण होता है।

विद्युत आवेशों में भी धनात्मक और ऋणात्मक आवेशों के बीच आकर्षण होता है और समान आवेशों के बीच विकर्षण होता है।

इसका अर्थ यह है कि सजातीय लिंगों में आकर्षण नहीं होता है। विजातीय लिंगों के बीच ही आकर्षण होता है।

उपरोक्त उदाहरणों से यह सिद्ध होता है कि जिसे हम निर्जीव पदार्थ कहते हैं वे भी एक विशेष अवस्था में सजीवों जैसा व्यवहार करते हैं। शरीर तो दिखाई देता है, पर आत्मा नहीं दिखाई देता उसी प्रकार निर्जीव वस्तुओं को हम देख तो सकते है, पर उसकी आत्मा रूप धनात्मक तथा ऋणात्मक कणों का अनुभव तो होता है, पर देख नही सकते। पृथ्वी, जल, अग्नि, वायु, आकाश भी निर्जीव दिखते हैं, पर हो सकता उनकी भी आत्मा हो। आकाशीय बादलों में भी आवेश होते हैं। समान आवेशित बादलों के पास-पास आने से, बिजली चमकती है और गर्जन होता है। इसी प्रकार प्रकृति की प्रत्येक शक्ति ईश्वर का रूप है। हम लोग प्रकृति की आठ शक्तियों को देखते हैं। पृथ्वी, जल, अग्नि, वायु, आकाश, सूर्य, चँद्रमा और तारे ये आठ शक्तियाँ हैं, जिसे अष्ट वसु कहा गया है। वसु इसलिए कहा गया है क्योंकि इनमें जीवों का निवास हो सकता है।

प्रकृति की इन शक्तियों की केवल पूजा या स्तुति मात्र करने से उनकी शक्ति या कृपा हमें प्राप्त नहीं होगी। लोहा से चुम्बक बनता है, पर प्रार्थना मात्र करने से लोहा चुम्बक नहीं बन सकता। यूरेनियम धातु जो हमें पृथ्वी से प्राप्त होता है उससे वर्तमान समय में परमाणु बनाकर उसका उपयोग कई शांति पूर्ण कार्यों में किया जाता है, जल एवं वाष्प की शक्तियों से इंजिन चलाए जाते हैं, सोलर कुकर से खाना बनाया जाता है, सौर ऊर्जा से बिजली तैयार किया जाता है, वायु से पवन चक्की चलाई जाती है। ये सब कार्य तकनीकी विधियों से ही संभव है। किसान पृथ्वी को हल से जोतकर फसल उगाने को छोड़कर यदि मात्र पृथ्वी और हल की पूजा या प्रार्थना करके फसल उगाना चाहे तो क्या संभव है ? गीता में भी कहा है कि निष्काम कर्म करना ही श्रेष्ठ है और निष्काम कर्म करना ही पूजा है। जैन धर्म और बौद्ध धर्म मानने वालों ने भी पुरोहितों और राजाओं द्वारा प्रकृति की शक्तियों को प्रसन्न करने के लिए जो कर्मकाण्ड करते थे, उसका विरोध करके सदाचार मय जीवन बिताने का उपदेश दिया था।

प्रकृति के आठ वसु स्वयं बने हैं। इसलिए इन्हें स्वयं-भू (खुदा) कहा जाता है। इसके अतिरिक्त पृथ्वी पर प्राचीन काल से आज तक, जितने भी नए निर्माण हुए हैं, वह सब मनुष्यों एवं जीव-जंतुओं द्वारा हुए हैं। जीव-जंतुओं-पशुओं में सबसे श्रेष्ठ मनुष्य हैं क्योंकि यह बुद्धि जीवी है। अतः विश्व के निर्माण करने में मनुष्य का ही हाथ ज्यादा रहा है। इसीलिए "विश्वात्मा जगत" का निर्माण कर्ता मनुष्य ही है। विश्व के संपूर्ण मनुष्यों के हाथ, पैर, नेत्र असंख्य हैं।

भारत को हिन्दुस्तान भी कहा गया है। वर्तमान समय में भारत वर्ष में जितने भी हिन्दु, मुसलमान, ईसाई, जैनधर्म के मानने वाले, बौद्ध धर्म के मानने वाले एवं अन्य धर्म के

मानने वाले हैं, सभी का जन्म इसी हिन्दुस्तान में हुआ है, अतः सबकी मातृभूमि हिन्दुस्तान की ही धरती है। हम सभी इसी धरती के संतान हैं। सभी को एक दूसरे के प्रति भाई-चारे का संबंध बनाकर रहना चाहिए। यही सत्य है। हिन्दुवाद, मुस्लिमवाद, ईसाईवाद आदि का भेद उत्पन्न करके अपनी एकता को खत्म नहीं करना चाहिए।

हमारा संविधान धर्म निरपेक्ष है। इसलिए धर्म से संबंधित किसी भी बात का सामूहिक रूप से या धर्मसभा का आयोजन करके समर्थन करना संविधान का उल्लंघन करना है, क्योंकि देश के संविधान का पालन करना ही, सबसे बड़ा सनातन धर्म है। हर युग में राजाज्ञा का पालन करना ही सनातन धर्म था और वर्तमान में भी यही सनातन धर्म है। राम ने भी राजा दशरथ की आज्ञा (राजाज्ञा) का पालन किया था। पहले हमारे देश का शासन राजा के द्वारा चलता था। इसलिए राजा की आज्ञा ही कानून था, परन्तु आज हमारे देश में कोई राजा नहीं है। वर्तमान समय में हमारे देश का संविधान लिखित में है। पार्षद, पंच, सरपंच, विधायक, मंत्री, मुख्यमंत्री राज्यपाल, केन्द्रिय मंत्री सांसद, प्रधानमंत्री, राष्ट्रपति, सभी प्रशासनीक अधिकारी आए दिन बदलते रहते हैं। इन सभी को संविधान (कानून) के अनुसार ही चलना पड़ता है। अतः वर्तमान समय का राजा संविधान ही है। उसका पालन करना ही नागरिक का कर्तव्य है अथवा धर्म है। अलग से किसी भी धर्म को कानून के अनुसार मान्यता नहीं दी गई है। कानून की दृष्टि में सब धर्म समान हैं।

वाल्मीकीय रामायण के अनुसार त्रेतायुग उस युग को कहा गया है, जिस युग में अधर्म का एक चरण कृषिकार्य प्रारंभ हुआ। इसके पहले का युग सत्ययुग था। वेदों में भी कृषि कार्य का उल्लेख मिलता है।

उपरोक्त कथन से यह सिद्ध होता है कि सत्य युग में लोगों को भोजन की तलाश में इधर-उधर जंगलों में कंद-मूल-फूल प्राप्त करने हेतु, भटकना पड़ता रहा होगा या आखेट युग रहा होगा या पशुपालन युग रहा होगा। आधुनिक इतिहास कार भी यही बतलाते हैं कि कृषि के विकास के पहले आखेट युग था, उसके पश्चात् पशुपालन युग हुआ, अंत में कृषि का प्रारंभ हुआ, तब लोग स्थाई रूप से फसल के पकते तक एक ही स्थान में निवास करने लगे और आगे चलकर गांव, कस्बा, शहर और राज्यों का विकास हुआ। कृषि कार्य नदियों या जलाशयों के किनारे प्रारंभ हुआ। इसीलिए सभ्यता का विकास सर्वप्रथम नदियों के आसपास हुआ क्योंकि पशुओं, मनुष्यों और कृषि कार्य के लिए पानी बहुत उपयोगी है।

विवेकानन्द ने 1897 में कहा था कि सभी भारत वासियों को, आने वाले कुछ समय के लिए, अपने-अपने देवी-देवताओं को एक ओर रखकर, केवल एक ही देवता की अराधना करनी चाहिए और वह है, भारत माता।

यह कथन उस समय का है जब देश गुलाम था। भारत वासियों को संगठित करने लिए ऐसा कहा गया था।

आज हम लोग स्वत्रंत हो गए हैं। पर आज भी भारतीयों को संगठित करने के लिए एक देवता या भगवान की आवश्यकता है। यदि हममें धार्मिक एकता नहीं होगी तो मनुष्य-

मनुष्य के बीच नफरत की भावना बढ़ती ही रहेगी। पूरे विश्व में धार्मिक एकता लाने में हमारे वैदिक भगवान को ही मानना सबसे अच्छा उपाय है।

वाल्मीकीय रामायण महात्म्य अध्याय एक श्लोक 23 में लिखा है-

रामायणेन वर्तन्ते सुतरां ये जगद्वित्ताः।

त एव कृत कृत्याश्च सर्व शास्त्रार्थ कोविदाः।।

अर्थात् संपूर्ण जगत के हित साधन में लगे रहने वाले जो मनुष्य सदा रामायण के अनुसार वर्ताव करते हैं, वे ही सम्पूर्ण शास्त्रों के मर्म को समझने वाले और कृतार्थ हैं।

इसका तात्पर्य यह है राम के त्याग की भावना को हमें ग्रहण करना चाहिए। उनके चरित्र के अनुसार व्यवहार करना ही वास्तव में राम की पूजा है। भरत के त्याग का भी वर्णन है। राम-लक्ष्मण, और भरत-शत्रुहन के बीच के आपसी प्रेम के अनुसार हमें भी भाइयों के बीच प्रेम को बनाए रखना चाहिए। बाली-सुग्रीव रावण-विभीषण की तरह लड़ना नहीं चाहिए। आपसी फूट का परिणाम अच्छा नहीं होता। माता-पिता के आदेशों का पालन करना, गुरू की आज्ञा मानना, मर्यादा में रहने आदि की शिक्षा भी राम के चरित्र से ग्रहण करना चाहिए। परंतु आज क्या समाज में ऐसा हो रहा है। महाभारत की तरह हर एक भाई, दूसरे भाई के धन संपत्ति को हड़पने में लगा है। ऐसे व्यक्ति का क्या राम के मात्र भजन-पूजन करने से अथवा राम का मंदिर बनाने से कल्याण हो सकता है? वैदिक ब्रह्मा, वैदिक विष्णु, वैदिक शिव, वैदिक राम, वैदिक कृष्ण ही सत्य है। वैदिक महादेव ही सत्य है, शिव है और सुन्दर है तथा वही भगवान है।